[英国]罗伯特 · C.艾伦 著　陆赟 译

# 全球经济史

牛津通识读本 ·

# Global Economic History

A Very Short Introduction

译林出版社

图书在版编目（CIP）数据

全球经济史／（英）艾伦（Allen, R. C.）著；陆赟译．—南京：译林出版社，2015.1（2024.7重印）
（牛津通识读本）
书名原文：Global economic history: a very short introduction
ISBN 978-7-5447-5044-8

Ⅰ.①全…　Ⅱ.①艾…②陆…　Ⅲ.①经济史－世界
Ⅳ.①F119

中国版本图书馆CIP数据核字（2014）第224580号



著作权合同登记号　图字：10-2023-122号

**全球经济史［英国］罗伯特·C.艾伦／著　陆　赟／译**

责任编辑　於　梅
责任印制　董　虎

原文出版　Oxford University Press, 2011
出版发行　译林出版社
地　　址　南京市湖南路1号A楼
邮　　箱　yilin@yilin.com
网　　址　www.yilin.com
市场热线　025-86633278
排　　版　南京展望文化发展有限公司
印　　刷　江苏凤凰通达印刷有限公司
开　　本　890毫米×1260毫米　1/32
印　　张　10.75
插　　页　4
版　　次　2015年1月第1版
印　　次　2024年7月第15次印刷
书　　号　ISBN 978-7-5447-5044-8
定　　价　39.00元

# 序言

萧国亮

英国牛津大学教授罗伯特·C.艾伦是当今经济史研究中的一位大家，他涉猎的领域十分宽广，思想非常活跃，多有创新之作。如《从农场到工厂：苏联工业革命的再诠释》（2003年），如《近代英国工业革命揭秘：放眼全球的深度透视》（2009年）等，一经出版，读者蜂拥，好评如潮。现在我们面前的这本《全球经济史》是他专门为牛津大学的博雅教育（liberal education）而撰写的通识读物。博雅教育的目的在于培养知识渊博、举止优雅的通才，所以这本专门为经济史学科以外的人士开阔视野、增进知识、提高素质而编纂的《全球经济史》，是我迄今为止所见到的篇幅最小、涵盖面广，而又雅俗共赏的经济史著作。一言以蔽之，“短小精悍”！这本书可以轻松地在一个宁静的周末下午读完。

许多人或许都以为经济+历史，可能就是枯燥+乏味，倘若不想获一个专门的经济学博士头衔，大概鲜有人会去问津经济史的书籍。但是，《全球经济史》这本书将告诉你，这是一个多么大的误解！

2013年，欧美诸国的人均国内生产总值少则三万多美元，多则十万多美元，而非洲的有些国家如刚果民主共和国、中非共和国等则只有三百多美元，与欧美发达国家相差100倍至300倍。

我们的邻国朝鲜也只有五百多美元，中国（不含港澳台地区）是6,747美元，处于世界的第81位，可谓是中等收入。《全球经济史》将会告诉你，贫富差距起源于两百多年前的工业革命。两千多年的传统社会里，世界各国的经济状况差距甚小，当时也根本没有经济发展的概念，公元元年到公元1400年，全世界的经济年均增长率仅有0.05%，换言之，经济总量翻番需要1400年，所以在公元1400年之前，没有一个思想家发现了世界经济的增长与发展。15世纪以后，世界经济走上了增长之路，17世纪的荷兰曾是当时世界经济的领头羊，其经济年均增长率达到0.5%，这就是说，荷兰的经济总量每过140年就会翻一番。这样的状况促使亚当·斯密思考了“国民财富的性质和原因”这样的问题。17世纪下半叶，英国爆发了工业革命，英国的经济年均增长率达到2%，如此35年，经济总量就会翻一番。19世纪，后起的工业化国家如美国和德国，其经济年均增长率竟然达到4%左右，17.5年经济总量就要翻一番。而20世纪的东亚诸国如日本、韩国、新加坡和中国，其经济年均增长率破天荒地达到8%至10%，每过七八年经济总量就要翻一番。这就是后起的工业化国家能够超越发达国家的原因所在。至今没有工业化的国家依然沉睡在传统社会里，经济状况当然就与工业化国家出现了天壤之别。而在工业化道路上踯躅的国家，也就与发达国家渐行渐远了。

《全球经济史》还向我们诠释了工业革命起源于英国的原因：工业革命的基本特征是创新，而当时的英国有激励创新和实现创新的社会环境。与“欧洲的自由党人和当代经济学家”不同，罗伯特·C.艾伦并没有将英国的宪政等“奉为典范”。他认为，英国的宪法体系虽然有许多有利于经济增长的特点，但是远远谈不上民主，议会虽然能够限制王权，但是“谁又能压制议会的权力呢”？议会之下的英国政府具有强大的征税能力，所以在重商主义时代，能够将扩张的财政开支用于扩建陆军与海军，陆军的“主要任务是随时待命，镇压反对使用机械或倡导民主的群众集会，确保国内秩序稳定。海军的任务是拓展大英帝国的版图，促进贸易”。他还认为法国对私有财产的过度保护不利于其经济的发展，而英国议会有权剥夺私人财产和颁布私法法例，并无视财产所有人的意愿，实施圈地运动。除了学术界公认的制度创新、技术创新、新教精神、教育发展以及地理环境等因素之外，罗伯特·C.艾伦就是这样独具慧眼地指出了政府的作用和殖民主义的原始积累对英国工业革命的意义。我不反对学生学习经济学原理之类的教科书，但是以为学了“三高”（即高级微观经济学、高级宏观经济学和高级计量经济学）就可以通行天下，以为经济学的理论“放之四海而皆准”，那就大错特错了！读读这本《全球经济史》就会明白所谓的经济学理论距离经济史的实践究竟有多么遥远。比如，在流行的经济学原理或“三高”教科书中很难寻觅德国历史学派创始人李斯特的伟大踪影，因为他从德国和后发国家的民族主义利益出发批评亚当·斯密的理论，尤其是有关自由贸易的理论，提出落后国家要在工业化的道路上赶超，必须实现四个“目标”：一要废除内部关税并改善交通条件，建立全国性的统一市场；二要征收外部关税，保护民族工业；三要成立银行，稳定货币，提供商业贷款；四要建立大众教育体系，加快新技术的引进和发明。在《全球经济史》中，李斯特的上述理论与主张被罗伯特·C.艾伦奉为落后国家发展工业化的圭臬（即所谓的“标准模式”），美国、德国、日本等后起的工业化国家无不推崇李斯特的经济思想，执行李斯特的“标准模式”。对此，《全球经济史》作了较为详尽的叙述。

在解释工业革命和世界各国的工业化进程时，罗伯特·C.艾伦特别强调他的“高工资经济模式”。他认为，英国的殖民地贸易使整个英国（包括工人）获益，由此奠定了英国“高工资经济模式”的基础。高工资促使企业家进行技术创新，他们发明了珍妮纺纱机、水力纺纱机、“骡机”等等，来取代昂贵的劳动力。工业革命就是这样在英国兴起的。落后国家的工业化依然需要发挥“高工资经济模式”对机械化和工业化的刺激。罗伯特·C.艾伦说，像印度这样的人口大国，工资水平低下，使用机器进行生产（资本密集型）无法获利，因而劳动密集型的生产方式无法被取代。罗伯特·C.艾伦的这个“高工资经济模式”其实对今天的中国来说颇具启发意义。多少经济学家都在哀叹中国“人口红利”的消失，殊不知一方面，只有“人口红利”的消失，才能促进工资水平的提高，而工资水平的提高，才能促进生产过程中自动化的全面实现，才能提升产业结构的水平。另一方面，只有工资水平的提高才能促进大众消费，满足人们不断提高生活质量的愿望。《全球经济史》对此的叙述颇详，解释颇精，无须我在这里赘述。

李斯特的“标准模式”在沙皇时代的俄国、明治维新以后的日本，以及拉丁美洲诸国——其实在这里需要补充一句“还有1949年以前的中国”（书里对彼时中国工业化的叙述付之阙如，是一个小小的遗憾）——都不甚成功。这些奉行“标准模式”的国家虽然出现了工业化，但是经济增长的速度没有像美国与德国那样实现了英国速度（2%的年均增长率）的翻番，这样就不可能缩小与发达国家的差距。根据我的研究，这种情况的持续，就会导致革命、战争与动乱。革命、战争与动乱之后，就出现了罗伯特·C.艾伦所谓的“大推进”式工业化模式。这个“大推进”

模式的特点就是利用政府的力量，采取计划的机制，推行重化工业的优先发展，使经济增长速度达到年均增长6%的水平，以缩小与发达国家的差距。苏联1929年开始“大推进”式工业化，9%的年均增长速度保持了24年之久。1954年以后苏联的经济增长速度一再下滑，到苏联解体前夕，其经济增长速度几近为零！我认为这是苏联解体的一个重要原因。

日本的“经济奇迹”，大家耳熟能详，限于篇幅在此不能详解。但有一个问题特别需要在此申述。有经济学家喜欢拿日本1991年的房地产和股市泡沫破灭，经济陷入长期低迷作为警示，告诫国人。其实我认为这纯粹是借用“虚舟飘瓦”来危言耸听。罗伯特·C.艾伦说得好！日本经济繁荣的终结，“有更深层次的原因，那就是支撑日本经济迅速发展的各种条件已不复存在”。日本已经填平了与发达国家之间的鸿沟，“经济增长速度只能和世界技术前沿的拓展速度保持一致——每年增长1%至2%”。“日本经济增长放缓是不可避免的结果。”

《全球经济史》的最后一节是关于中国经济发展的。当然，在过去的三十多年里，中国经济保持了年均9.6%以上的增长速度，是前无古人的奇迹。罗伯特·C.艾伦说，中国经济如果继续保持增长（他认为年均6%就足够了），就必然赶上西方。“中国将再次成为世界上最大的制造业国家，在克里斯托弗·哥伦布和瓦斯科·达伽马完成航海探险之前，中国就是世界第一。世界将重新回到起点。”这个结论，我相信是能够经受历史考验的。谓予不信，可拭目以待。

总的说来，罗伯特·C.艾伦的这本《全球经济史》篇幅虽然不大，但是对工业革命的发源地欧洲（特别是英国）、南北美洲、亚洲与非洲的经济发展状况都作了简明扼要的描述与阐发。现在，出版的书籍是越来越多了，但是具有阅读价值的好书似乎是越来越少了。罗伯特·C.艾伦的《全球经济史》是一本生动有趣，发人深省的好书，具有阅读价值，可以说老少咸宜，雅俗共赏。

所以，结论是：闲话少说，开卷有益。

是为序。

2014年12月18日于北京珑原螺蛳斋

# 目录

# 致谢

我要向下列助理研究人员表示感谢，他们协助我再现了世界范围内工资和价格的历史变化，他们是斯图亚特·默里、谢丽·梅特卡夫、伊恩·凯伊、亚历克斯·惠利、维多利亚·贝特曼、罗曼·斯蒂德、汤米·墨菲和埃里克·施奈德。他们不仅做事细致，而且对于本项研究及文本表述提出了独到见解，从中我获益匪浅。我还要感谢许多读过本书草稿并与我讨论的朋友，他们是保罗·戴维、拉里·埃尔德雷奇、斯坦·恩格曼、詹姆斯·芬斯克、蒂姆·列夫尼格、罗格·戈德曼、菲尔·霍夫曼、克里斯·基桑、彼得·林德特、布兰科·米拉诺维奇、帕特里克·奥布莱恩、吉勒斯·波斯特尔-维奈、吉姆·鲁滨逊、让-洛朗·罗森塔尔、肯·索科洛夫、安东尼亚·斯特雷奇、弗朗西斯·蒂尔、彼得·特明、扬·莱腾·范桑登、劳伦斯·怀特海德、杰夫·威廉森和尼克·伍利。此外，我要感谢我的儿子马修·艾伦和妻子戴安娜·弗兰克。虽然我一心投入这个项目，并且不断要求他们对草稿发表意见，但他们一直都很支持我的工作，使我得以保持愉快的心情。同时，他们的校读和点评也让我获益良多。

我还要感谢加拿大社会科学及人文研究委员会和美国国家科学基金会多年来为全球价格与收入变化史研究小组提供经费。

我把这本书献给我的儿子马修和他的同龄人，希望他们能明白当今世界为什么会是现在这个样子，并且希望这样的认识能帮助他们，让世界变得更加美好。

第一章

# 巨大的差异

经济史是社会科学的核心。它的研究范围可以借用亚当·斯密的代表作来表述，那就是《国民财富的性质和原因的研究》。经济学家采取一种不考虑时间因素的经济发展理论来探究“原因”，而经济史学家则在历史变迁的动态发展过程中来寻找答案。近年来，经济史研究格外引人关注，因为其中最根本的问题（“为什么一些国家富裕，而另一些国家却陷入贫困？”）已经把视野拓展到全球范围。这和五十年前完全不同，当时的核心问题是：“为什么工业革命发生在英格兰，而不是法国？”近年来关于中国、印度和中东地区的研究强调世界各大文明内在的发展动力，因此我们如今要问的是：为什么过去的经济增长发生在欧洲，而不是亚洲或非洲？

关于远古时期的收入状况，我们所掌握的数据并不充分，不过在1500年左右，似乎各国间的贫富差距并不大。在达伽马到达印度和哥伦布发现美洲之后，如今的贫富分化格局才基本开始成形。

我们可以把过去的五百年分为三个阶段。第一个阶段从1500年到大约1800年，可称为**重商主义时期**。这一阶段始于哥伦布和达伽马的航海探险（正是这些航行最终促成了一体化的全球经济），终于工业革命。在此三百年间，美洲开始被殖民并向欧洲输出白银、糖和烟草；非洲人被运往美洲充当奴隶，生产上述产品；亚洲则将香料、纺织品和瓷器运往欧洲。主要欧洲国家不断获取新的殖民地，并采用关税和战争手段阻挠其他国家与殖民地开展贸易，企图以此来增加本国的贸易收入。以牺牲殖民地的发展为代价，欧洲制造业取得了进步，但当时经济发展本身并不是各国的兴趣所在。

第二个阶段出现在19世纪，可称为**赶超时期**。在这一阶段，情况发生了变化。当拿破仑于1815年兵败滑铁卢时，英国已经在工业领域内确立了领先优势，将其他国家都甩在身后。西欧各国和美国将经济发展作为首要任务，试图采取一系列政策来发展经济。这些政策包括四个部分：（1）消除内部关税，加强交通基础设施建设，从而建立统一的全国性市场；（2）建立外部关税，保护本国工业，应对来自英国的竞争；（3）成立银行，稳定货币并为工业投资提供资金；（4）建立大众教育体系，提升工人的能力。这些政策在西欧和北美取得了成功，这些地区内的各个国家和英国一起构成了如今的富国俱乐部。一些拉美国家没有完全采取这些政策，未能取得巨大成功。来自英国的竞争使得大多数亚洲国家没能走上工业化道路。自从英国的奴隶贸易于1807年停止后，非洲改为对外输出棕榈油、可可粉和各种矿物。

到了20世纪，曾经在西欧（尤其是德国）和美国取得成功的各项政策在不发达国家实行后，并没有取得显著效果。大多数技术都由富裕国家发明，由于这些国家的劳动力价格日渐昂贵，所以它们需要发明新的技术，通过投入更多资本来提高生产率。对于工资水平较低的国家来说，采用新技术常常不够划算，但要想追赶西方国家，它们需要这些技术。大多数国家一定程度上都采用了现代技术，但它们的发展速度还不足以赶超富裕国家。也有一些国家在20世纪成功缩小了与西方国家之间的差距，它们采取的是**大推进**式的发展模式，通过计划手段和投资协调来取得快速发展。

在研究一些国家**如何**变得富裕之前，我们必须先确定它们**何时**变得富裕。在1500年至1800年间，如今的富裕国家确立了微弱的领先优势，我们可以用人均国内生产总值来衡量这一优势（参见表1）。1820年，欧洲已经成为最富裕的大洲，人均国内生产总值是世界其他地区的两倍。当时最富裕的国家是荷兰，人均收入（国内生产总值）为1,838美元。17世纪，低地国家开始繁荣，其他地区经济发展的主要目标就是赶超荷兰。当时英国正在追赶的道路上。工业革命已经经历了两代人的发展，英国的富裕程度仅次于荷兰，1820年人均收入达到1,706美元。西欧和英国的附属地区（加拿大、澳大利亚、新西兰和美国）的人均收入为1,100美元至1,200美元。世界其他地区远远落后，人均收入为500美元至700美元。非洲是最贫困的大陆，人均收入只有415美元。

从1820年到现在，除个别国家外，收入差距在扩大。1820年最富裕的几个国家随后发展最快。如今最富裕的国家人均收入为25,000美元至30,000美元，亚洲和拉丁美洲的大多数国家人均收入为5,000美元至10,000美元，而撒哈拉沙漠以南的非洲地区人均收入只有1,387美元。图1展示了地区间的差异，靠近右侧的地区在1820年具备较高的人均收入水平，正是这些地区呈现出了最大的收入增长幅度。与之相比，靠近左侧的地区初始收入水平较低，同时收入增长幅度也较小。欧洲和英国的附属地区实现了17倍至25倍的收入增长。东欧和亚洲大多数国家的初始收入低于欧洲和英国的附属地区，它们的收入增长在10倍左

**表1 1820年至2008年世界各地人均国内生产总值**

| | 1820 年 | 1913 年 | 1940 年 | 1989 年 | 2008 年 |
|---|---|---|---|---|---|
| 英国 | 1706 | 4921 | 6856 | 16414 | 23742 |
| 荷兰 | 1838 | 4049 | 4832 | 16695 | 24695 |
| 西欧其他地区 | 1101 | 3608 | 4837 | 16880 | 21190 |
| 地中海地区的欧洲各国 | 945 | 1824 | 2018 | 11129 | 18218 |
| 北欧 | 898 | 2935 | 4534 | 17750 | 25221 |
| 美国、加拿大、新西兰和澳大利亚 | 1202 | 5233 | 6838 | 21255 | 30152 |
| 东欧 | 683 | 1695 | 1969 | 5905 | 8569 |
| 苏联 | 688 | 1488 | 2144 | 7112 | 7904 |
| 阿根廷、乌拉圭和智利 | 712 | 3524 | 3894 | 6453 | 8885 |

（续上表）

| | 1820 年 | 1913 年 | 1940 年 | 1989 年 | 2008 年 |
|---|---|---|---|---|---|
| 拉丁美洲其他国家 | 636 | 1132 | 1551 | 4965 | 6751 |
| 日本 | 669 | 1387 | 2874 | 17943 | 22816 |
| 中国 | 600 | 552 | 562 | 1834 | 6725 |
| 印度次大陆 | 533 | 673 | 686 | 1232 | 2698 |
| 东亚其他地区 | 562 | 830 | 840 | 2419 | 4521 |
| 中东及北非 | 561 | 994 | 1600 | 3879 | 5779 |
| 撒哈拉沙漠以南的非洲地区 | 415 | 568 | 754 | 1166 | 1387 |
| 全世界 | 666 | 1524 | 1958 | 5130 | 7614 |

国内生产总值测量的是一个经济体生产（提供）的产品和服务总量，以及它获得的总收入。在表1中，各个地区不同时期的国内生产总值已经过换算，统一用1990年的美元价格作为基本单位，以便对不同时期和不同地区的产量（真实收入水平）进行比较。

注：从1940年起，英国的数据包括北爱尔兰地区。

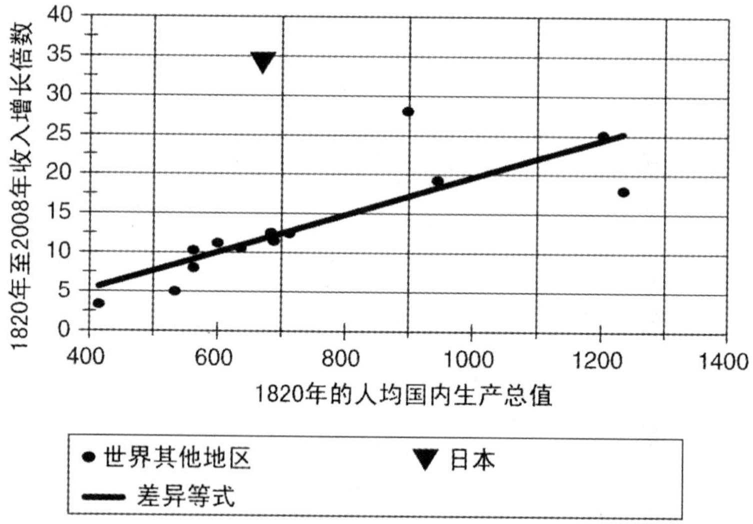


图1 巨大的差异



右。南亚、中东地区和大部分撒哈拉沙漠以南的非洲地区更为不幸，它们在1820年时就更为贫困，在那之后它们也只有3倍至6倍的收入增长。它们与西方国家的差距拉得更大。“差异等式”总结了这一模式。

个别地区的发展并不符合收入差异模式。其中最重要的是东亚地区，因为只有这一地区扭转了原有趋势，改善了自身地位。日本在20世纪取得的成就最大，因为它在1820年时还是毫无争议的贫困国家，但它随后消除了与西方国家之间的收入差距。同样取得巨大进步的还有韩国和中国台湾地区。苏联是另一个例外，不过它并没有完全成功。现在中国或许正在创造新的奇迹。

工业化和去工业化是造成世界各地收入差异的主要原因

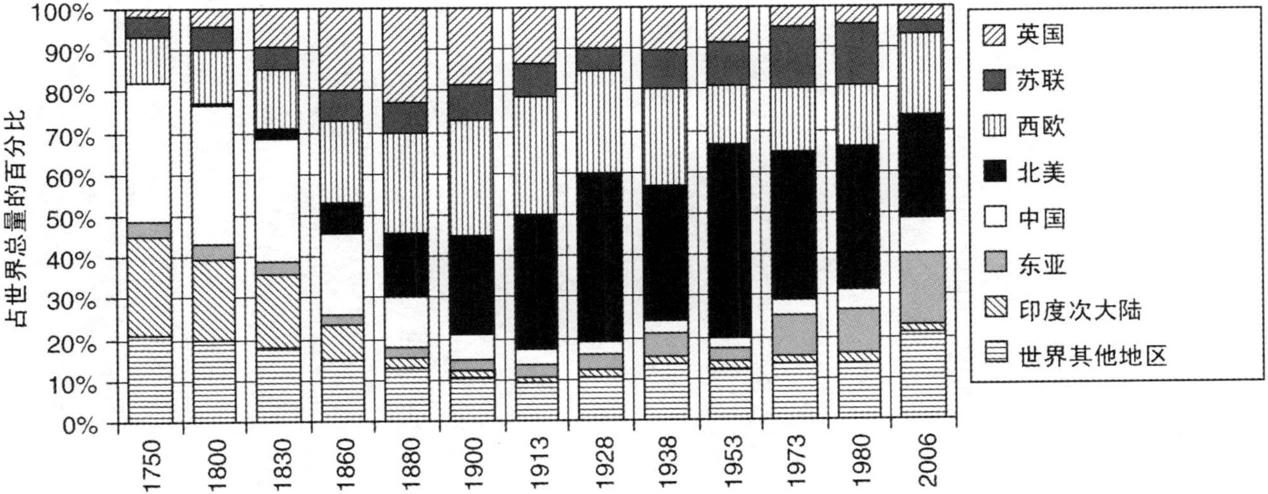
100%
90%
80%
70%
60%
50%
40%
30%
20%
10%
0%
占世界总量的百分比
1750
1800
1830
1860
1880
1900
1913
1928
1938
1953
1973
1980
2006
英国
苏联
西欧
北美
中国
东亚
印度次大陆
世界其他地区

图2 世界产量的分布

（参见图2）。1750年，世界上的大多数产品由中国（占全世界总量的33%）和印度次大陆（25%）制造。亚洲的人均产量低于更为富裕的西欧国家的人均产量，但差距很小。到1913年时，世界格局发生了翻天覆地的变化。中国和印度次大陆占世界制造业的比重分别下降到4%和1%。英国、美国和欧洲占到世界总产量的3/4。英国的人均产量是中国的38倍，是印度的58倍。这不仅是因为英国的产量迅猛增长，中国和印度次大陆制造业的大幅衰落也是原因之一，因为西方各国的机械化生产将这两个国家的纺织业和冶金业驱逐出了市场。在19世纪，亚洲各国从世界制造业中心变成了只会生产并出口农产品的典型的不发达国家。

图2展示了世界历史进程中的若干重大转折点。从1750年至1880年，英国工业革命是主要事件。在这一阶段，英国占世界制造业的份额从2%上升到23%，正是来自英国的竞争摧毁了亚洲的传统制造业。从1880年至第二次世界大战这一阶段，标志性事件是美国和欧洲大陆（尤其是德国）的工业化。到1938年，它们占世界制造业的份额分别提高到33%和24%。英国被这些竞争者抢占了部分市场，它所占的份额下降到13%。从二战结束后到20世纪80年代，苏联占世界制造业的份额迅速上升，但随着苏联解体后各成员国陷入经济衰退，这一地区所占的比重又大幅下降。东亚奇迹见证了日本、中国台湾地区和韩国的崛起，它们占世界制造业的份额提高到17%。从20世纪80年代起，中国大陆地区也一直在进行工业化。2006年，中国大陆地区制造的产品占世界总量的9%。如果中国大陆地区追上西方国家的前进步伐，那么世界格局将重新回到原点。

## 真实工资

国内生产总值并不足以充分衡量民众的福祉，还有许多因素有待考虑，比如健康、预期寿命和受教育程度。此外，缺乏数据时常给国内生产总值的计算带来困难。不管怎么说，用国内生产总值来衡量福祉可能会产生误导，因为它只计算了平均收入，而没有区分富人和穷人。计算“真实工资”（即人们的收入所能获得的生活水平）有助于有效解决上述问题。真实工资让我们得以了解普通人的生活水平，并且有助于解释现代工业的起源和发展，因为在劳动力最昂贵的地方，就会产生最大的动力来增加每个工人平均使用的机械数量。

我关注的是体力劳动者。要衡量他们的生活水平，就必须将他们的工资与消费品价格进行比较，并且必须对这些消费品价格进行加权平均，以计算消费价格指数。我所采用的指数是一个人维持“最低生活开支”所花费的成本（即维持生存所需的最少费用）。此时饮食有一半是素食。煮过的谷粒或者没有发酵的面包提供了生存所需的大部分卡路里，豆科植物成为富含蛋白质的有益补充，黄油或植物油提供了一点脂肪。在1500年的时候，世界各地的典型食物就是这些。一个名叫弗朗西斯科·佩尔萨特的荷兰商人在17世纪早期到过印度。他注意到，德里附近的人们“没有其他食物，只吃一点青豆和米饭做成的杂烩饭……他们在晚上才混着黄油吃杂烩饭，白天只嚼一点干豆子或者其他谷粒”。这些苦力“几乎没尝过肉的味道”。事实上，大多数肉类对他们来说是禁忌。

表2显示了一名成年男性在“最低生活开支”状态下的消费模式。他的饮食基于世界各地最便宜的谷物——在欧洲西北部

是燕麦，在墨西哥是玉米，在印度北部是小米，在中国沿海地区是水稻等等。这些谷物的数量是选定的，这样的一份饮食每天产生的热量是1,940卡路里。食物之外的开支只限于简单的衣物、少量燃料和蜡烛。大部分开支都用于食物，更确切地说，用于饮食结构中最核心的部分：碳水化合物。

关于生活水平，我们要关注的基本问题是：一名全职体力劳动者能否挣到足够多的钱，来维持一家人的最低生活开支。图3显示了全职收入相比全家人最低生活开支的比率。如今，欧洲各地的生活水平差不多。上一次出现这样的情况还要追溯到15世纪。当时的生活水平也很高：体力劳动者的收入大约是家庭最低生活开支的4倍。然而，18世纪欧洲地区开始出现巨大的差异。



**表2 维持最低生活开支的物品组合**

| | 每人每年的消费量 | 每天摄入的卡路里 | 每天摄入的蛋白质（克） |
|---|---|---|---|
| **食物** | | | |
| 谷类 | 167千克 | 1657 | 72 |
| 豆类 | 20千克 | 187 | 14 |
| 肉类 | 5千克 | 34 | 3 |
| 黄油 | 3千克 | 60 | 0 |
| 合计 | | 1938 | 89 |
| **非食物** | | | |
| 肥皂 | 1.3千克 | | |
| 亚麻布/棉布 | 3米 | | |
| 蜡烛 | 1.3千克 | | |
| 灯油 | 1.3 升 | | |
| 燃料 | 200万英制热量单位 | | |

注：本表基于西欧和北欧地区燕麦粥的数量和营养价值。世界其他地区的最低生活开支使用当地最便宜的谷类食物进行计算，因此确切的数量有所不同。

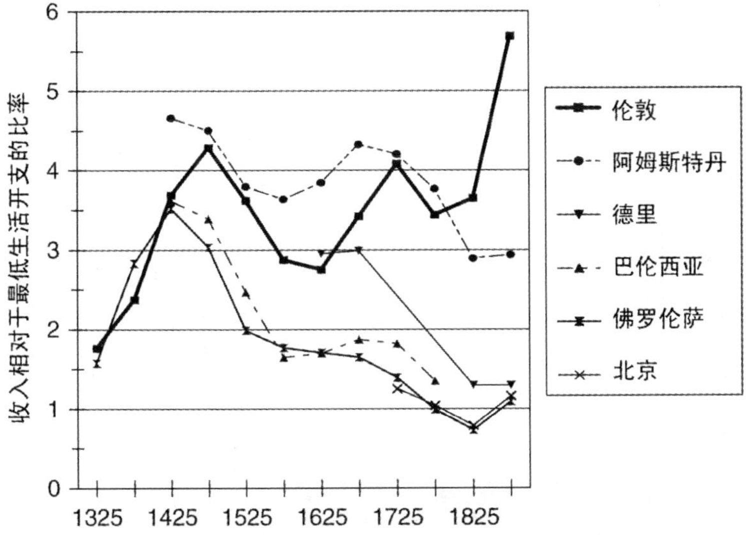


图3 体力劳动者的收入和最低生活开支的比率



欧洲大陆的生活水平下降，体力劳动者的收入只能购买表2中的物品（或同类产品）。在中世纪，佛罗伦萨的工人能吃上面包，但到了18世纪，他们只能吃玉米糊，这是刚从美洲引入的新物种。

相比之下，阿姆斯特丹和伦敦的体力劳动者的收入依然是最低生活开支的4倍。不过，伦敦的工人在1750年并不是把表2中的燕麦粥吃上4份，而是改善自己的饮食，吃上了白面包、牛肉和啤酒。只有在邻近凯尔特人的地区，当地英国人才吃燕麦。正如约翰逊博士所言，燕麦是“一种谷物，在英格兰通常用于喂马，但在苏格兰却是当地人的食物”。英格兰南部地区的工人收入颇丰，他们买得起18世纪的奢侈品，比如珍本图书、镜子、糖或茶叶。

和人均国内生产总值一样，各个地区的真实工资也呈现出巨大差异。图4显示了从1300年至今伦敦体力劳动者的真实工资变化以及从1738年至今北京体力劳动者的真实工资变化。1820年，伦敦的真实工资水平已经是最低生活开支的4倍，此后这一比率一路攀升至50倍——这一变化主要发生在1870年之后。

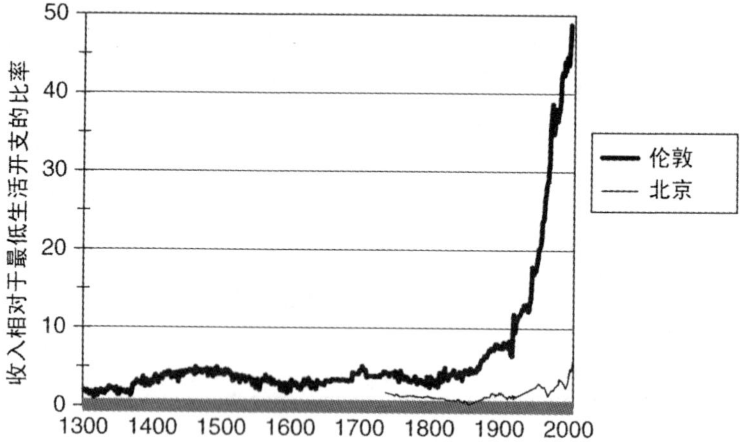


图4 收入和最低生活开支的比率，伦敦和北京



然而，在贫困国家，真实工资依旧只够维持最低生活开支。1990年，世界银行将世界范围内的贫困线划定为1美元/天（此后因为通货膨胀的缘故提高到1.25美元/天）。这一界线的划定依据的是当今落后国家的贫困线水平，它相当于表2所界定的最低生活开支。如果把表2列出的那些物品折算成2010年的价格，则相当于人均1.3美元/天。如今有超过十亿人（占世界人口的15%）生活在贫困线以下，在1500年这一比重远高于现在。19世纪时，北京的体力劳动者就是如此贫困。过去数十年里，虽然中国经济取得了迅猛发展，但劳动者的生活水平也只提高到最低生活开支的6倍①。

现在我们可以回头来看表1列出的1820年的低收入状况。

① 此为2000年的数据。

这些数据已经过转换，以1990年的美元价格作为基本单位。在1820年，最低生活开支是1美元/天，或者说，365美元/年。当时，撒哈拉沙漠以南的非洲地区平均收入为415美元/年，比最低生活开支（这是绝大多数当地人的生活水平）只多出15%。亚洲和东欧的大部分国家有着资本密集型的农耕体系和等级社会，这些地区的平均收入只有500美元/年至700美元/年。大多数人过着最低标准的生活，多余的物品则归属国家、贵族阶层和富裕商人。欧洲西北部地区和美国的年平均收入是最低生活开支的4倍至6倍。正如图3所示，只有在这些地区，工人们的生活才能超过最低标准。这些经济体的产品数量充裕，足以满足贵族和商人阶层的需求。

就社会福祉和经济发展而言，最低生活开支还有其他意义。首先，过着最低标准生活的人身高不高。在哈布斯堡效力的意大利人平均身高从167厘米下降到162厘米，原因就是他们的饮食从面包改成了玉米糊。与之相比，18世纪的英国士兵平均身高达到了172厘米，因为他们有着更好的营养。（如今，美国、英国和意大利男性的平均身高为176厘米至178厘米，而荷兰人则达到了184厘米。）在人们因为缺乏食物而影响发育的同时，他们的预期寿命也缩短了，总体上他们的健康程度出现了衰退。其次，过着最低标准生活的人受教育程度不高。弗雷德里克·伊登爵士调查了18世纪90年代英格兰体力劳动者的收入和消费模式，他提到一位伦敦园丁每周花6便士送两个孩子读书。他们一家人购买小麦面包、肉、啤酒、糖和茶叶，他的收入（37.75英镑/年）大约是最低生活开支（低于10英镑/年）的4倍。如果收入突然减少到最低标准，他们就必须大幅削减开支，两个孩子无疑将被迫退学。高工资水平有助于经济增长，因为高收入有助于人们保持健康，并且有利于普及教育。最后，同时也最为矛盾的是，在劳动者只获得最低生活开支的情况下，国家缺乏经济激励。虽然人们强烈希望每天的工作能带来更高产量，但由于劳动力十分廉价，企业没有动力来发明或采用新的机械设备以提高生产率。最低生活开支是一个贫困陷阱。工业革命是高工资水平的结果，而不仅仅是原因。

第二章

# 西方的崛起

为什么世界变得越来越不平等？答案涉及两个方面：一方面，诸如地理、制度和文化之类的“根本要素”影响着经济发展；另一方面，“历史上的偶然事件”也在起作用。

地理因素十分重要。疟疾阻碍了热带地区的发展，而英国的矿产资源则为工业革命提供了基础。不过，地理因素并不是唯一的解释，因为它的重要性取决于技术和经济条件。事实上，技术进步的目标之一就是减少恶劣的地理条件所产生的负面影响。比如，18世纪时，煤矿和铁矿的位置决定了炼铁高炉的位置。如今，海上运输成本低廉，日本和韩国可以从澳大利亚和巴西购买所需的煤炭和铁矿石。

文化往往被用来解释经济成就。比如，马克斯·韦伯认为，新教思想使北欧人比其他地区的居民更加理性，更努力工作。当韦伯于1905年提出这一设想的时候，他的理论听起来颇有道理，因为当时信奉新教的英国比信奉天主教的意大利更加富裕。不过，现在的情况恰好相反，因此韦伯的理论并不成立。另一种文化论调认为，第三世界的农民之所以贫困，是因为他们坚持传统的耕作方法，没有对经济激励做出反应。不过，事实恰好相反：贫困国家的农民试验了新的农作物和耕作方法，他们合理雇用劳动力，而且在不亏本的情况下，他们愿意使用现代肥料和种子；他们还像富裕国家的农民那样，根据价格变化来调整种植的农作物品种。这些农民之所以贫困，是因为他们以低廉的价格出售农作物，同时也因为他们缺少合适的技术，而不是因为他们不愿意使用。

虽然对于非理性和懒惰的文化解释并不可靠，但某些文化因素确实影响了经济表现。尤其是读写和计算能力的普及，自17世纪以来，已经成为取得经济成功的必要条件（即便不是充分条件）。这些智力技能有助于贸易繁荣和科技进步。大众教育使更多的人掌握了读写和计算能力，对于经济发展而言，大众教育已经成为各国普遍采取的策略。

政治和法律制度的重要性已经成为争论的热点。许多经济学家认为，明确的财产权、低税收和政府的最少干预造就了经济繁荣。独断专行的政府不利于经济增长，因为这将导致高税收、行政管制、腐败和寻租行为——这些因素都将减少生产的积极性。这些观点被用来分析历史现象。有人认为，像西班牙和法国那样的绝对君主制和像历史上的中国、古罗马或阿兹特克那样的帝国压制了经济行为，因为它们禁止国际贸易，并且威胁到个人的财产乃至生命。显然，这些观点是在附和以亚当·斯密为首的18世纪的自由主义者。经济发展获得成功，是代议制政府取代绝对君主制的结果。1568年，荷兰推翻西班牙的统治，成立了共和国。随后荷兰经济取得了快速发展。17世纪早期，在詹姆斯一世和查理一世的统治下，英国经济发展受阻，因为这两位君主无视法律，强行征税和放贷。查理一世试图在不召开议会的情况下维持统治，但未能如愿。随后英国内战爆发。1649年，国王以叛国罪被处决。然而，王政复辟之后，保皇派和议会之间的争端依然持续，最终导致了1688年的光荣革命。在这场革命中，詹姆斯二世逃离英国，议会将王冠交给了威廉和玛丽。随着议会获得最高权力，绝对君主制遭到压制，英国经济开始繁荣。这就是经济学家描述的历史发展。

不过，在经济学家强调英国制度优越性的同时，历史学家一直在研究绝对君主制和东方的专制统治是如何起到积极作用的。他们通常认为，绝对君主制和专制统治有利于维持和平、有秩序和运作良好的政府。于是贸易开始繁荣，区域性的专业化程度提高，城市开始扩张。随着各个地区变得日益专业化，国家收入开始增长，这一过程被称为“斯密式增长”。经济繁荣面临的最大威胁是蛮族的入侵。吸引入侵者的，是这些文明所生产的财富，而不是皇帝的横征暴敛或过多干预。

## 第一次全球化



制度、文化和地理因素总是藏身幕后，而技术进步、全球化和经济政策则是造成不均衡发展的直接原因。工业革命本身就是全球化第一个阶段的结果。15世纪晚期，哥伦布、麦哲伦和其他伟大探险家的航行开启了全球化的进程。因此，巨大的发展差异始于第一次全球化。

全球化需要能远赴重洋的船只。欧洲人直到15世纪才有了这样的船。这些新发明的“全帆装”船有三根桅杆：船的前部和中部安装了横帆，船的后部则安装了大三角帆。同时，船体变得更加坚固，舵取代了船桨，这些改变造就了能够完成全球航行的船只。

起初，这些全帆装船所产生的商业影响仅限于欧洲地区。15世纪，荷兰人开始将波兰的谷物从但泽运往荷兰。到了16世纪晚期，他们又将谷物运往西班牙、葡萄牙和地中海沿岸。紧接着就开始了纺织品的运输。中世纪时，意大利城邦主宰着制衣业，但英国和荷兰的制造商努力仿造意大利布料，生产出轻便的毛料布。到了17世纪早期，这些“新布料”已经遍及地中海地区，英国人和荷兰人将意大利人挤出市场。这是一次重大变化，由此欧洲的制造业开始向西北欧地区转移。

不过，全帆装船所产生的最重大的影响在于地理大发现。由印度、阿拉伯和威尼斯等地的商人组成的贸易网络从阿拉伯购买胡椒和香料，途经中东，运往欧洲。葡萄牙人希望能通过全程海路运输与之竞争。15世纪，葡萄牙人沿着非洲海岸向南航行，寻找前往东方的航线。

1498年，瓦斯科·达伽马抵达印度的科钦，他将船只装满了胡椒。科钦当地的价格只有欧洲的4%左右（参见图5）。价差中剩余的96%是运输成本。到1760年，印度和英国之间的价差下降了85%，这一降幅体现了全程海路运输的好处。不过，16世纪时，只有葡萄牙人从下降的运输成本中获利，因为该国由国家掌控的贸易公司将价格维持在中世纪水平，把差额都作为利润收入囊中。一直到17世纪早期英国和荷兰各自建立东印度公司才打破了葡萄牙人的海上垄断，并导致欧洲价格下降2/3。印度的胡椒卖家得到的真实收入只提高了一点点：欧洲消费者得到了亚洲贸易的大部分好处。

热那亚水手克里斯托弗·哥伦布提出另一个方案，他建议向西航行，从欧洲直接前往亚洲。他说服西班牙国王斐迪南二世和伊莎贝拉女王资助他的航行。最终他于1492年10月12日抵达巴哈马群岛，当时他以为自己到了印度。但实际上他“发现”的是美洲，这一发现改变了世界历史。

哥伦布和达伽马的航海探险引发了对于帝国殖民地的争

夺。早期获胜的是葡萄牙人和西班牙人。在印度第乌的两次战斗中，葡萄牙人击败了威尼斯人、奥斯曼帝国的军队和亚洲的地方势力，在印度洋区域建立起霸权。随后，他们将统治范围向东推进至印度尼西亚，沿途建立了一连串殖民地。最终，葡萄牙人来到传说中的香料群岛（即印度尼西亚的马鲁古群岛），当地盛产丁香、肉豆蔻果实和干皮。1500年，葡萄牙人还意外发现了巴西，后者成为了他们最大的殖民地。

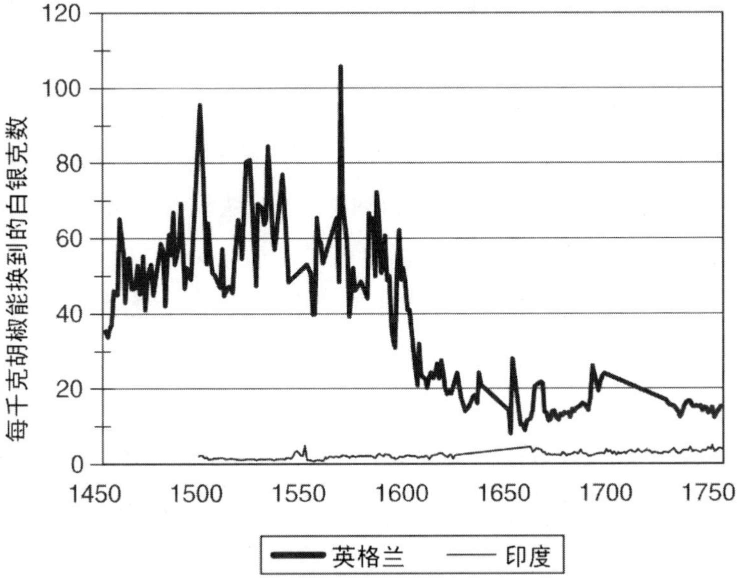


图5 胡椒价格，已调整到1600年的价格水平

西班牙帝国更加富庶。1521年，埃尔南·科尔特斯征服了阿兹特克帝国；十一年后，弗朗西斯科·皮萨罗征服了印加帝国。这两次胜利成为西班牙帝国的最大成就。依靠枪炮、马匹、诡计和天花，人数不多的西班牙武装两次击败大规模的本土军队。他们把阿兹特克帝国和印加帝国洗劫一空，将大量财富带

回西班牙。紧随征服而来的是矿物大发现，在玻利维亚和墨西哥都发现了大规模的白银矿。这些白银大量流入西班牙，为哈布斯堡家族的军队提供了军费，协助他们在欧洲各地与新教徒作战；同时，这些白银也为欧洲人提供了足够的现金，用于购买来自亚洲的商品。此外，这笔财富也引发了长达数十年的通货膨胀（被称为价格革命）。

16世纪，北欧人也进行了帝国探险，但规模不大。1497年，英国人派遣约翰·卡波特向西航行，最终到达布雷顿角，也就是现在的纽芬兰。虽然早在几个世纪前巴斯克水手就已经到纽芬兰大浅滩去捕鱼，卡波特的航行依然被视作一次地理发现。16世纪三四十年代，法国人三次派遣雅克·卡蒂埃前往加拿大。和墨西哥或马鲁古群岛所带来的利益相比，法国人与加拿大土著人之间的毛皮交易不值一提。



直到17世纪，北欧人才成为重要的帝国主义势力。他们最喜欢采取的组织形式是将帝国主义与私营经济结合在一起的东印度公司。通常，这些东印度公司都是高度资本化的股份公司，它们在亚洲或美洲进行贸易，掌握一定的军事力量和海上武装，并在海外建立起具备防御能力的贸易站。所有的北欧强国都成立了东印度公司。1600年，英国东印度公司获得特许经营权。两年后，荷兰东印度公司成立。

荷兰东印度公司打败葡萄牙人，在亚洲建立起荷兰帝国。荷兰人于1605年占领马鲁古群岛，1641年占领马六甲，1658年占领锡兰，1662年占领科钦。1619年，他们把雅加达作为印度尼西亚领地的首府。17世纪三四十年代，荷兰人占领了巴西。此外，他们还占领了加勒比海地区出产蔗糖的一些岛屿，并于1624年建立了纽约，1652年又在南非建立了开普殖民地。

英国人同样在17世纪建立起自己的帝国。在亚洲，英国东印度公司于1612年在印度苏拉特附近的苏瓦里的海战中击败了葡萄牙人。随后，英国人在苏拉特（1612年）、马德拉斯（1639年）、孟买（1668年）和加尔各答（1690年）建立起贸易站。到1647年，东印度公司已经在印度境内拥有23家商业机构。在美洲，许多个人和团体建立起殖民地。1607年，弗吉尼亚州的詹姆斯敦是最早建立的殖民地。随后是著名的普利茅斯殖民地，建立于1620年。十年之后，更为重要的马萨诸塞湾殖民地建立起来。17世纪二三十年代，巴哈马群岛和加勒比海地区的一连串岛屿被英国人占据。1655年，牙买加成为大英帝国的一部分。

英国政府积极扩张帝国，荷兰人成为了最大的牺牲品。奥利弗·克伦威尔在共和国时期（1640年—1660年）率先采取了扩张措施，王政复辟后这些措施依然延续。海军开支大幅增加。1651年，第一个航海法案通过。这一举措体现了重商主义思想，旨在将荷兰人排斥在大英帝国的贸易范围之外。为了争夺商业优势，第一次英荷战争（1652年—1654年）爆发，但效果并不理想。查理二世于1660年复辟后，各种航海法案得以恢复和延续，海军（现在变成了皇家海军）兵力增加，与荷兰人进行了多次战斗（1665年—1667年和1672年—1674年）。1664年，英国人占领纽约。沿着美国海岸线，英国人建立起多个殖民地，从佐治亚一直到缅因。通过将烟草、稻米、小麦和肉类出口到英格兰和加勒比海地区，这些殖民地的经济飞速发展。到1770年时，英国统治下的美洲地区人口已经达到280万，将近英格兰本土人口的一半。

英格兰和荷兰与海外殖民地之间的贸易往来推动了它们的经济发展。城市持续扩张，以出口为导向的制造业快速增长。职

**表3 1500年至1750年，按行业划分的人口比例**

| | 1500 年 | | | 1750 年 | | |
|---|---|---|---|---|---|---|
| | 城市人口 | 农村非农业人口 | 农业人口 | 城市人口 | 农村非农业人口 | 农业人口 |
| **变化最大** | | | | | | |
| 英格兰 | 7% | 18% | 74% | 23% | 32% | 45% |
| **显著现代化** | | | | | | |
| 荷兰 | 30% | 14% | 56% | 36% | 22% | 42% |
| 比利时 | 28% | 14% | 58% | 22% | 27% | 51% |
| **小幅变化** | | | | | | |
| 德国 | 8% | 18% | 73% | 9% | 27% | 64% |
| 法国 | 9% | 18% | 73% | 13% | 26% | 61% |

（续上表）

| | 1500 年 | | | 1750 年 | | |
|---|---|---|---|---|---|---|
| | 城市人口 | 农村非农业人口 | 农业人口 | 城市人口 | 农村非农业人口 | 农业人口 |
| 奥地利/匈牙利 | 5% | 19% | 76% | 78% | 32% | 61% |
| 波兰 | 6% | 19% | 75% | 4% | 36% | 60% |
| **几乎不变** | | | | | | |
| 意大利 | 22% | 16% | 62% | 22% | 19% | 59% |
| 西班牙 | 19% | 16% | 65% | 21% | 17% | 62% |

业结构也相应发生了变化。表3将欧洲主要国家的人口分为三类：农业人口、城市人口和农村地区的非农业人口。在中世纪，约3/4的人从事农耕，大多数制造业都在城市，“农村地区的非农业人口”包括村里的手工匠人、牧师、马车夫和庄园里的仆人。1500年，意大利和西班牙是当时最发达的经济体，拥有最大的城市，出产当时最好的产品。低地国家（主要是现在的比利时）是此类经济体的延续。荷兰人口很少，英格兰比一个牧场也大不了多少。

工业革命前夕已经出现了具有重大影响的变化。英格兰是变化最大的地区，农业人口比重下降到45%。在整个欧洲，英格兰是城市化速度最快的地区。1500年伦敦人口为5万人，1600年增加到20万人，1700年增加到50万人，最终在1800年超过100万人。1750年，英格兰人口中32%的人属于农村地区的非农业人口。这些人绝大多数从事制造业，他们所生产的商品被运往欧洲各地，有时甚至被运往世界各个角落。比如，牛津郡威特尼地区的工匠将毛毯出售给哈德孙湾公司，后者用这些毯子去和加拿大的土著人交易毛皮。低地国家有着类似的经济发展轨迹。荷兰的城市化程度甚至超过了英格兰，并且同样拥有大规模的、以出口为导向的乡村工业。

欧洲其他地区的变化幅度小于英格兰。欧洲大陆几个大国的农业人口比重略有下降，农村工业人口比重略有增加，没有额外的城市发展。西班牙和意大利看起来处于停滞状态，人口比例没有发生变化。

西班牙尤其不幸。表面看来，它是16世纪最成功的帝国主义国家，因为拉丁美洲出产如此多的白银。然而，白银的输入导致西班牙出现了比其他地区更为严重的通货膨胀。结果，西班牙的农业和制造业失去了竞争力。西班牙城市人口比例保持稳定，这掩盖了背后的巨大变化——在马德里凭借从美洲掠夺来的财富迅速扩张的同时，旧的工业城市人口大幅减少。全球化推动欧洲西北部地区向前发展，却阻碍了南欧地区的前进脚步。

全球性经济体取得的成功，对于经济发展具有重大影响，主要包括几个方面：

第一，城市化和乡村制造业的发展增加了对于劳动力的需求，从而导致劳动力市场供不应求，工资水平居高不下。伦敦和阿姆斯特丹的生活水平较高（参见图3）。

第二，发展中的城市和工资水平较高的经济体对于农业有着巨大需求，既需要大量食物，同时也需要大量劳动力。结果就是，在英格兰和荷兰两地都出现了农业革命。在这两个国家，农业劳动者的人均产量都增加了约50%，达到欧洲地区的最高水平。

第三，不断增加的城市需求还导致英格兰和荷兰两地出现了能源革命。在中世纪，城市中使用的主要燃料是木炭和木柴。随着城市的发展，木材价格急速上涨，人们开发出替代能源。在荷兰，替代木材的是泥煤；在英格兰，则是煤炭。达勒姆和诺森伯兰地区的煤炭被开采出来，沿着海岸线运往伦敦。18世纪，英格兰是世界上唯一拥有大规模煤炭产业的国家，它因此得以享用世界上最便宜的能源（参见图6）。

第四，工资水平较高的经济体通常能培养出具有良好读写能力、计算能力和技术水平的工人。表4估算出了1500年至1800年各个地区的读写能力（以能够自行签名而不是画押作为衡量标准）。欧洲各地的读写能力都在提高，但西北部地区的进步幅度最大。宗教改革常被当作读写能力提高的主要原因，但其实改革

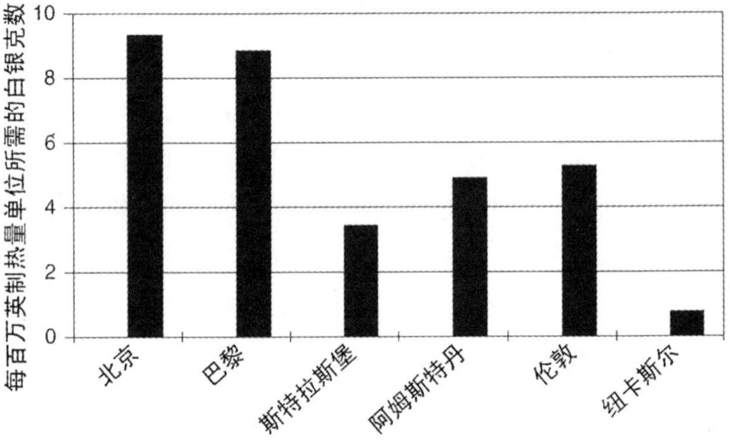


图6 能源价格

**表4** 成人读写能力，**1500**年至**1800**年。能够自行签名的成人占总人口的比例

| | **1500 年** | **1800 年** |
|---|---|---|
| 英格兰 | 6% | 53% |
| 荷兰 | 10% | 68% |
| 比利时 | 10% | 49% |
| 德国 | 6% | 35% |
| 法国 | 7% | 37% |
| 奥地利/匈牙利 | 6% | 21% |
| 波兰 | 6% | 21% |
| 意大利 | 9% | 22% |
| 西班牙 | 9% | 20% |

并不足以解释这一现象，因为在欧洲东北部地区，比如法国、比利时和莱茵河流域（都奉行天主教），当地人的读写能力并不亚于荷兰人和英格兰人。读写能力提高的真正原因在于商业化经济体制之下的高工资。商业和制造业的扩展对教育提出了更高要求，因为当时教育在商业上具有重要价值。与此同时，工资水平较高的经济体为家长提供了足够的资金，用于支付子女的教育费用。

第三章
# 工业革命

工业革命（大致时间为1760年至1850年）是世界历史的转折点，开启了经济持续增长的新时代。虽然这一时期被冠以革命之名，但它并非历史进程的突然变化，而是早期近代经济转变的必然结果，上一章我们已经对此有所讨论。从1760年算起的一百年里，年经济增长率保持在1.5%左右。相比近年来的经济增长奇迹（国内生产总值增幅保持在8%至10%），当初的发展速度可以说是十分缓慢。然而，那个时候英国一直在拓展世界技术的前沿领域，比起其他国家通过引进技术来追赶领头羊（这正是它们能够飞速发展的原因），创新者的脚步总是要缓慢一些。而且，英国工业革命的伟大之处在于，它缔造了持续的经济增长，使得国民收入不断累积，最终达到如今的普遍繁荣。

技术变革是工业革命的动力。当时出现了许多著名的发明，比如蒸汽机、纺织机和新的炼钢技术（用煤炭取代木材作为燃料）。此外，许多机器在改进之后操作更为简便，从而提高了普通产品（比如帽子、大头针和钉子）的生产效率。还有大量新产品问世，其中多数产品像韦奇伍德瓷器一样，受到了亚洲同类产品的启发。

在19世纪，工程师全面拓展了18世纪机械发明的应用范围。随着铁路和蒸汽船的发明，蒸汽机被用于交通运输。动力驱动的机械最初只用于纺织厂，后来被普遍应用到整个工业领域。

问题是：为什么这些具有革命意义的技术出现在英格兰，而不是荷兰或法国，甚至中国或印度？

## 文化与政治背景

工业革命发生在一个有利于创新的、特定的政治文化背景中，这一背景或许能解释工业革命的起源。

英国的宪法体系被欧洲的自由党人和当代经济学家奉为典范。这一体系远谈不上民主：只有3%至5%的英国人有选举权，苏格兰人的比例甚至更低。大部分权力依然归属国王，尤其是宣战和停战的权力。虽然宪法赋予了议会拒绝为战争筹措资金的权力，但议会从未动用这一权力。

英国的宪法体系有许多利于经济增长的特点，不过当代经济学家并没有强调这些特点，他们更重视限制税收和保障私人财产。事实上，英国议会拥有的至高权力造成了相反的结果。虽然法国的君主政体被称为绝对君主制，但法国国王并不能在未经允许的情况下增加税收，正是公共财政危机迫使路易十六于1789年召开三级会议，并最终导致了法国大革命。法国贵族不用交税，而英国议会于1693年引入土地税，不仅平民要缴纳，议员也不能例外。不过，绝大部分税收来自消费税，征收对象既包括啤酒之类的国内消费品，也包括糖和烟草之类的进口商品。这些税收主要由工人来负担，因为他们在议会中无人代言。英国议会或许压制了王权，但在缺乏民主机制的情况下，谁又能压制议会的权力呢？

结果，英国政府征收的税额平摊到每个人头上，大约是法国的两倍。同时英国用于开支的国民收入份额也大于法国。这部分支出是否起到了促进经济增长的作用，还尚无定论。大部分开支用于陆军和海军。前者偶尔会被派往国外，但主要任务是随时待命，镇压反对使用机械或倡导民主的群众集会，确保国内秩序稳定。海军的任务是拓展大英帝国的版图，促进贸易。就连工人也能从中获益，因为帝国模式是高工资经济体系的基础，这一体系通过技术革新来节省劳动力，从而促进经济增长。如果法国的路易十六有权征税，或许他就用不着根据战争或和平状态来调整法国海军的规模，在扩张和收缩之间摇摆不定；相反，他可以让海军随时待命，以促进法国的经济繁荣。

英国议会有权剥夺人民财产，哪怕当事人并不情愿，这样的权力也有助于经济增长。在法国，这绝不可能。事实上，因为私人财产受到过度保护，法国处于不利地位，普罗旺斯没有建设有利可图的灌溉项目，因为英国议会有权颁布私法法例，但法国却无法颁布类似法令。有了这些私法法例，英国政府就可以无视财产所有人的意愿，实施圈地运动，也可以建设穿过这片土地的运河或高速公路。光荣革命实际上意味着英国政府有了永久的“专制权”，它“在1688年之前只能间或动用……但此后却可以一直享有”这份权力。

除了合适的政治体制，新兴的科学文化同样有利于工业革命。在17世纪的科学革命中，产生了关于自然世界的若干重大发现；到了18世纪，发明家将这些科学发现应用到实际生产中。此外，自然哲学的成就让人们开始信奉科学方法，认为世间万物自有其规律，我们可以通过观察来发现这些规律，并且用它们来改善人类的生活。在这些成就中，最伟大的当属牛顿提出的太阳系模型，它促使有识之士转变思想，重新看待宗教和自然。

究竟通俗文化在多大程度上促成了类似的思想转变，这尚无定论。一方面，重要的例子表明，一些工人出身的发明家采用了牛顿提出的模型。比如，约翰·哈里森从一位牧师那里借到了桑德森论自然哲学讲座的文稿，并且复制了一份，这是一本宣扬牛顿学说的小册子。哈里森对于牛顿学说的兴趣是否促使他最终发明了计时仪器呢？另一方面，当时的人们对于巫术依然怀有浓厚的兴趣，中世纪时，巫术可是科学的替代品。很可能，相信巫术的人要多于相信牛顿力学定律的人。约翰·卫斯理的布道吸引了数千万信徒，在他看来，“放弃了巫术就等于放弃了《圣经》”。

比起牛顿的《数学原理》，社会变革对于通俗文化产生了更为直接的影响。最剧烈的变化莫过于城市化和商业的发展。这些变化使得读写和计算能力具备了更大价值，从而激励更多人掌握了这些能力。到18世纪时，大部分手工匠人、店主、农夫以及相当部分的体力劳动者都让他们的儿子接受几年时间的初等教育。有许多女孩子同样接受过学校教育。结果就是，公众能够阅读报纸，并且更懂得政治。这是一个全新的世界，像托马斯·潘恩这样的激进人士能够通过销售数十万本《人的权利》而名扬天下。



## 解释工业革命

欧洲各地对于科学发现都有所了解，各国上流社会普遍对自然哲学怀有热情。因此，文化发展并不能解释为什么工业革命发生在英国。实际上，真正的原因在于英国独特的工资和价格结构。英国的高工资和廉价的能源经济使得英国企业可以通过发明并使用新技术来获取利润。

在第一章和第二章中，我们已经看到，英国的工资水平很高，大多数人买得起面包、牛肉和啤酒，不至于靠着燕麦粥勉强度日。更重要的是，就技术而言，英国的工资相对于资本价格来说比较高（参见图7）。16世纪晚期，在英格兰南部、法国和奥地利（这些是欧洲大陆具有代表性的地区），工资与资本服务价格的比率大致相当。然而，到了18世纪中叶，英格兰的劳动力/资本比率比欧洲大陆要高出60%。到19世纪初，首次有了亚洲的数据。比较的结果是，印度的劳动力/资本比率比法国的或奥地利的更低。因此，印度更加缺乏经济激励，不愿意采取机械化方式进行生产。

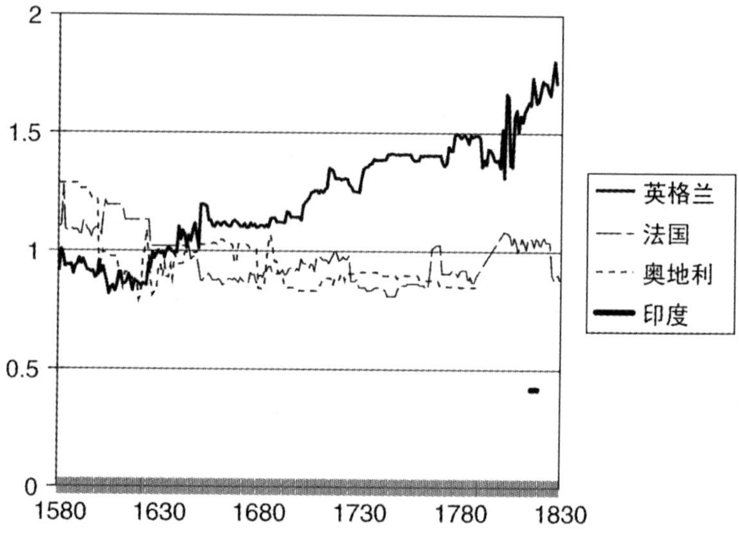


图7 工资相对于资本服务价格的比率

这一现象与能源的状况类似。英国（尤其是北部和中部的煤矿区）拥有世界上最廉价的能源。因此，相比世界上其他地区，在英国能源相对于劳动力要便宜许多。

正是由于工资和价格的这些差异，英国企业发现采用新技术有利可图，通过增加相对廉价的能源和资本，可以节约昂贵的人力成本。有了更多资本和能源，英国工人就能生产出更多产品——这就是经济增长的秘诀。在亚洲和非洲，廉价劳动力造成了相反的结果。

## 棉纺织业

埃里克·霍布斯鲍姆有句名言："谈论工业革命，就必然要说到棉纺织业。"这一行业始于18世纪中期，随后发展成英国最大的行业。1830年，它占到英国国内生产总值的8%，同时为英国制造业提供了16%的工作岗位。棉纺织业是最先采取工厂化生产的行业。棉纺织业的发展带动了曼彻斯特以及英国北部许多小城市的飞速发展。英国的扩张损害了印度、中国和中东地区的利益。当这些国家最终重新开始工业化进程时，它们最先发展的行业就包括了棉纺织业。



17世纪，中国和印度拥有世界上最大的棉纺织业。孟加拉、马德拉斯和苏拉特将当地的棉布运往印度洋彼岸，最远到达西非。亚洲和非洲到处都有小型棉纺织中心。17世纪末，各家东印度公司开始将印花棉布和平纹细布运往欧洲，这些布料在欧洲大受欢迎，与欧洲生产的主要布料亚麻布和毛料衣物分庭抗礼。由于棉布销量巨大，1686年法国甚至禁止进口棉布，英国也下令限制棉布的国内消费。不过，在西非有着巨大的海外市场，那里棉布可用来交换奴隶。在西非市场，英国布料和印度布料展开了竞争。

正是国际竞争最终带来了纺纱工序的机械化。棉布越精细，需要的纺织时间就越长。由于英格兰的工资水平太高，因此只有最粗糙的纺织品才能在价格上与印度布料竞争。精美的布料有着巨大的市场，但英格兰要想参与竞争，就必须发明机器来减少劳动力。其中的利益极其可观：1750年，孟加拉的纺纱量大约为8,500万磅/年，而英国只有300万磅/年。人们对于机械化生产进行了许多尝试。詹姆斯·哈格里夫斯于18世纪60年代中期发明了珍妮纺纱机，这是第一台在商业上取得成功的机械，随之而来的是理查德·阿克莱特的水力纺纱机。塞缪尔·克朗普顿于18世纪70年代发明了走锭纺纱机，这种机器结合了珍妮纺纱机和水力纺纱机的优点（因而得名"骡机"），成为此后一个世纪机械纺纱技术的根基。

这些机器与科学发现无关。没有一台机器用到了全新的理念。事实上，它们需要的是把多年来的机械改进与可靠实用的设计结合起来。托马斯·爱迪生的名言"发明是1%的灵感加上99%的汗水"正适用于棉纺织业。

要想解释工业革命为何发生在英国，最重要的就是要说明为什么英国的发明家花费如此多的时间和金钱来进行研发（研究和开发，也就是爱迪生说的"汗水"），以求让平淡无奇的想法能用于实践。这其中的关键就在于，他们发明的机器可以通过增加资本投入来减少劳动力。因此，在劳动力成本较高而资本价格较低的地方（即在英格兰）使用这些机器有利可图。这些机器在其他地方都没法获取利润。这就是为什么工业革命最终发生在英国的原因。

生产棉纱需要经过三个步骤。首先，打开大包棉花原料，去除其中的尘土和杂质。接着，对棉线进行梳理。具体而言，就是拖着棉线经过插满别针的卡片，把多条棉纤维并成一条疏松的粗棉线，这条线被称为无捻粗纱。最后，将无捻粗纱纺成细纱。

在纺织机发明之前，带螺纹的纺织棒被用于生产细支纱，而手纺车被用于生产粗支纱。不论是生产细支纱还是生产粗支纱，都需要先拉直无捻粗纱，让它变细；然后再搓成绳子，让它变得更牢固；最后，将纱线绕在纺锤周围，一起交给织布工人。

所有这些工序都改由机械来完成。可以说，理查德·阿克莱特的最大成就就是设计出了一家小型工厂（克伦福德2号工厂），里面的机器按照合理顺序依次排列，后来英国、美国和欧洲大陆的早期棉纺织厂都参照这家工厂进行布局。纺纱是其中最重要的步骤，自从18世纪30年代起，许多人致力于改进这道工序。18世纪四五十年代，刘易斯·保罗和约翰·怀亚特采用了滚筒纺纱装置，这一思路是正确的，但是他们位于伯明翰的工厂却一直在亏本。詹姆斯·哈格里夫斯于18世纪60年代发明了珍妮纺纱机，这是第一台在商业上获得成功的纺纱机。珍妮纺纱机在手纺车的基础上有所改进，它将多个纺锤安装在同一台纺车上，用拉杆和联动装置来模仿纺纱工人手部的动作。阿克莱特雇用钟表匠人，花费五年时间来完善使用滚筒的水力纺纱机。随着滚筒的纺纱动作，无捻粗纱穿过成对排列的滚筒，被拉紧绷直。这些滚筒就像轧干机一样，牵引棉线前进。每一对滚筒的运转速度都比之前的滚筒更快，因此通过滚筒之间的相互牵引，纱线变得更长和更细。

在所有产生重大影响的纺纱机中，克朗普顿的骡机发明时间最晚。它将哈格里夫斯的珍妮纺纱机的拉杆与阿克莱特的水力纺纱机的滚筒结合在一起，从而能够纺出更为精细的纱线。有了珍妮纺纱机和水力纺纱机，英格兰在粗纱纺织领域就能和印度一较高下；有了骡机，英格兰在细纱纺织领域同样将生产成本大幅降低。

这些机器背后的经济原理大致相同。它们减少了生产每磅纱线所需的人力劳动时间。与此同时，它们增加了每磅纱线所需的资本。于是，人力成本越高的地区，机械纺纱节约的成本就越多。18世纪80年代，建立一家阿克莱特工厂的回报率，在英格兰是40%，在法国是9%，在印度不到1%。投资者期望固定资本投资能带来15%的回报率，这也就不难解释为什么在18世纪80年代，英国新建了大约150家阿克莱特工厂，法国只有4家，而印度连一家都没有。珍妮纺纱机的相对收益率也呈现类似模式。在法国大革命前夕，英格兰共建造了2万台珍妮纺纱机，法国只有900台，印度一台都没有。在法国和印度两地，花费大量时间和金钱去发明机械纺纱技术毫无意义，因为在这两个地区使用新技术无利可图。



这一局面并未持续下去，所以工业革命最终扩散到其他国家。阿克莱特的工厂把各种机器结合在一起，因此比珍妮纺纱机削减的成本更多。克朗普顿的骡机削减了纺织精纱的成本。在随后的半个世纪里，众多发明家继续改进骡机。他们不仅节省了劳动力，也节约了成本。到19世纪20年代，欧洲大陆各国采用改进后的纺纱机，变得有利可图。到19世纪50年代，经过进一步改进的机器甚至在印度和墨西哥这样的低工资经济体中也能赢利。到19世纪70年代，工厂化的棉布生产开始向第三世界转移。

## 蒸汽机

蒸汽机是工业革命最具变革力的新技术，有了蒸汽机，机械动力就能用于铁路、远洋轮船以及各种工业领域。

蒸汽动力是科学革命的副产品。气压是17世纪物理学的研究热点之一。欧洲各地的著名科学家，包括伽利略、托里切利、冯·格里克、惠更斯和波义耳，都对此做过研究。17世纪中期，惠更斯和冯·格里克提出，如果汽缸中出现真空环境，那么气压将把活塞推入汽缸。1675年，法国人丹尼斯·帕潘利用这一设想，制造出一个粗糙的蒸汽机原型。托马斯·钮科门经过12年的试验，于1712年在达德利制造出一台更加实用的机器。这台新机器将水煮沸以制造蒸汽，然后将蒸汽灌满汽缸，接着将冷水注入汽缸使蒸汽凝结，由此气压将活塞压至汽缸底部。汽缸活塞与连杆相连，当活塞被压入汽缸时，连杆就将抽水机的活塞提起。

蒸汽机体现了经济激励对于创造发明的重要性。欧洲各国对于发动机的科学原理都有所了解，但最终是英国完成了蒸汽机的研发，因为只有在英国使用蒸汽机才有利可图。钮科门蒸汽机被用于抽干煤矿中的积水。英国拥有庞大的煤炭产业，煤矿数量远多于其他国家。此外，早期的蒸汽机要消耗大量煤炭，因此只有在能源价格较低的地区使用，才能将利润最大化。在18世纪30年代，约翰·西奥菲勒斯·德萨居利耶写道，钮科门蒸汽机"在煤炭厂……已被普遍采用，因为那里的煤炭废料没法销售，正好可以用来提供热能"。其他地方很少使用钮科门蒸汽机。虽然已经取得科学突破，但如果没有英国煤炭业，蒸汽机就不会得到发展。

蒸汽动力成为了一项新技术，它有许多用途，并且可以在世界各地使用，但前提是蒸汽机必须得到改进。这一任务直到19世纪40年代才完成。约翰·斯密顿、詹姆斯·瓦特、理查德·特里维西克和阿瑟·伍尔夫等工程师研究并改进了蒸汽机，使之减少了能源消耗，并且使动力输出更为平稳。在18世纪30年代，要获得每小时的最大马力，钮科门蒸汽机必须消耗44磅煤炭；到了19世纪晚期，三胀式船用蒸汽机只需消耗1磅煤炭。经过英国天才工程师的技术改进，使用蒸汽机在世界各地都变得有利可图，这样一来，英国反而减弱了自己的竞争优势。最终工业革命传播到国外，全世界都开始了工业化进程。

## 继续发明

工业革命最伟大的成就在于，18世纪的发明不再像之前几个世纪那样昙花一现。相反，18世纪的发明开启了连绵不绝的创新之路。

棉纺织业继续成为创新的焦点。18世纪的发明将纺纱变成一整套工厂体系，但织布依然是在村庄里通过手工完成的。埃德蒙·卡特赖特牧师的发明改变了这一状况，他花费了数十年时间，将积蓄都用于完善织布机。他的灵感来自雅克·德·沃康松制作的机器鸭子，当时这只鸭子在凡尔赛让整个宫廷大吃一惊，它居然能扇动翅膀，能做出吃食的动作，甚至还能排便！（伏尔泰嘲讽道："如果没有沃康松的鸭子，你都想不起来法国有什么事物值得骄傲。"）如果一台机械装置能够有那么惊人的表现，为什么它就不能做一些有用的事？卡特赖特有了这样的念头，于是在1785年为他的第一台织布机申请了专利，随后又在1792年为改进后的新机器继续申请专利。不过，当时这样的机器成本过高，还无法用于生产。之后，多位发明家一点一点地改进织布机。到19世纪20年代的时候，机械动力织布机开始在英格兰取代手工织布机，不过直到19世纪50年代之后，手工织布机才彻底退出历史舞台。机械动力织布机大幅增加了资本投入，减少了劳动力成本，因此，是否采用机械动力织布机取决于生产要素的价格以及这两种方法的相对效率。美国接受机械动力织布机的速度远快于英国，这一现象值得注意。到19世纪20年代，美国的工资水平已经高于英国，技术革新的模式反映出了这一变化。

棉纺织同样把蒸汽机引入了工厂。当然，在此之前已经有过许多尝试。1784年，博尔顿和瓦特投资阿尔比昂面粉厂，意图推广他们的机器，因为这家工厂是第一家大规模使用蒸汽动力的工厂。次年，蒸汽首次被用于棉纺织厂。不过，在19世纪40年代之前，大多数工厂依然使用水力作为动力。因为直到那时，蒸汽机的煤炭消耗量才下降到足够低的水平，从而使蒸汽机成为更为廉价的动力来源。在此之后，蒸汽机在工业领域的应用范围不断拓展。

在19世纪，蒸汽动力也给交通带来了革命性的变革。每一个高压蒸汽机的发明者（居纽、特里维西克、埃文斯）都想将它用于陆地交通，但都没有取得成功，因为谁都无法应对不平整的路面状况。解决方案之一是将蒸汽机安装在轨道上。人们早就开始在煤矿里铺上简陋的木制轨道，然后推着手推车在轨道上行进，用这种办法来运送煤炭和铁矿石。到18世纪，铁轨取代了木轨，并且路线一直延伸。1804年，理查德·特里维西克建造的第一台蒸汽动力机车，行驶在位于威尔士的佩尼达伦钢铁厂的一段铁轨上。斯托克顿至达灵顿的铁路（1825年通车）全长26英里，原本计划用作煤炭运输，后来却发现运输普通货物和旅客也能挣钱。第一条通用铁路是利物浦至曼彻斯特的干线，全长35英里，1830年通车。铁路铺设获得了巨大成功，英国从此开始了疯狂的铁路铺设。到1850年，已经通车的里程接近1万公里。三十年后，铁路网的总里程达到2.5万公里。

蒸汽动力也用于水路航行——避开糟糕道路的另一种办法。从一开始，发明就不仅限于一国。最早的蒸汽船出现在法国：1774年首航的“帕尔米佩德号”和1783年首航的“皮罗斯卡菲号”。第一艘在商业上取得成功的船只是罗伯特·富尔顿的“克莱蒙特号”，它从1807年起航行在哈德孙河上。两年后，一个名叫约翰·莫尔森的加拿大酿酒商驾驶蒸汽船行驶在圣劳伦斯河上，他用的是魁北克三河城制造的蒸汽机。

到19世纪中期，蒸汽船已经开始在远洋航行中取代帆船。由于在钢铁工业和工程制造方面居于领先位置，英国成为了世界船舶制造的中心。布鲁内尔的“大西方号”（1838年建成）标志着新的突破，因为它证明，船只可以携带足够多的煤炭横跨大西洋。布鲁内尔的另一艘船“大不列颠号”（1843年建成）是第一艘用钢铁建造的船只，它用螺旋桨取代了叶轮。不过，直到半个世纪之后，蒸汽船才将帆船彻底淘汰。原因在于，这些蒸汽船必须携带煤炭作为自身燃料，因此在远程航行的时候，可用于装载货物的空间并不多。因此，最先采用蒸汽船的路线都是短途航行。随着蒸汽机的煤炭消耗量下降，在携带同等煤炭量的情况下，蒸汽船可以航行更远的距离，从而可以在更多航线与帆船竞争。最后一条采用蒸汽船的航线是从中国到英国的远洋航行，快速帆船直到19世纪晚期才最终退出这条路线。

蒸汽动力是通用技术的一种。所谓通用技术，指的是可以应用到各个领域的技术。电力和计算机也是通用技术。要经过数十年的发展，通用技术的潜力才能被开发出来，因此要等到通用技术发明很久之后，它对于经济发展的贡献才会体现出来。蒸汽机的例子就说明了这一点。在钮科门发明蒸汽机将近一百年之后的1800年，蒸汽动力对于英国经济的贡献依然不足称道。然而，到了19世纪中叶，随着蒸汽机被广泛应用于交通和工业，它的潜力最终被发掘出来。当时，英国生产率的提高有一半源自蒸汽动力。这样的长期回报是整个世纪经济持续增长的重要原因。另一个原因是科学成果不断被应用到工业生产中，我们将在下一章讨论这个话题。

第四章

# 富国之路

从1815年到1870年，工业革命从英国传播到整个欧洲大陆，并且取得了巨大的成功。西欧各国不仅奋起追赶领先的英国，还和英国一起组成了创新集团，共同推进世界科技发展。美国也在19世纪实现了工业化，很快加入领头的创新集团。可以说，美国已经成为世界技术的领导者，只不过它和其他几个国家“并驾齐驱”——和美国水平相当的国家包括西欧各国和英国。

西欧的成功出乎意料吗？这取决于人们如何看待工业革命。一些历史学家认为，现实中在英国出现的工业革命完全有可能发生在法国或德国，因此需要研究的问题是：为什么工业革命出现在欧洲，而不是亚洲？在这些历史学家看来，欧洲大陆很快就实现工业化，这是理所当然的事情。不过，另一些历史学家则认为，英国和欧洲大陆在制度或经济激励方面存在根本性差异，在这种情况下，需要对西欧各国的工业化做出解释。

制度论者认为，与时代脱节的旧制度阻碍了18世纪欧洲大陆的发展。法国大革命扫除了这些旧制度，法兰西共和国和拿破仑的军队又把新制度传播到了欧洲的大部分地区。在法国人征服的每一处地方，他们都参照本国模式进行改革，具体措施包括：废除奴隶制，法律面前人人平等，确立新的司法制度（《拿破仑法典》），没收修道院财产，通过废除内部关税和征收统一的外部关税来创建全国性市场，建立更为合理的税收体系，普及世俗性的初等教育，发展现代中学、专科学校和大学，以及促进科技协会和科学文化的发展。普鲁士等国被拿破仑击败，但没有成为法兰西帝国的一部分，不过它们也对各自的制度进行了现代化改革。拿破仑发动的战争使得这些改革没有产生直接影响，但在滑铁卢战役之后，欧洲已经为工业腾飞做好了准备。

另一种解释强调经济激励对于采取新技术所起到的作用。首先，英国最早开始创新，这意味着英国制造商在竞争中强于欧洲大陆的同行；其次，工业革命产生的新技术不适合大陆国家，因为那些国家的工资水平较低，并且能源价格普遍高于英国。欧洲大陆要想实现工业化，必须等待合适的新技术出现，并且要保护本国工业，以应对来自英国的竞争。

英国并没有制定政策来“实现工业化”，但此后的大多数国家都采取策略，效仿英国的成功模式。19世纪出现了一整套发展政策，许多国家先后采纳。这些政策最初在美国奏效（参见第六章），随后，弗里德里希·李斯特又在欧洲大力倡导这些政策。李斯特是德国人，1825年至1832年期间在美国生活，之后返回德国并撰写了《政治经济学的国民体系》（1841年）一书。他提出的标准发展策略基于拿破仑的制度改革，包括四个目标：（1）废除内部关税并改善交通条件，建立大规模的全国性市场；（2）征收外部关税，保护“尚处于婴儿期的工业”，抵抗来自英国的竞争；（3）成立银行，稳定货币并提供商业资金；（4）建立大众教育体系，加快新技术的采用和发明。这一整套发展策略帮助欧洲大陆最终赶上了英国。

德国是一个很好的例子。在中世纪，德国处于分裂状态，有几百个独立的政治主体。1815年维也纳会议召开时，这一数字减少到38个。普鲁士是最大的德意志邦国，它在18世纪着手普及初等教育。其他邦国相继跟进。到19世纪中期，初等教育已基本在德国范围内普及。

普鲁士还在建立全国性市场的过程中起到了带头作用。1818年，普鲁士建立关税同盟，实现了领土范围内的统一管理。其他德意志邦国先后加入。关税同盟在废除内部关税的同时，征收统一的外部关税，从而将英国制造商排除在外。经济同盟为1871年成立的德意志帝国奠定了基础。

铁路的修建巩固了市场一体化进程。第一条德国铁路联结纽伦堡和菲尔特，全长6公里，于1835年建成，仅比联结利物浦和曼彻斯特的铁路晚了5年。19世纪50年代，铁路主干线铺设完成，随后的几十年里，各条支线不断增加。到1913年，已经通车的铁路里程达到6.3万公里。



英国工业革命并没有涉及投资银行，但在欧洲大陆的工业化进程中，投资银行发挥了重要作用。荷兰促进国民工业通用银行率先发挥了作用，该行于1822年成立，致力于促进低地国家的工业发展。随后，德国的私人银行起到了同样的作用。1852年，动产信誉银行在法国成立，为铁路和工业提供资金，这是巨大的进步。

次年，从动产信誉银行中衍生出达姆施塔特银行，在它的带动下，股份投资银行在德国普及开来。到1872年，日后的德国银行业巨头（德国商业银行、德累斯顿银行、德意志银行等）都已成立。这些银行开设了众多支行，把储户的资金汇聚在一起。它们与工业客户建立起长期合作关系，以经常项目透支的方式，为后者提供低利率的长期资金。这些贷款时常需要用工业资产进行抵押，同时由银行派遣代表在这些工业企业中担任董事。

从1880年到第一次世界大战，这些银行为德国工业的迅猛扩张提供了资金支持。

从1815年到1870年，工业革命所涉及的主要行业全部出现在欧洲大陆，而且都有利可图。工业革命之前，珍妮纺纱机和早期的阿克莱特工厂在法国无利可图，但到了19世纪30年代中期，技术进步已经将粗纱的生产成本减少了42%。在成本下降之后，新式工厂变得有利可图。到1840年，法国每年纺织的棉花达到5.4万吨，英国的加工量为19.2万吨。德国和比利时的生产也开始起步，加工量分别达到1.1万吨和0.7万吨。值得注意的是，当时美国的原棉加工量已经达到4.7万吨。

到1870年，欧洲大陆已建立起现代钢铁业。在18世纪之前，熔化并提纯铁矿石所用的燃料是煤炭。工业革命最著名的创新措施之一就是用焦炭（煤炭经过提纯后的一种形式）来取代木炭。1709年，亚伯拉罕·达比在科尔布鲁克代尔钢铁公司率先应用这项技术。不过，直到1750年之后，在生产轧钢产品（钢筋、铁板、铁轨）时，采用焦炭生铁才划算。在此之前，它的用途只限于达比持有专利权的特定铸造过程。1750年至1790年，焦炭生铁取代木炭生铁，成为生产轧钢产品的主要原料。不过，当时焦炭生铁的成本依旧过高，不足以在欧洲大陆完全取代木炭生铁，因为像法国这样的国家拥有广袤的森林，可以提供廉价的木炭，煤炭反倒是稀缺资源。直到五十年后，高炉设计经过不断改进，焦炭炉的生产率终于提高到一定程度，最终在欧洲大陆将木炭完全淘汰。最后的转变在19世纪60年代很短的时间内完成，当时法国企业和德国企业都建造了最先进的高炉。换句话说，它们大步跃进到炼钢技术的最前沿，因为在欧洲大陆只有这种新技术才具备竞争力。

同样，到了19世纪中期，欧洲大陆在新兴产业方面并没有落后于英国。西欧建造了铁路，并且欧洲的机车和英国的一样先进。钢铁生产同样如此。1850年之前，钢材只是炼铁业一种昂贵的副产品，炼铁的主要产品是铁板和铁轨，方法是采用搅炼炉把生铁提炼成锻铁。炼钢的技术难题在于熔炼纯生铁，因此要精确控制其他元素（包括碳）的添加。这需要超过1,500℃的高温。最早的解决办法是采用转炉，这一装置由亨利·贝塞麦和威廉·凯利于1850年左右独立发明。另一种方案由卡尔·威廉·西门子率先提出，他在19世纪50年代建造了一台蓄热炉，它可以烧到很高的温度。1865年，皮埃尔–埃米尔·马丁采用西门子蓄热炉来熔化生铁以制造钢材。事实证明，这种被称为平炉的装置在生产钢板、铁皮和各种结构件时，性能优于贝塞麦转炉。此后，它成为钢铁生产的首选技术，直到20世纪60年代才被碱性氧气吹炼法所取代。重要的是，大规模炼钢技术的四个发明者包括一个英国人、一个美国人、一个住在英格兰的德国人和一个法国人。各国之间没有技术差距。



到1870年，西欧已经克服了主要技术缺陷，但欧洲大陆的生产水平远不如英国。不过，第一次世界大战改变了这一局面，西欧和美国都在制造业方面超过了英国。1880年，英国制造的产品占到世界总量的23%，而法国、德国和比利时一共才占到18%。到了1913年，这三个大陆国家加在一起已经超过了英国，它们的份额上升到23%，而英国下跌到14%。与此同时，北美的份额从15%上升到33%。英国最出色的行业是棉纺织业，1905年至1913年共加工86.9万吨原棉，而美国则同期达到了111万吨，德国43.5万吨，法国23.1万吨。英国在重工业方面的表现要逊色许多。1850年至1854年，英国熔炼的生铁产量为300万吨，而德国同期为24.5万吨，美国为50万吨。1910年至1913年，英国的生铁产量为1,000万吨，而德国的产量达到1,500万吨，美国更是达到2,400万吨。

产量的变化有着重要的政治意义。在19世纪中期，英国号称“世界工厂”，世界上的出口产品绝大部分由英国生产。美国和德国通过扩大出口来增加产量，已经有许多研究分析过它们在外贸方面的进步。英国延续一贯的政策，继续将产品销往帝国领地，帝国的价值由此显现，因此在主要工业国家中掀起了一股抢占殖民地的热潮。德国的钢铁产量超过英国，这对于军火制造而言意义重大。英德之间的贸易争斗让国际局势变得日益紧张，最终导致了第一次世界大战的爆发。

1870年至1913年，欧洲大陆和北美不仅在工业生产方面超过了英国，在技术实力方面也具备了竞争力。事实上，美国超过了英国，成为世界科技的领头羊。不过，在多数行业，重大发现依然出现在所有的工业强国。以全球性视角来看，引人关注的是富裕国家和世界其他地区之间的巨大差异：前者作为一个整体，推动科技向前发展；后者看起来则没有任何创新性贡献。

19世纪晚期的重要特征之一就是一些全新的产业得到发展，这些产业包括汽车、石油、电力和化学。所有富裕国家都参与到这些行业的创立过程中。第一台使用汽油发动机的车辆由奥地利人西格弗里德·马尔库斯于1870年制造。他还发明了电磁打火系统和旋转式化油器，这些设备现在已成为汽车的标准配件。卡尔·本茨于1885年制造了第一台实用车辆，戈特弗里德·戴姆勒和威廉·迈巴赫紧随其后。他们都是德国人。威廉·兰彻斯特于1895年制造了第一台英国车辆，他还发明了盘式制动器和电启动装置。第一家专业制造车辆的公司是1889年在法国成立的潘哈德和勒瓦索尔公司。这家公司还发明了四缸发动机。1902年，雷诺引入了刹车鼓。1903年，荷兰的雅各布斯·斯派克制造了第一辆四轮驱动赛车。汽车的出现需要一系列发明，包括发动机、启动系统、刹车、传动装置、悬挂装置、电气设备等。现代汽车是全部工业强国的技术人员共同的发明成果。到1900年时，所有的工业国家都有汽车制造企业。创新是一种集体行为。

新产业的另一项特征是，许多产业与自然科学的发展有关。在这些领域具备强大科研实力的国家在经济上得到了回报。在20世纪30年代之前，德国是一个最好的例子。德国物理学家和化学家获得过多项诺贝尔奖。工业领域的重要技术人员都经过大学学习。大学里的研究人员做出了重要发现，能够改进工业生产过程，发明新的产品。弗里茨·哈贝尔发现了将空气中的氮转换成氨的办法，这是他在卡尔斯鲁厄大学期间的研究成果，他因此荣获诺贝尔奖。这是一个著名的例子，类似情况还有很多。



希特勒、第二次世界大战和战后两德分治的局面破坏了德国的科学研究。大学研究的领先地位让给了美国，后者拥有庞大的高等教育部门。美国的大学研究得到了政府大笔资金的扶持。冷战期间，研究的主要方向是军事领域，但许多项目对于经济发展也有好处。政府资助的其他方向包括医学、太空探索、人文学科和社会科学。这些资金巩固了美国的世界领先地位。

## 技术进步的宏观经济特征

大多数研发都是在如今的富裕国家中完成的。这些国家努力开发在它们看来能够赢利的技术。因此，它们发明的新产品和新工艺必然适合自身环境和需求。尤其重要的是，富裕国家的高工资水平促使它们开发各种可以通过增加资本投入来节约人力成本的新产品。结果就出现了一种螺旋形的进步轨迹：高工资导致了更多的资本密集型生产，而这一情况又进一步提升了工资水平。这一螺旋形发展轨迹解释了为何富裕国家的收入一路攀升。

西欧和美国包办了世界上所有的技术研发，这样一来就出现了一种世界“生产函数”，它规定了可供所有国家选择的技术。所谓“生产函数”就是以数学形式来估算一个国家在现有的劳动力和资本条件下所能取得的国内生产总值。图8显示了世界生产函数，具体做法是选取57个国家作为样本，选择1965年和1990年两个年份，将劳动者人均完成的国内生产总值和劳动者人均分摊的资本这两项数据分别标注出来。这些小点勾勒出函数的大致情况。它的特点是每个劳动者平均分摊的资本越多，他的产出也越多。而且，当人均资本处于较高水平时，产出的增长幅度明显减缓，这是由于收益递减率在起作用——随着资本的增长，额外得到的产出越来越少。最后，图8中使用不同的符号来表示1965年和1990年的数据。一个国家如果劳动者人均分摊的资本为1万美元，那么1990年它的产出并不会高于1965年的水平。换句话说，这个国家没有取得科技进步。世界科技的变化趋势在于将劳动者人均分摊的资本提高到新的水平，从而达到提高人均产出的目的。这些变化的受益者是富裕国家，它们在1965年就能采用资本密集型技术。到了1990年，能够发明新技术的依然是这些国家。科技进步并不会自然散播到贫困国家。

对于其中一些国家来说，我们可以将劳动者人均产出和人均资本这两项数据追溯到工业革命时期。有了这些数据，我们就能将**时间**产生的影响和**空间**产生的影响进行比较。比如，图9中标注为“美国”的曲线将美国自1820年至1990年的人均资本

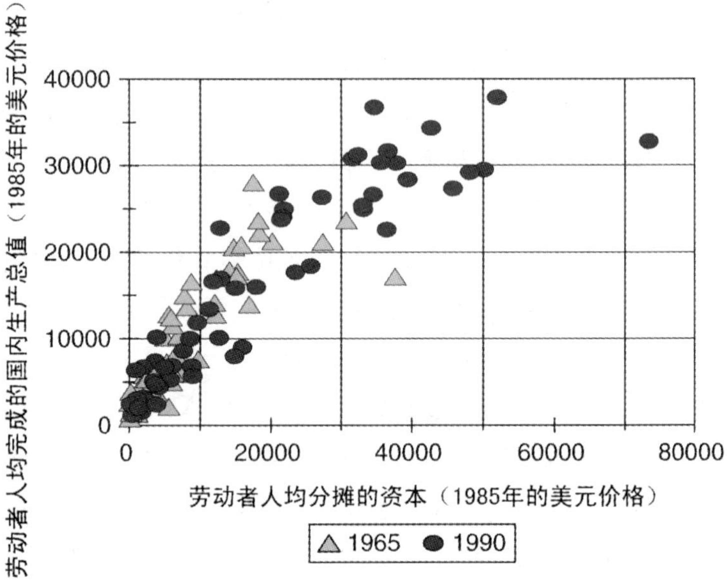




图8 世界生产函数

和人均产出的数据连在一起。美国的这条发展轨迹与1965年至1990年间富裕国家和贫困国家的发展轨迹呈现出相同的模式。其他富裕国家也是如此：经济增长随时间推移而产生的变化看起来就像是当今世界由于空间因素而产生的差异。图10显示了意大利的发展轨迹。图11显示了德国的发展轨迹。这些历史轨迹呈现出若干特点：美国作为世界科技的领先者，在同等资本和劳动力的情况下，通常比其他国家生产出了更多产品；德国或许是得益于投资银行的重要援助，积累了更多的人均资本——但这两个国家的根本发展趋势是一样的。经济增长随时间推移所产生的变化与空间差异之间存在着对应关系，造成这一现象的直接原因是，当今世界的可用技术都源自富裕国家。

贫困国家之所以贫困，就是因为它们使用的是富裕国家过去开发的技术。许多发展中国家做得最好的工业是制衣业。关键技术是缝纫机。脚踏式缝纫机的商业化生产始于19世纪50年代，电动缝纫机于1889年投入使用。如今，大多数发展中国家的出口成就依然建立在19世纪科技的基础上。

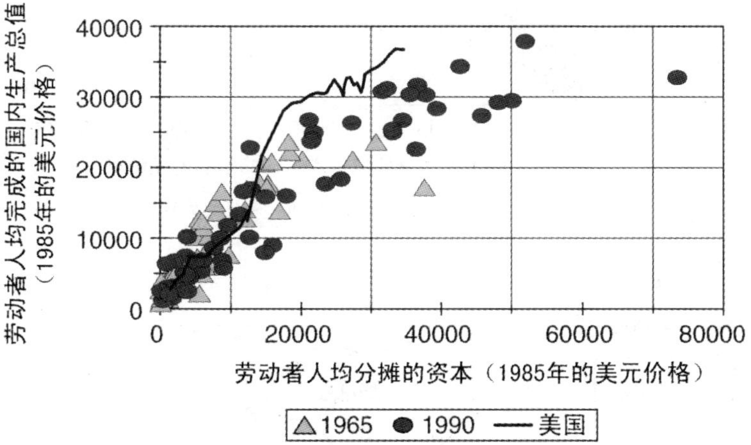


图9 美国的发展轨迹



图8中的统计数据同样说明了这一点。为什么秘鲁相对贫困？1990年，秘鲁劳动者人均分摊的资本为8,796美元，人均产出为6,847美元。这些数据与德国1913年时的数据相差无几，当时德国人均分摊的资本为8,769美元，人均产出为6,425美元。哪个国家现在人均分摊的资本越少，落后的年限也就越久。比如，津巴布韦1990年劳动者人均分摊的资本为3,823美元，劳动者的人均产出为2,537美元。这两项数据如果放在1820年不算太糟糕。马拉维的人均分摊资本为428美元，劳动者人均完成的国内生产总值为1,217美元，大致相当于印度在19世纪早期的水平，远低于当时英国、美国和西欧各国的水平。甚至到了1990年，印度劳

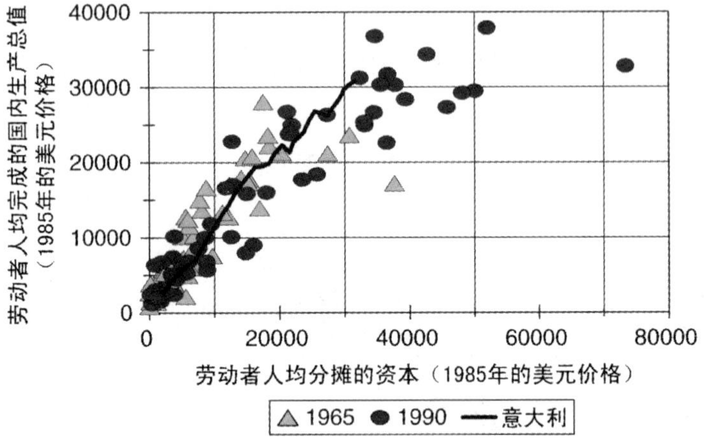


图10 意大利的发展轨迹

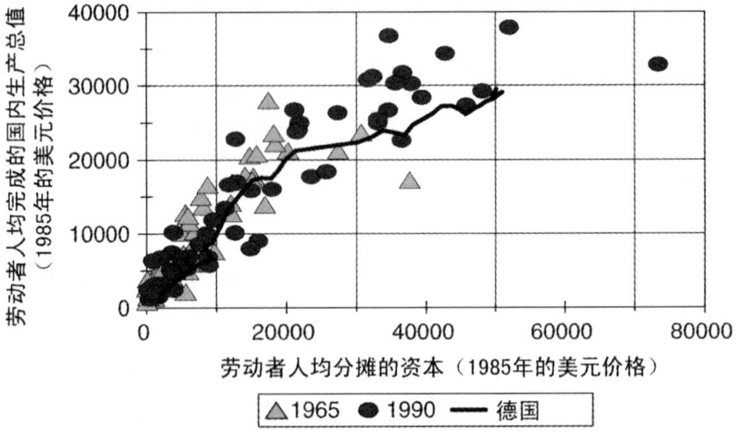


图11 德国的发展轨迹



动者人均分摊的资本仅仅增加到1,946美元，人均产出达到3,235美元，算是赶上了英国在1820年的水平。

这里有个很明显的问题：为什么秘鲁、津巴布韦、马拉维和印度不采用西方国家的技术，让自己也变得富裕起来？答案是，采用西方技术并不能带来收益。西方国家在21世纪所采用的技术代价高昂，劳动者分摊的人均资本数额巨大。只有当工资水平相对于资本成本较高时，采用这样的技术才有利可图。在所有的示意图中，这表现为劳动者人均产出和人均资本之间的关系曲线逐渐变得平缓。与人均资本处于较低水平时相比，当人均资本达到较高水平时，要想把人均产量再提高1,000美元，需要投入的人均资本就更多。只有当劳动力价格十分昂贵的时候，才值得额外投入这么多资本。在西方国家的发展过程中，高工资水平促使人们发明各种节约劳动力的技术，而这些技术的使用又推动生产率和工资水平继续上涨。如此循环往复，不断进步。如今的贫困国家错过了发展机遇。它们工资水平低，资本成本高，只好依靠陈旧的技术和低收入勉力维持。

工业发展史为这些原理提供了范例。在上一章里，我们分析了机械动力织布机的发明，同时也谈到，此类机械在经过完善之后，最终在美国（国内工资水平很高）和英国投入使用。在工资水平较低的国家，机械动力织布机没法做到利润最大化，因此当地人依旧使用手工织布机。到了19世纪，在工资水平最高的美国成为世界经济领头羊之后，这些国家的处境更加困难。美国发明的技术体现了国内的经济环境。19世纪90年代，一个名叫詹姆斯·亨利·诺思罗普的英国移民做出了一系列发明，制造出一台全自动纺织机。这种机器大幅提高了生产率，但是需要大量投资。在美国，因为工资水平很高，使用这种纺织机有利可图，但在英国就不一样了，它的成本太昂贵，虽然按照世界标准来看，英国也是一个高工资的国家。对于贫困国家来说，诺思罗普纺织机更加不适合。在技术变革中，经济强国的发明家试图减少需要支付高工资的劳动力，而他们发明的机械设备进一步加强了富裕国家的竞争优势，同时贫困国家没有得到任何好处。

第五章

# 庞大的帝国

欧洲的东方分布着几个帝国。奥斯曼帝国的土耳其人于1453年征服了君士坦丁堡，他们的统治范围从巴尔干半岛一直延伸到中东和北非。俄国沙皇统治着从波兰到海参崴的广袤领土。波斯帝国历经多个王朝，延续了数千年时间。在17世纪和18世纪，莫卧儿帝国的君王统治着印度的大部分领土。自公元3世纪起，日本天皇就已在位。南亚的某些国家，如柬埔寨和泰国，在很早以前就有了成熟的国家形式。这些帝国中，最强大的当属有着数千年历史的中国。

早在一千多年前，欧洲人就已经对亚洲的富庶有所耳闻，这也是他们试图通过海路前往亚洲的原因之一。马可·波罗于13世纪到过中国，他的游记风靡一时，哥伦布也购买了一本，并详加注释。法国神父兼汉学家杜赫德根据耶稣会传教士的描述，撰写了《中华帝国全志》(1736年)，描绘了中华文明的灿烂景象。这本书广为流传，并引发了大规模的讨论。

不过，并非所有人都赞同富裕东方的说法。提出质疑的主要是几位古典经济学家，如亚当·斯密、罗伯特·马尔萨斯和卡尔·马克思。他们一致认为，相比东方帝国，欧洲更加富裕，并且经济前景更加美好。他们都认为中国处于落后状况，并且用各自偏爱的理论加以分析。在斯密看来，问题在于中国政府禁止对外贸易，并且私有财产在中国得不到保障。在马尔萨斯看来，普遍成婚导致了高生育率和低收入。在马克思看来，问题在于中国的社会结构还达不到资本主义阶段，无法维持个人的积极性。

过去有许多人接受了这些观点，但近年来，经济史研究中的加利福尼亚学派对此提出了挑战——之所以用这个名号，是因为这一学派的主要倡导者均为加利福尼亚大学的教授。根据他们的看法，中国的司法体系堪比欧洲，私有财产得到了保障；中国家庭把生育率控制在低水平，因而中国的人口增长速度并没有超过欧洲；此外，中国的商品市场以及土地、劳动力和资本市场的发展程度不逊于欧洲。欧亚大陆两端的生产率和生活水平大致相当。因此，工业革命之所以发生在欧洲，原因并不是制度或文化差异，而是因为欧洲大陆拥有现成的煤炭资源，并且在全球化进程中攫取了大量财富。

加利福尼亚学派对于中国和其他帝国的发展滞后给出了新的解释，他们的说法引起了广泛讨论。受到质疑最多的是，他们认为中国的发达地区（如长三角地区）的收入水平不亚于英格兰和荷兰（参见图3）。此外，人们逐渐接受了对于中国市场和制度的积极评价，因为对于其他帝国（如古罗马）的重新评价得出了类似结论。因此，加利福尼亚学派认为工业革命发生在英国是因为煤炭和商业，这一观点是正确的。纵览亚洲历史，不难发现亚洲国家缺少这样的诱因。



## 全球化与去工业化

这些庞大的帝国在19世纪的日子都不好过。1857年起义之后，印度正式成为英国的殖民地。20世纪20年代，中国、奥斯曼帝国和俄国的皇帝都被赶下了皇位。19世纪初，这些庞大的帝国拥有世界上最大的制造业。到了19世纪末，它们的传统制造业已被破坏殆尽，却没有现代工业来接替。只有俄国和日本是例外，它们拥有一部分现代工业。

从滑铁卢战役到第二次世界大战，这段时间内的经济成败取决于三个因素：技术、全球化和国家政策。

西方的工业革命造成亚洲制造业难以为继，原因有两点：首先，欧洲的制造业生产效率更高，从而降低了生产成本。但在工资水平较低的其他地区，利用工业技术并不划算。比如，印度人不可能使用纺织机械来和英国人竞争，因为对于**印度国内的**纺织业来说，使用机械增加的资本成本将超过减少的劳动力成本。亚洲生产者只有两条路可走，要么寄希望于英国人改进纺织机，使得这些机械能大幅降低成本（最后的确如此），要么重新设计这些机械，使它们适应亚洲的生产条件（日本就是这么做的）。

其次，蒸汽机和铁路使国际竞争变得更加激烈。随着运输成本的下降，世界经济更加紧密地结合在一起。在这一过程中，使用动力机械的西方企业实力大增，其他地区采取手工生产的制造者远不是它们的对手，从卡萨布兰卡到广州都是如此——哪怕东西方的工资水平存在着巨大差异。随着制造业在亚洲和中东地区逐渐消亡，工人们回归农业生产，这些地区的出口产品变成了小麦、棉花、稻米和其他初级产品。换句话说，它们变成了当代的欠发达国家。

这些变化并非出于富裕国家的合谋，也不仅仅是因为殖民主义政策（虽然这的确是原因之一）。造成这一切的主因是经济学的一条根本原则——比较优势。根据这一理论，各个国家专事生产自己更富效率的某些商品，然后进行交易。它们出口自己生产的商品，并进口自己不擅长生产的其他商品。假设印度与世界其他地区隔绝开来，那么印度要想增加棉布的消费量，唯一的办法就是减少农业劳动人口，让更多的工人去从事纺织。这两项工作的劳动效率将决定，究竟小麦产量该减少多少，才能换取棉布的产量新增一米。如果可以进行国际贸易，并且在世界市场上，棉布相对于小麦的价格比率低于国内生产技术所隐含的比率，那么印度人就会发现，对于他们来说，出口小麦并进口棉布比自己生产棉布更为有利。换句话说，他们变成了农民，而不是制造者。这一调整以牺牲长远发展为代价，换来了短期繁荣。

在达伽马抵达印度的卡利卡特之前，欧洲和亚洲之间要付出巨大的代价才能互通有无。可以说，它们各自都“与世界其他地区隔绝开来”。随着横帆船、全球航行、蒸汽船、苏伊士运河、铁路、电报、巴拿马运河、汽车、飞机、集装箱船、电话、高速公路和互联网的发展，上述隔绝状况不复存在。交通和通讯的改善降低了国际交易的成本，将各个市场结合在一起，各国之间的竞争更加激烈。比较优势所发挥的功效变得更加强大，生产效率的相对差异对于国家财富的影响也变得日益显著。结果就是，第三世界沦为“不发达”地区。

自滑铁卢战役之后，国家政策是影响经济发展的第三个因素。为了应对英国廉价商品的挑战，美国和西欧都采取了标准发展策略，即理顺内部关系，建立外部关税，创办投资银行和推行教育普及。殖民地没法采取这一策略，因为它们的经济政策受到限制，必须为殖民国利益服务。独立国家有权选择发展道路，不过并非所有国家都为此而努力，也并非所有国家都能取得成功。

## 棉纺织业

在印度和英国的棉纺织业发展史中，我们可以看到这些主题。工业革命期间，随着各种生产机械的完善，英国提高了棉布的生产效率。根据比较优势原理，英国制造业效率提高，而印度没有取得同等进步，这必然加强了英国棉布生产者的竞争力，同时削弱了印度生产者的竞争力。反过来，印度在农业生产方面的比较优势增加，而英国的比较优势则减少。比较优势的变化意味着，工业革命带来的不均衡的生产效率增长将会使得工业生产在英格兰取得进一步发展，而印度将出现去工业化的情况。事实正是如此。

比较优势的转变发生在运输成本下降的大背景下，这加剧了它的影响力。运输成本下降的原因是船只效率的提高，以及从欧洲到印度的海上航线更加激烈的竞争。18世纪，英国和荷兰的东印度公司统治了这条线路。虽然17世纪初这两家公司在成立时就打破了葡萄牙对胡椒贸易的垄断，造成欧洲的胡椒价格下降，但随后颁布的英国航海法案将荷兰人排除在英国控制的市场范围外，压制了竞争。第四次英荷战争（1780年—1784年）给了荷兰人最后一击：荷兰公司的实力大为削弱，只能眼看着自己的特许权于1800年到期。不过，英国公司最终还是在1813年失去了垄断地位。随之而来的竞争导致印度到欧洲航线的运输成本持续下降。

从英格兰和印度两地的棉布价格变化可以看到生产效率的不均衡发展和持续下降的运输成本所产生的影响。1812年，一群英国棉布制造商聚在一起，反对东印度公司继续垄断贸易。他们准备的一份备忘录上提到，同样纺织40支纱线，在印度成本是43便士/磅，但在英格兰成本只有30便士/磅。结论就是，只要允许竞争存在，印度就是英国产品巨大的潜在市场。他们的看法是正确的。但需要指出的是，十年前他们还没有这样说的底气，因为当时英国生产40支纱线的成本是60便士/磅。1802年的纺织技术在生产效率方面还不足以使它挫败印度。但1812年的机器可以做到。英国的机械继续得到改进。到1826年，40支纱线的价格已经下跌到16便士。既然可以在这一价位买到纱线，就连印度最贫困的妇女都不会亲自动手纺织了。因此，印度的棉纱生产一度消亡，直到19世纪70年代开始机械化生产，才得以恢复。

织布行业也出现了同样的情况，不过对于印度来说，结局没有那么惨淡。本书第四章已经提到，技术进步降低了英国白棉布的价格。在英格兰，从18世纪80年代中期开始，本土生产的布料总是比进口的印度布料更加便宜。不过，这两种布料的价格并没有出现明显差异，但购买者把两种布料当作彼此的替代品。因此，1790年之后英国布料价格的下降迫使印度布料价格也随之下降（参见图12）。

在我们统计的印度布料价格中，1805年至1818年这一时段没有可用数据。但就在那段时间，出现了两个重大变化。首先，印度与英格兰之间的价格变得十分接近。因为两个市场构成了一个整体，其中一个市场的发展必然影响到另一个。其次，英格兰的布料价格下降到低于印度布料价格的水平。印度至英格兰的布料出口逐渐停止，因为此时出口到英格兰已无利可图。相反，英格兰开始对印度出口布料。

这一变化对印度产生了重大影响。它从主要出口国变为主要进口国。印度的棉纺织业被破坏殆尽，所有的棉纱线都依靠进口。织布产量同样下降，虽然在规模减小、利润削减的情况

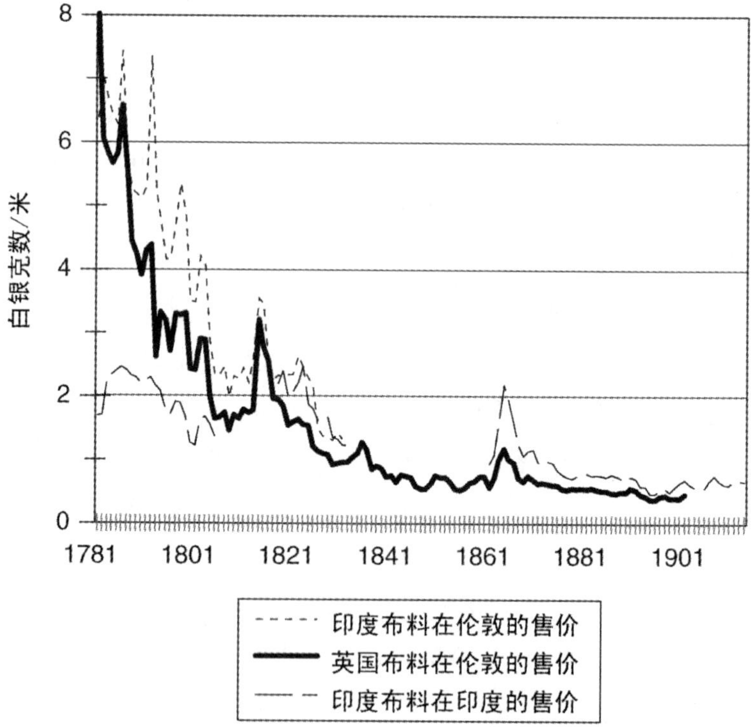




图12 棉布的真实价格

下，手工织布的生产方式得以延续。在比哈尔，制造业的劳动力占总劳动力的比重从1810年的22%下降到1901年的9%。这段时间真是去工业化的重大时刻！

每个国家都在某些方面具备比较优势。印度在制造业方面失去了原有优势，但它在农业方面取得了新的优势，尤其是原棉。图13显示了1781年至1913年古吉拉特和利物浦两地的原棉价格变化。在18世纪，印度的棉花价格更低。随着美国南部的棉花种植面积扩大，英国的棉花价格开始下降。到19世纪30年代，英国和印度市场融为一体。一方面，棉纱和棉布市场的一体化导

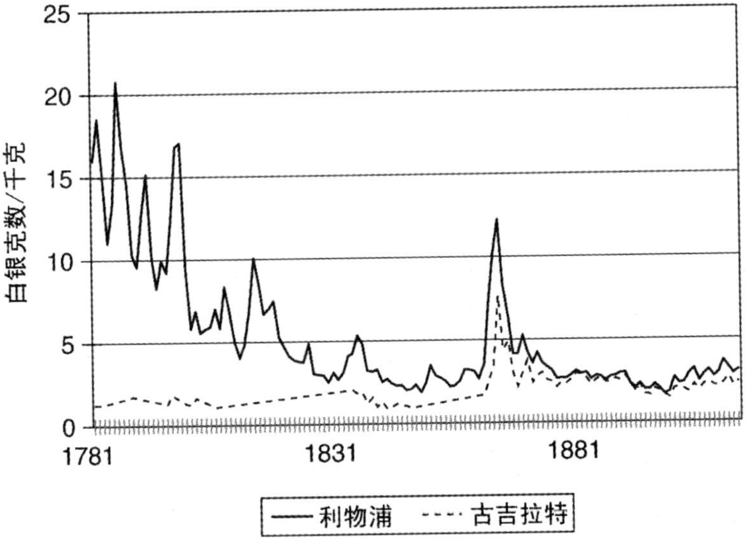


图13 原棉的真实价格



致价格下跌，并迫使印度生产商退出市场；另一方面，农产品市场的情况正好相反。原棉价格逐渐提高，导致种植面积扩大，印度开始向英国出口原棉，为纺织业提供原料。

1840年，英国议会下属的东印度产品特别委员会目睹了一场激烈的辩论，一方是代表麦克莱斯菲尔德地区的议员约翰·布罗克赫斯特先生，另一方是作为证人出席的罗伯特·蒙哥马利·马丁。布罗克赫斯特认为“印度的纺织业已经遭到破坏”，因此“印度现在是一个农业国，而不是一个制造业国家，之前从事制造业的人员现在都转移到农业生产中”。对于大英帝国的所作所为，马丁持批评态度。他回应道：

我不同意印度是农业国这样的说法。印度既是农业国，也是制造业国家。如果有人非要把印度降到纯农业国的地位，他就是在试图降低印度的文明等级……自古以来，印度一直善于制造各类产品，在公平竞争的情况下，没有哪个国家能与之抗衡。

不管马丁的态度多么值得称赞，市场力量显然站在布罗克赫斯特一边，英国工业淘汰了印度的制造业。

19世纪，第三世界的大部分地区经历了类似印度纺织业的遭遇。不均衡的技术变迁，加上全球化的影响，推动了西方国家的工业化进程，同时又导致亚洲的传统制造业遭到破坏，出现去工业化的局面。哪怕是那些独立的国家，比如奥斯曼帝国，技术变迁和运输成本的下降依然将它们转变成现代的欠发达国家。在20世纪中期，亚洲经济发展问题被看作是"传统社会"向现代化国家转型的难题。事实上，这些国家的处境与传统毫无关系。欠发达状况是19世纪全球化以及西方工业发展的产物。



## 印度的现代工业

难道印度无法改变欠发达国家的命运，只能出口初级产品并进口工业产品吗？在手工生产消亡后，印度工业能否利用廉价劳动力来建立现代工厂以获得新的发展？可以用印度的发展史来试着回答这些问题，因为印度接受英国统治，受英国法律管辖，并且与英国保持自由贸易关系。这些因素对于印度的发展究竟有没有好处？

印度的确经历了一些工业发展。主要成就在于黄麻纤维制造业和棉纺织业。两者都利用了廉价劳动力。英国投资者为孟加拉地区的黄麻纤维工厂提供资金。到第一次世界大战时，印度已经达到世界上最大的黄麻纤维生产规模，它出口的产品将英国竞争者赶出了大多数市场。孟买的棉纺织业也开始繁荣。到1913年，这里每年加工的原棉数量达到36万吨，超过法国，但少于德国。不过，这些工业成就对于印度国家经济的影响可以忽略不计。1911年，黄麻纤维生产和棉纺织业雇用的劳动力只有50万人，还不到总劳动力的1%。印度经济依然是农业经济。

工业要想取得发展，就必须改变由比较优势主导的经济模式。民族主义的观点认为，印度应当采取标准发展政策，正是这些政策帮助西欧和美国赶超了英国，其中具体包括：建立外部关税，创办投资银行，理顺内部关系和推行教育普及。

殖民统治最引人关注的一点就是，上述政策的执行程度非常低。在19世纪，只有1%的印度人接受过学校教育，具备读写能力的成年人只占6%。关税很低，并且目的只是为了获取税收。没有银行政策来为工业发展提供资金。

印度政府所采取的措施体现了该国政策的局限性。它在旁遮普等地兴建水利设施，以增加农业出口。1857年起义之后，它又修建铁路，以便在全国范围内运送军队，同时将内陆的农业地区与沿海地区连成一体，以便出口初级产品。到第一次世界大战之前，印度铁路总里程达到6.1万公里，成为世界上最大的铁路网之一。铁路确实创造了全国性市场，因为货物可以以低廉的成本运到印度各地。

然而，印度在修建铁路的过程中错失了一个机会。铁路是一项巨大的工程，需要多种现代原料，比如铁轨和机车。大多数国家在修建铁路时，都会借此机会来发展这些产业（有些国家甚至从无到有，创立新的产业），它们采取的办法就是通过关税和政府采购，把订单交到当地企业手中。但印度殖民政府却想办法把订单交给了英国企业。英国对印度的工程材料出口大幅增加。但印度并没有得到附加利益，到了20世纪，印度才最终建立起钢铁业和工程制造业。

直到今天，印度、巴基斯坦和孟加拉国的大多数人依然从事农业生产。其他贫困国家的情况同样如此。不过，一些国家在19世纪时陷于贫困，如今却大有起色，它们采取的办法不仅有标准化发展策略，还有大推进式的发展模式，我们随后将讨论这些变化。

第六章
# 美洲

美洲融入世界经济对于新旧两个世界都有着重要意义。美洲土著人数锐减，土著文明被欧洲文明所取代。北欧由此走向工业化，而南北美洲恰好为世界范围内的南贫北富格局提供了佐证。

南北美洲的不同发展轨迹可以追溯到殖民时期，其根源在于地理和人口差异。南美洲住着绝大多数土著人，并且有着最多的财富。同时，它离欧洲也最远。这些差异最终导致了今天我们所看到的收入差距。

地理是关键因素，因为它影响到不同地区与欧洲进行贸易的能力。对于经济增长而言，贸易产生的影响可能是积极的，也可能是消极的。一方面，廉价的英国产品抑制了工业化进程。另一方面，当地农产品出口对于殖民进程和农业发展起到了巨大的推动作用，而这些进步可能成为后续工业化的跳板。在这方面，北美洲更受青睐。首先，它离欧洲更近，而欧洲是殖民地出口产品的主要市场。在航运成本较高的情况下，北美地区相比南美地区可以生产和出口更多种类的产品。美洲内陆地区的地理环境进一步加强了北美地区的优势。北美洲东部沿海地区面积广大，土壤肥沃，足以支撑一定规模的经济发展，圣劳伦斯河、莫霍克–哈德孙河和密西西比河连通内陆地区。拉丁美洲的情况正好相反。大多数经济活动发生在墨西哥的内陆地区和安第斯山脉附近。河流并没有连通内陆与海岸，因此出口成本很高。

人口因素同样重要。美国、加拿大和南美洲大部分地区气候宜人，对于欧洲人来说几乎没有疾病威胁，因此他们在这些地区很快就开始繁衍生息。与之相比，热带疾病导致欧洲人在加勒比海地区和亚马逊河流域大量死亡，从而抑制了欧洲人口在当地的增长势头。

土著人在美洲大陆上的分布并不均匀。大多数土著人居住在墨西哥（2,100万人）和安第斯山脉（1,200万人）。住在美国境内的土著人只有约500万人，在美国建国初期十三个殖民地的范围内只有25万人。人口差异体现出地理因素的影响。墨西哥和秘鲁是当地主要食物的天然发源地，这些食物包括：玉米、豆类、西葫芦、土豆和藜麦。后来土著人就在原来的地方开始人工培育这些植物，因此它们已经适应了当地的自然环境。此外，当地比世界上任何地方都要更早培育这些植物。比如，早在4,700年前，他们就已经开始人工培育玉米和豆类。因此，在科尔特斯于1519年到达这里之前，墨西哥人有长达4,200年的充足时间来繁衍生息。当然，玉米、豆类和西葫芦具有很强的散播能力，但它们的遗传和种植必须适应不同的自然环境，这减缓了它们的散播速度。举个例子：如果把玉米从热带移植到温度更低的环境中，玉米的生长期必须从通常的120天至150天减少到大约100天。直到公元1000年左右，人们才最终实现了玉米的移植。在此之前，在美国和加拿大的东部地区，玉米的种植范围都很小，因此在欧洲人抵达之前，土著人在北美洲东部地区繁衍生息的时间并不长。

对于土著人来说，欧洲人的到来是一场浩劫。据保守估计，

1500年土著人口大约为5,700万。到了1750年，这个数字锐减到大约500万。绝大多数人死于欧洲人携带到美洲的各种疾病，如天花、麻疹、流感和伤寒，土著人对于这些疾病没有任何抵抗力。剩下的人死于战争、奴役和虐待。

虽然土著人出现了人口锐减的情况，但南北美洲受到的影响不尽相同。在墨西哥，土著人口减少幅度超过90%。17世纪20年代，当地人口达到历史最低点，为75万人。但这一数字依旧是欧洲人到来前夕美国东部地区总人口的三倍。在安第斯山脉，1718年至1720年爆发的一场流行病让土著人口减少到不足60万人。17世纪中期之后，墨西哥人口出现反弹，1800年达到350万人，安第斯山脉的土著人口达到200万人。虽然西班牙人在过去的三个世纪里不断移民，但土著人依旧占到这些地区总人口的3/5，并且混血儿占到1/5。剩下的1/5人口是相对富裕的白人，他们是殖民地的统治者。对于这些地区的长期发展而言，这样的种族结构和经济结构具有负面影响。



北美地区的情况截然不同，因为这里的土著人口并不多。1500年，25万人居住在东海岸。到了1890年美国第一次对土著人进行人口普查时，他们只剩下14,697人。人口减少主要发生在17世纪，而且是在欧洲人开始殖民之前。在“五月花号”于1620年抵达马萨诸塞之前，一场流行病侵袭了这一地区，从1617年一直持续到1619年。“五月花号”上的乘客将这视为上帝的护佑：“就这样，上帝从一开始就保佑着我们……他清除了大量土著人……就在我们到达那里的前不久，为我们腾出了空间。”随后，持续了五十年的战争消灭了剩余的土著人。土著人的高死亡率和殖民者的低死亡率意味着，美国殖民地很快就成了英格兰的翻版。不过，美国南部的殖民地走了另一条发展道路，欧洲人从非洲掠夺奴隶，到那里从事苦力劳动。但土著人虽然在当地存活下来，却并没有像在格兰德河以南地区那样阻碍北美殖民地的发展。

## 北美洲的殖民地经济

开拓殖民地是美国殖民时期历史的主题。一些殖民者，尤其是那些来自新英格兰地区的人不想再屈服于另一种信条，他们渴望在新大陆实现宗教自治。不过，驱使大多数殖民者来到这里的原因还是经济收益，就连清教徒也希望马萨诸塞的生活水平能够赶上英格兰。

在英属北美地区，殖民与出口紧密相关。加拿大经济学家哈罗德·英尼斯提出了“物产理论”，着重强调这种关系。根据这一理论，加拿大这样的地区的经济增长取决于出口到欧洲的产品，如鳕鱼、毛皮和木材。出售这些产品的所得被用于购买欧洲的制造品，如布料、工具、陶器、图书等。这些产品都是从英国进口，而不是在殖民地自行生产的，因为英国的产业规模足够大，实现了规模经济，这意味着相比殖民地的小企业，英国公司的生产效率更高。“农民认为，用牛和谷物去换取布料，比自己生产布料更加有利。”英国的航海法案将荷兰人和法国人摈除在外，不让他们参与殖民地贸易。

殖民地的物产经济有三个特点。首先，物产在殖民地的售价低于在欧洲的售价，并且差额等于运输成本。两个市场的价格同步波动，因为贸易将它们联系在一起。其次，出口占到殖民地收入的很大一部分，剩余的收入来自服务业。最后，殖民者得到的收益超过在欧洲的收益，差额足以支付移居殖民地的成本和抗击移居的风险。

宾夕法尼亚殖民地体现了这三个特点。它建立于1681年，以种植小麦为主，小麦是当地的主要物产。宾夕法尼亚将小麦出口到西印度群岛、伊比利亚半岛和英伦诸岛，为此它必须与爱尔兰和英格兰的农产品展开竞争。结果，费城和伦敦的售价同步波动。从图14中可以明显看出这种同步性。七年战争时期（1756年—1763年）和美国独立战争时期（1776年—1783年）属于例外情况，因为在这两段时期内，贸易遭到破坏，价格关联也不复存在。除了小麦和面粉，宾夕法尼亚殖民地还出口木材、船只、铁和钾碱，从海上商贸活动中获取外汇。对于殖民地经济而言，出口非常重要，1770年出口量占到总产量的约30%。出口所得用于购买英国生产的消费品。



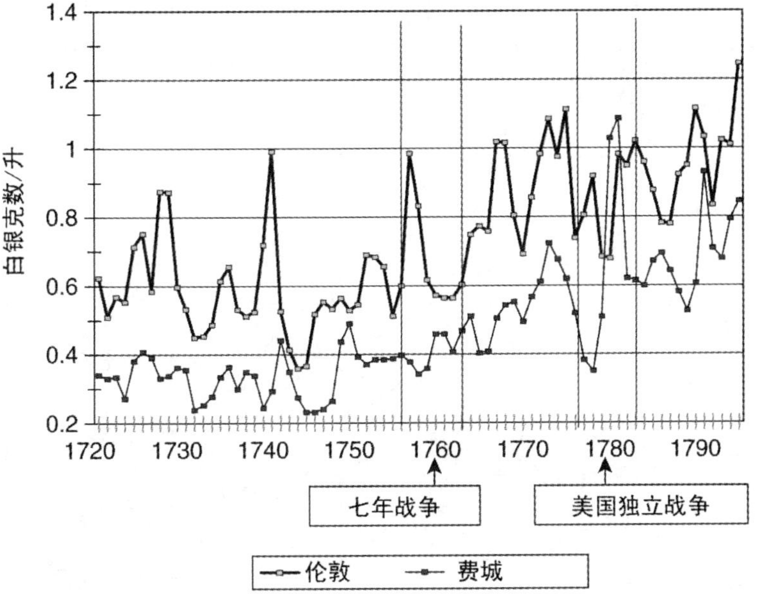


图14 小麦价格

随着经济增长，宾夕法尼亚殖民地吸引了更多的欧洲人。18

世纪，费城的真实工资与英国的变化趋势保持一致，但费城的工资水平更高一些，因为要给殖民者一定的补偿，以吸引他们移居到遥远的未开发地区（参见图15）。英格兰和北美殖民地都很繁荣，工资水平相当于最低生活开支的4倍至5倍。与之形成反差的是佛罗伦萨，到18世纪末期，当地工资已经跌至最低生活开支的水平。

如图15所示，新英格兰的经济表现不那么尽如人意。18世纪早期，马萨诸塞地区的工资水平与伦敦的持平，但低于宾夕法尼亚地区的。虽然人们在回顾美国历史的时候，总是把马萨诸塞视作殖民地的代表，但实际上那里的经济发展并不稳定，因为缺乏一种农业物产。当地的出口产品主要是鱼类、牲畜、鲸鱼油脂以及包括船只在内的木制品。新英格兰地区的居民建立起庞大的海运业，从中获得巨额外汇。这惹恼了英国商人，因为殖民地与本国展开了竞争。这些商业活动没能迅速扩展，因此新格兰地区



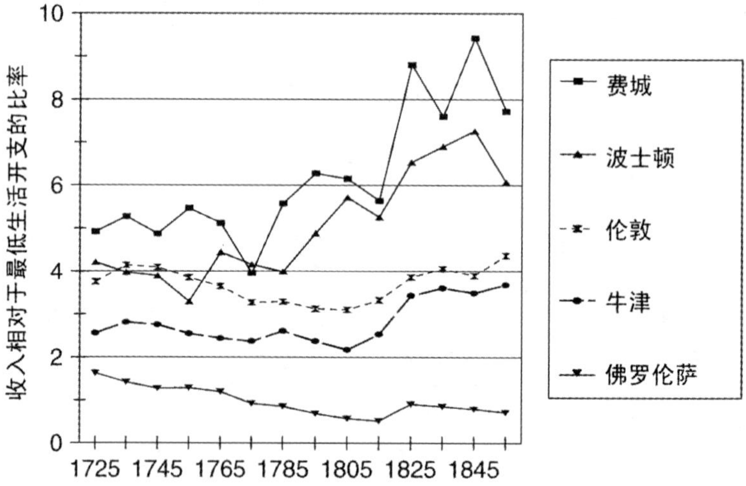


图15 非熟练工人的工资水平，欧洲和美国

劳动力需求的增长速度赶不上人口的增长速度。结果就是，当地工资水平下降，人口持续外迁。

虽然物产理论最初被用于解释加拿大的经济状况，但最佳案例却是加勒比海地区的糖料作物殖民地。欧洲人最早接触到食糖是在巴勒斯坦，当时正值十字军东征时期。随着他们被驱逐出境，食糖生产随之转移到塞浦路斯。最终，他们开始在大西洋的岛屿上种植糖料作物。1485年，葡萄牙人占领了圣多美，这成为历史的转折点，他们开始在那里尝试用非洲黑奴作为劳力，大面积种植糖料作物。后来这一体系被引入巴西和加勒比海地区，事实证明，这一做法在那里可以获得丰厚利润。17世纪和18世纪，巴巴多斯、牙买加、古巴和圣多曼格（现在的海地）是世界上部分最富裕的地区。

加勒比海地区的殖民地种植糖料作物和包括咖啡在内的其他作物，并将产品出口到欧洲。欧洲投资者提供资金，非洲黑奴则提供劳动力。相比欧洲移民，黑奴作为劳动力，价格更为低廉。糖料作物种植园里的死亡率非常高，由于奴隶极为廉价，因此补充奴隶的主要方式是购买新的人手，而不是自然繁衍。被带到英属西印度群岛的奴隶共计400万人，到1832年黑奴获得解放时，只剩下了40万人。出口量决定了殖民地经济的规模。1832年，牙买加的糖、咖啡和其他热带产品的出口量占到总收入的41%。其他收入来自为种植园提供的辅助性服务（为奴隶提供食物，供应其他物资，提供船运和交通服务，派备司法与治安人员，以及为辅助工人提供住房）或种植园主的消费开支（主要用于仆役和庄园）。种植园主在殖民地的开支只占到收入的很小一部分，他们把大部分收入寄回英国，而不是在牙买加进行投资。

美国的南方殖民地有许多特点与加勒比海地区类似。南方地区拥有值钱的物产——在南卡罗来纳地区是稻米和靛蓝，在弗吉尼亚和马里兰地区是烟草。生产这些作物的种植园起初雇用英国契约劳动力，后来改用非洲黑奴。南方比北方殖民地更加富裕，因此吸引了更多定居者，同时也聚集了大多数的黑奴。

南卡罗来纳殖民地始建于1670年。但是，当时的殖民者缺少“适合欧洲市场的商品，他们拿得出手的只有一些从印第安人手中购得的毛皮，再加上一些雪松。他们就把雪松装满船只，带上毛皮前往伦敦”。随后的几十年里，他们一直在寻找一种能获取利润的物产。最终，他们偶然发现了稻米。当地的稻米出口量从1700年的人均69磅增加到1740年的人均900磅。奴隶进口数量从1700年的275人增加到1740年的2,000人。种植技术的进步使得种植面积和劳动生产率提高了50%。在种植稻米的沿海地区，当地社会结构变得越来越像加勒比海地区。出口占到沿海地区总收入的30%以上。这里的经济围绕稻米发展，正如牙买加的经济围绕糖料作物发展一样。在总人口中，黑人占到绝大多数。

白人在最南部地区占到人口总数的一半，他们退到内陆地区，在那里家庭式农场成为主要的经营模式。他们自己种植食物，但远谈不上自给自足，因为他们为种植园提供食物，用获得的收入来购买英国布料和其他消费品。弗吉尼亚和马里兰地区情况类似，烟草成了出口物产。

英属殖民地在经济和社会不平等方面有着明显差异。新英格兰地区和濒临大西洋的中部地区最为平等。这些地方也有奴隶，但在农业生产中，奴隶制并不重要——不是因为道德观念或技术障碍，而是因为收入不足以支付由此产生的成本。这些地区面积广袤，因此土地价格不高，这意味着大部分收入都以工资的方式累积，并且收入必然被分配给数量众多的劳动者。处于另一端的是加勒比海地区的殖民地，那里的大多数人都是奴隶，受到极不公平的对待。美国南部殖民地处于这两者之间，一方面种植园内存在不平等现象，另一方面边疆地区人数不多的农民信奉人人平等。

不过，北美地区所有的殖民地拥有一个对未来发展十分有利的共同优势——具备读写能力的白人殖民者的比率至少和英格兰本土的保持一致，处于世界领先位置（参见表4）。到美国独立战争时期，弗吉尼亚和宾夕法尼亚地区70%的自由人能够自行签名，而英格兰同期具备读写能力的人口比率为65%。在新英格兰，这一数字接近90%，这多亏当地政府建立学校并严令民众接受教育。

为什么殖民地具备读写能力的人口比率如此之高？原因和英格兰的一样：经济优势。殖民地的生活水平取决于贸易和外国市场，这意味着阅读、写作和计算能力能带来收益。司法体系同样增加了读写能力的价值，因为合同和土地所有权都是通过书面文件确立的。在马萨诸塞地区，或许是清教徒渴望阅读《圣经》的缘故，当地具备读写能力的人口比率超过了英格兰和宾夕法尼亚，但更重要的是，当地经济依赖贸易和航运，因此居民有强烈的经济动力去接受学校教育。

## 拉丁美洲的殖民地经济

拉丁美洲的不同地区采取的发展道路各不相同，并且都不同于美国模式。我们需要区分以下几个地区：（1）加勒比海地区与巴西；（2）南部的锥形地带（阿根廷、智利、乌拉圭）；（3）墨西哥和安第斯山脉。

我们已经讨论过加勒比海地区的经济模式，巴西的发展与之类似，只不过规模更大，因为巴西的土地面积更大。巴西距离欧洲足够近，可以出口糖料到欧洲。葡萄牙人在16世纪早期从圣多美将糖料作物引入巴西。起初，种植园里使用的是土著奴隶，但随即非洲黑奴取代了他们，第一次物产繁荣很快到来。1580年至1660年，葡萄牙与西班牙合为一体。荷兰与西班牙之间的战火波及葡萄牙。1630年至1654年，荷兰人占领了巴西出产糖料的省份伯南布哥。他们在离开时带走了糖料的生产工艺，并将糖料作物引入加勒比海地区。这里距离欧洲更近，相比巴西的竞争者，他们占据了有利位置：阿姆斯特丹的糖料价格从1589年的每磅3/4荷兰盾下降到1688年的每磅1/4荷兰盾。在这一价位上，巴西的种植园无法与之竞争，巴西的糖料繁荣就此终结。此后的三个世纪里，巴西的主要物产不断更替：先是黄金（18世纪早期），接着是咖啡（1840年—1930年），然后是橡胶（1879年—1912年）。在每个阶段，巴西都将产品输出到欧洲，并将奴隶或殖民者带回本国从事种植。和加勒比海地区的糖料一样（但和美国的情况不同），巴西的物产繁荣没有转变成现代化的经济增长，这究竟是为什么？

拉丁美洲南部的锥形地带和北美的情况类似，当地土著人口不多，并且最终因为疾病、战乱和欧洲人的迫害而消亡殆尽。潘帕斯草原出产的牛肉和小麦不逊于宾夕法尼亚地区的，但阿根廷距离欧洲太远，在殖民时期不可能将这些东西运往欧洲。阿根廷所能出口的物品只有少量兽皮。智利距离欧洲更加遥远。正经说起来，这些国家的经济史只能追溯到19世纪中期，当时远洋船只经过改进，足以将当地物产出口到欧洲。

最为重要的西班牙殖民地是墨西哥及安第斯山脉。欧洲人的征服决定了当地的发展轨迹。在地广人稀的北美洲，殖民者见到的土著人依然采取刀耕火种的原始农耕方式；但在这里，西班牙人见到了密集的人口、庞大的城市、发达的农业、像欧洲一样等级鲜明的政治和宗教组织，还有大量的黄金白银。征服者推翻了阿兹特克帝国和印加帝国，成为当地的统治者。他们掠夺黄金白银，还压制本土宗教，焚烧经文，用天主教来取代本土宗教的地位。土著人沦为附庸种族，不得不竭力满足征服者的贪欲。数以万计的西班牙人来到美洲，寻找发财的机会。

阿兹特克帝国和印加帝国的君主大肆剥削臣民，不仅要求他们进贡，还要他们提供劳役。西班牙人照搬了这一做法。土著人的工资低得惊人：16世纪30年代，一名全职工作的墨西哥土著人只能挣到1/4的基本生活必需品（参见图16）。这不足以养活一家人。虐待土著人的情况极其严重，西班牙国王因此于1542年下令禁止以土著人作为奴隶，并且限制了征服者的权力。

与此同时，土著人虽然数量大幅减少，但由于幸存人数较多，依然有剥削价值。策略之一是强制劳动。16世纪70年代，西班牙人重新启用印加帝国曾使用过的一种劳役制度——“米塔制”，以便为波托西地区的银矿开采提供人手。墨西哥则采取阿兹特克帝国用过的强制劳动形式——“劳役摊派制”。西班牙国王还把无人居住的土地赐给西班牙人作为领地，称为“大庄园”。到17世纪早期，墨西哥谷地有超过一半的农业用地被富裕的西班牙人以这种方式占有。剩余土地归土著人共同所有，实行轮耕制。这种由大量土著人集体占有土地的情况在北美殖民地并不存在。

这一地区与北美相比，另一个重大差异是地理环境，正是地理环境导致秘鲁和墨西哥无法出口农产品。秘鲁距离欧洲太远，因此无法出口产品，这不足为奇。事实上，美洲西海岸的市场

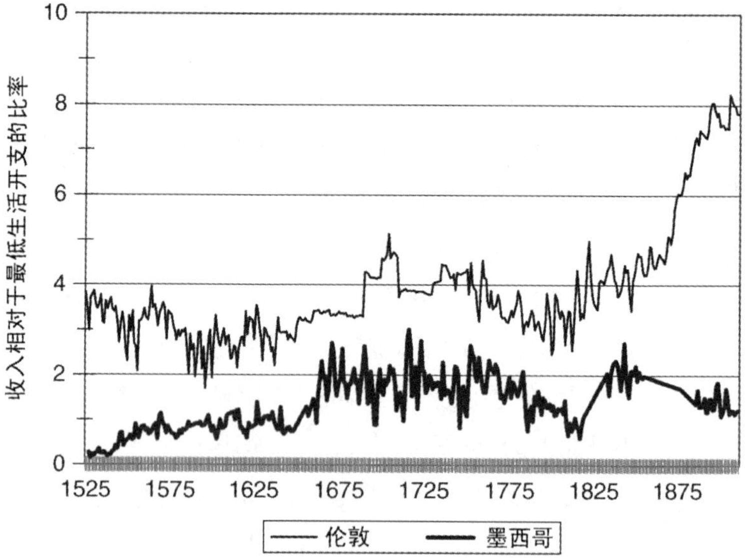


图16 非熟练工人的工资水平，墨西哥和伦敦



与亚洲而不是欧洲结合得更加紧密。西班牙人在墨西哥的阿卡普尔科与菲律宾的马尼拉之间航行，用银币来交换中国的丝绸和茶叶。18世纪晚期，“法国、英国和美国的无数船只”从现在的英属哥伦比亚的土著人手中购买海豹皮，然后到中国贩卖。“海豹皮的价格在美洲沿海地区上涨，在中国却大幅下跌。”

墨西哥的情况更令人困惑。紧靠加勒比海的港口城市韦拉克鲁斯离欧洲的距离与新奥尔良离欧洲的距离不相上下。但墨西哥的问题在于，要想在沿海地区与海拔数千米的内陆高原之间运输货物，需要高额成本。从韦拉克鲁斯到墨西哥城的道路就“修了”好几次——先是在18世纪中期，后来在1804年又修了一次。不过就连那时，货物运输依旧靠骡子，而不是用车辆。这样的方式代价太大，不管是进口还是出口农产品都无利可图，对于当地制造业的保护程度也减弱了。同时，西班牙人的法律禁止墨西哥与其他国家进行贸易，意在将殖民地市场留给西班牙制造商，这种做法进一步加剧了墨西哥的孤立状况。

可以说，墨西哥和安第斯山脉地区能出口的产品只有一种，那就是白银。西班牙人在征服土著人之后，立即开始搜寻贵重金属。最大的发现包括位于玻利维亚的波托西银矿（1545年发现）以及位于墨西哥的萨卡特卡斯银矿（1545年发现）、瓜纳华托银矿（1550年发现）和松布雷雷特银矿（1558年发现）。

以白银作为主要出口商品极为不利，墨西哥和安第斯山脉地区因此无法复制北美的发展轨迹。首先，白银有通胀压力。秘鲁和墨西哥经济的基础就是铸造钱币，因此货币供应的增加推动了当地物价和工资上涨，超过了世界水平。比如，小麦在墨西哥的价格是在阿姆斯特丹的4倍至10倍。墨西哥的工资水平是意大利或印度的两倍，而安第斯山脉地区的工资又是墨西哥的两倍。这些差距之所以能一直维持，就是因为运输成本太高，西班牙对贸易进行限制（这导致廉价的进口商品无法进入这些地区，虽然走私一直都存在），以及西班牙制造业本身的成本过高（它同样受到新世界白银的通胀压力）。其次，白银并没能带来大量的工作岗位。1597年，墨西哥银矿雇用了9,143人；1603年，波托西银矿雇用了1.1万人至1.2万人。到1790年左右，波托西的就业人数下降到4,959人。和劳动力总数相比，这些数字可以忽略不计。和北美地区从事出口农产品生产及供应的人数比起来，这些数字也少了许多。最后，银矿收入的大部分落入少量富人手中，并未惠及大多数人。因此，白银是导致拉丁美洲出现高度不平等的原因之一。

参照北美模式来看，墨西哥经济算不上物产经济。1800年，出口只占到国内生产总值的4%。墨西哥经济的绝大部分与出口无关。因此，墨西哥的收入分配法则不同于英属殖民地的。在北美地区，出口机遇促使欧洲的劳动力和资本来到殖民地，要想取得收益，他们必须回到英格兰，在那里殖民地要尽力吸引更多殖民者和更多投资。在墨西哥，工资水平由内部因素决定，包括强迫土著人劳动，均衡土地与劳动力，以及提高经济体的运行效率。在1650年之前的人口锐减时期，前两个因素最为重要，而在随后的人口增长时期，第三个因素起到了决定性影响。

在1650年之前，墨西哥经济呈现出一种前工业化经济体的共有模式：人口与工资构成反比。当西班牙人于16世纪20年代来到这里时，当地人口众多，工资水平较低（参见图16）。事实上，征服者将工资压得更低，超过了人口数量所能产生的影响。随着土著人口的锐减，真实工资开始上升（虽然西班牙人试图强迫土著人劳动），并在17世纪中期达到收入与最低生活开支大致相当的水平。在这种情况下，一名全职劳动者可以养活全家，让家人都过上最低水平的生活。

在1650年之后，墨西哥人口开始增长，从原先的100万至150万上升到1800年的600万。就在同一时期——这一点极为关键——人口与工资之间不再呈反比关系：虽然人口一直增长，但工资上升到最低生活开支的两倍。只有在劳动力需求大于供给的情况下，才会出现劳动力供应与工资同时增长的局面。劳动力需求的增长反映出整个经济体各部门生产效率的提高。农业的改变源自欧洲作物和动物（小麦、绵羊、牛）与当地作物（玉米、豆类、西葫芦、西红柿、辣椒）的结合。依靠来自欧洲的耐干旱动物（马和骡子），交通运输取得了巨大进步。制造业的动力来自两个方面，一是新产品（羊毛布料）的生产，二是特定区域内生产的集中，这些区域有助于劳动分工。正是这些特征使得英国工业在生产效率方面超过美国，同时也阻碍了殖民地的制造业发展。当然，拉丁美洲经济的扩展在西班牙的统治下进行，并说明了西班牙的政策无论多么不自由，并没有对经济扩张产生根本性的负面影响。

虽然墨西哥经济在殖民时期开始成长，但墨西哥社会具有明显的不平等结构。法律将该国居民划分为五个种族类别，这一分类方式与经济差异吻合。一份研究显示，西班牙上层阶级（占总人口的10%）占有总收入的61%，而土著农民（占总人口的60%）只拿到了17%。相比北美的新英格兰地区和大西洋沿岸中部的殖民地，墨西哥的不平等状况严重得多，可能与加勒比海地区和美国南部种植园地区的情况类似，不过确切的数据现在还无法获得。当地独立后，严重的不平等状况阻碍了经济的发展。



## 独立：美国

1776年，美国脱离英国统治，宣布独立，并建立起自己的行政体系。1787年，美国宪法生效。在内战之前（1790年—1860年），美国经济快速发展。人口增加了8倍，人均收入翻了一番。

我们可以把美国战前的经济状况视为物产理论的另一个案例。

烟草、稻米和靛蓝不再是出口的主要产品，它们让位于最重要的物产，那就是棉布。随着工业革命的开始，英国对于棉纤维的需求急剧上升。佐治亚地区种植了棉花，但并没有以此作为主要赢利手段，直到伊莱·惠特尼于1793年发明了轧棉机，才改变了这一局面。随后棉花种植遍及美国南部。由于棉花都是在使用黑奴的大型种植园内培育，因此黑奴进口大幅增长，直到国会于1808年禁止了奴隶贸易。在接下来的半个世纪里，奴隶人口的增长依靠自然繁衍，棉纺织业迅速扩张，这为棉花种植面积的扩大提供了经济激励。19世纪50年代，种植棉花的利润极其可观，如果不是因为内战（1861年—1865年），奴隶制也不会走到尽头。

物产理论认为，棉花出口带动了整个美国经济。根据这一看法，中西部地区农业生产的扩张是为了给种植园提供食物——这一结论颇有争议。棉花对于东北部地区的工业化也有着促进作用，因为南部的种植园和西部的农场为工业产品提供了市场。

美国的工业化也有赖于四项积极政策，这些政策构成了19世纪经济发展的"标准模式"。第一项政策是大众教育。殖民时期就已经在这方面取得了巨大的进步。到了19世纪，教育进一步发展，并且受到经济激励的影响。另外三项政策最早由亚历山大·汉密尔顿在《制造业报告》（1792年）中提出，分别是：(1)改善交通，扩大市场；(2)建立国家银行来稳定货币，确保贷款供应；(3)建立关税，保护当地工业。如果没有关税保护，南部和西部地区购买的制造品就不可能引导美国走向工业革命，因为英国可以满足相关需求，就像之前在殖民时期那样。

美国参议员亨利·克莱将汉密尔顿的提议称为"美国体系"，但自从弗里德里希·李斯特推广这一模式之后，许多国家都采用了这一体系。宪法本身就是实施这一策略要走的第一步，因为宪法废除了地方关税，从而为全国性市场打下了法律基础。其余的发展步骤包括：(1)1811年至1818年，建设坎伯兰大道，将波托马克河与俄亥俄河连接起来；(2)1817年至1825年，开挖伊利运河，将哈德孙河与伊利湖连接起来；(3)1791年和1816

年，分别成立合众国第一银行和第二银行；（4）自1816年起，废除一系列内部关税。

在1816年之前，美国关税不高，但拿破仑战争将美国航运作为打击对象，于是美国采取了保护性措施，宣布贸易禁令，并于1812年对英国宣战。在这些壁垒背后，美国的制造业开始扩张。拿破仑于1815年战败后，美国于1816年颁布新的关税措施来保护本国制造业，对于大多数进口商品征收20%的关税，纺织品关税更是高达25%。1824年和1828年，税率进一步提高，但是高关税引发了争议，因此1846年，美国又再度降低关税。

随着北方利益集团掌控了国家领导权，保护主义成为美国的主导政策。内战增加了美国对于联邦收入的需求，于是它再度调高关税，并于1861年颁布《莫里尔关税法》。接下来的一个世纪里，税率一再提高，最终在1930年颁布的《斯姆特-霍利关税法》中达到顶点。英国则走上相反的道路，它于1846年撤销了谷物法，又在三年后撤销了航海法案，由此开始了自由贸易之路，直到1932年才重新施行关税。其他国家大多也以同样的方式来应对大萧条。直到第二次世界大战后，美国才着手去除保护，因为它发现进入其他国家的市场比保护本国市场更为有利。

在关税壁垒的保护下，美国的棉纺织业快速增长。19世纪50年代，英国拥有世界上最大的工业规模，每年消耗的原棉重量达到29万吨，美国排名第二，达到11.1万吨，遥遥领先于排名第三的法国（6.5万吨）。如果亚历山大·汉密尔顿和亨利·克莱看到，棉布出口如此有助于经济增长，他们一定会感到欣慰。

不过，这样的结论夸大了物产出口的重要性。首先，虽然棉布（以及后来的小麦）是换取外汇的主要商品，但在1800年至1860年期间，出口产品的价值只占到国内生产总值的5%至

7%。这一比重远低于宾夕法尼亚和南卡罗来纳沿海地区的数据（30%），更不用说牙买加的（41%）。棉布和小麦的出口量还不足以推动战前的经济发展。其次，劳动力市场的表现比物产理论预测的更为出色。18世纪，宾夕法尼亚的真实工资略高于英格兰的，当时美国殖民地正在发展，吸引大批欧洲移民前来，因此这是预料之中的结果。随着美国赢得独立，而欧洲却陷入战乱，大西洋两岸的劳动力市场不再一体发展，美国的真实工资继续上升，而英国的工资在工业革命期间停滞不前。19世纪30年代，美国的真实工资已经是英国的两倍。如果物产理论成立的话，那么美国的真实工资不应该这么高，因为拥入美国的移民将迫使工资降到更低的水平。

国内生产总值和工资水平的提高说明美国已经有能力依靠自身努力来提高生产效率。物产理论的主要问题是，一个经济体以什么样的方式，发展到了什么时候，可以不再依赖主要出口产品。很显然，美国在19世纪上半叶完成了这一转变。

对此，普遍接受的一种解释是英国经济史学家哈巴卡克提出的设想，他认为边疆地区充足的荒地催生了高工资——如果人们可以移居西部，从头开始经营一个农场，谁会愿意接受纽约或费城等地的低工资呢？这种情况将引导企业投资于节省劳动力的技术，从而提高人均国内生产总值，并最终把工资提高到新的水平。我们在第四章已经讨论过，在过去的两个世纪里，美国、英国和荷兰是少数几个持续追求高生产率和资本密集型技术的国家。

事实上，我们可以看到，在棉纺织业中这些因素都在产生影响。纺织业的成功需要人手，但人手并不够。棉纺织业的成功离不开能大量节省劳动力的技术突破。从18世纪70年代起，劳动力的高成本迫使美国企业尝试机械生产，但要想在商业上取得成功，工人和管理层都需要精通这项技术。1793年，塞缪尔·斯莱特建造并负责管理第一家在商业上取得成功的加工厂。下一个突破由波士顿制造公司完成，他们于1813年在马萨诸塞州的沃尔瑟姆建造了一家将纺纱和机械织布融为一体的加工厂。工厂的创始人弗朗西斯·卡波特·洛厄尔曾到访英国并见到机械织布机，回到美国后他凭借记忆画出了机器草图，并创办了这家企业。生产模式由洛厄尔手下的工程师保罗·穆迪设计完成。洛厄尔–穆迪体系最重要的特点在于，他们在引进英国技术之后对其做了大幅调整，以适应美国的环境。19世纪20年代，美国的真实工资已经高于英国了。于是，美国以更快的速度采用了动力织布机。在工业技术方面，美国领先于全世界。

美国的领先优势不仅限于棉纺织业。1782年，奥利弗·埃文斯建造了第一家面粉自动加工厂。在19世纪前，每把手枪或步枪的扳机装置都不尽相同，制造枪械的匠人必须将每个部件与配套的其他部件装配在一起，才能保证装置顺利使用。法国人奥诺雷·勃朗和美国人伊莱·惠特尼最早提出设想，并尝试采用可相互替换的部件。但直到1816年左右铣床发明之后，大规模生产同等规格的零部件才成为可能。19世纪20年代，美国政府设在斯普林菲尔德和哈珀斯费里的兵工厂制造出可相互替换的零部件，适用于滑膛枪。1851年，在水晶宫博览会上展出的美国武器给英国人留下了深刻印象，他们派出一个代表团专门研究“美国体系”。零部件的可替换性这一理念先是传播到像柯尔特那样的私营军火商那里，随后在19世纪中期又影响了手表制造商，紧接着是自行车、缝纫机、农用机械等产品的制造商，最后又影响了汽车制造，可替换性成为福特的流水线体系的一部分。美国经济的成功取决于创新技术在工业领域内的全面应用。劳动力的高成本促使美国人采取机械化的生产方式。要想对此做出成功的回应，就要有大量潜在的发明者。挑战与回应之间的相互作用成就了美国，在第一次世界大战来临的时候，美国已经成为世界范围内生产效率的领先者。

## 独立：拉丁美洲

西班牙帝国延续了三百多年，它将君主与殖民地的白人精英阶层联系在一起。18世纪，西班牙波旁王朝的君王们试图建立一个现代的财政和军事国家，但殖民地抵制了他们的敛财命令。不过，抗拒来自马德里的指令并不是最严重的问题，真正的麻烦源自殖民社会中种族与经济的分化格局。1780年，秘鲁爆发了图帕克·阿马鲁起义，白人的人身安全和财产安全遭到普遍威胁。这只是令白人不快的众多事件之一，它提醒了白人，社会金字塔的底层有多么危险。1808年，拿破仑入侵西班牙本土，西班牙统治下的美洲殖民地意外获得独立。事实上，这些国家完全是被动地接受了这一结果。重建帝国显然不可能。在墨西哥，米格尔·伊达尔戈于1810年率领土著人起义，反对当地占据统治地位的“出生在半岛上的西班牙人”（指出生在西班牙本土的白人）。起初，这次行动吸引了克里奥人（指出生在墨西哥的白人）参与，但土著人的暴力行为针对全体白人，双方无法共同反对西班牙，最终起义遭到镇压。1821年，墨西哥获得独立，起因是克里奥人发动了一场政变，试图保住他们的特权地位，因为他们担心西班牙国内的自由主义势力抬头，会威胁到他们的利益。

独立之后，墨西哥遭遇了几十年的经济停滞，究其根源，还是在于殖民社会的两难境地。18世纪晚期，更为激烈的国际竞争已经开始破坏墨西哥的制造业，结果就是像印度那样的去工业化。亚历山大·冯·洪堡解释道，“普埃布拉镇过去以制作精美的德福特陶器和帽子而闻名”，在“18世纪的头几年”，“这两个行业[出口的商品]繁荣了阿卡普尔科与秘鲁之间的贸易往来”。然而，从欧洲进口的商品破坏了这一贸易关系。

> 如今，在普埃布拉与利马之间几乎没有任何往来，德福特陶器的很多生产作坊都被迫倒闭，原因就在于欧洲人从韦拉克鲁斯低价进口石器和瓷器。在1793年营业的46家作坊中，到了1802年只剩下16家陶器作坊和两家眼镜作坊。

1780年的真实工资相当于最低生活开支的两倍，到了19世纪30年代，真实工资已经降到了最低开支的水平。

纺织业同样受到英国进口商品的冲击。墨西哥的大多数布料由羊毛纺织而成，棉布要从加泰罗尼亚进口。18世纪90年代，英国对西班牙实施封锁，切断了进口商品的来源，棉布生产才在普埃布拉开始起步。这段繁荣期时间很短，因为1804年后，西班牙的进口商品重新进入墨西哥，而且在独立之后，全国到处都能见到廉价的英国布料。墨西哥的棉纺织业发展受挫。对此墨西哥采取的策略类似于亨利·克莱的美国体系以及李斯特向德国提出的建议。时任内政与外交部长的卢卡斯·阿拉曼开始对进口的棉纺织品征收关税，并且将部分税收用于组建阿维奥银行，专门为新工厂提供资金，用于购买设备。不过，墨西哥并没有建立全国性市场，因为地方性关税依然存在，并且交通没有得到任何改善。大众教育也被忽略了。

结果同样是喜忧参半。一方面，从1835年至1843年，墨西哥新建了约35家棉纺纱厂。自1840年后，真实工资水平也重新提高。另一方面，当地缺少发展工程行业的激励因素，因为机器都依赖进口，安装机器并监控操作的工程师同样来自外国。同时，这些新建的工厂前途渺茫。在19世纪中期，棉纺织业处于停滞状态，其他行业的发展也不值一提。墨西哥没有出现美国式的整体进步。

下一波经济增长要等到迪亚斯时代。1877年至1911年，墨西哥处于波菲里奥·迪亚斯的独裁统治之下，故此得名。迪亚斯比阿拉曼更加积极地推行19世纪的标准发展策略。通过大量建造铁路，废除各州的商品过境税，迪亚斯成功建立起了全国性市场。他还利用关税来保护墨西哥工业。他采取了一项创新政策，那就是借助外国投资来为企业提供资本，而不是依赖本国的投资银行。外国投资还成为了引入先进技术的渠道。



在迪亚斯时代，经济发展取得了一定成功，但依然存在不足。一方面，墨西哥取得了一些令人瞩目的工业发展。人均国内生产总值从1870年的674美元上升到1911年的1,707美元。另一方面，墨西哥所取得的技术进步几乎与本国人员无关，因为外国工程师的任务只限于建造由外国公司设计的工厂，这意味着相关进步只限于国家扶持的行业。而且，增长带来的收益被少数人占有。在迪亚斯统治时期，真实工资呈下滑趋势。1911年，革命终于爆发。

## 教育与发明

为什么美国经济的增长速度远远快于墨西哥呢？有一种颇具影响力的解释将美国的成功归因于该国制度的“高品质”，而将墨西哥的表现归咎于该国制度的“低品质”。但到底是哪些制度在起作用？美国的优势源自一整套英国体系，包括财产权和法院、立法机构（和司法机构）对行政机构的钳制、人人平等的思想（但不包括南方地区）、民主和自由放任政策（但不会因此放弃关税）。墨西哥的劣势包括土著人对于土地的集体所有权、社会与种族的极度不平等、将殖民遗产中最糟糕的部分永久继承下来的政治体系——各级法院之间的判罚互相矛盾，政府过度管制商业活动，税收系统效率低下（虽然根据殖民时期的经济增长幅度，人们有理由怀疑这一因素的重要性）。

经济政策对于经济的影响力超过上述的制度因素。美国于19世纪初率先采取标准发展策略。宪法废除了地方关税，加上新技术（蒸汽船、铁路）的发明使交通条件得到改善，美国由此建立起全国性市场。自1816年起，美国开始采取保护性关税措施，并建立全国性银行体系来稳定货币。最后，大众教育早在殖民时期就已开始。墨西哥也在逐步推进这些政策——19世纪30年代，墨西哥建立起关税和银行，但在1880年之后才建立全国性市场，直到20世纪晚期才推行大众教育。教育政策的差异有助于解释两个国家的不同发展轨迹。

不同的技术发展道路体现了技术供求关系的差异。一方面，早在1800年，美国的真实工资就已远远高于英国的水平。高工资产生的额外费用促使企业采用能够节约劳动力的机械设备。随着新发明的出现和生产率的提高，工资进一步增长，于是整个过程不断循环强化。另一方面，墨西哥的工资远低于美国的水平，因而缺乏这样的激励效果。

美国的技术供应也远超墨西哥。原因并不是宗教差异，也不是西语文化的中世纪特色（或者说，非理性特色）。提出上述看法的人是伟大的德国地理学家，科学巨擘亚历山大·冯·洪堡。

1803年，他曾在墨西哥短暂居住。当地的科学水平给他留下了深刻印象。

> 新大陆没有哪座城市，包括美国的诸多城市在内，能够像墨西哥的首都城市那样展现出如此伟大而又坚实的科学成就。

洪堡列举的例子包括当地的大学、矿区的学校、艺术研究所、植物园和博学家。通过公开讲座，普通民众对科技文化有所了解。就连偏远的省份也开始进行科学学习。

> 来自欧洲的旅行者必然会感到惊讶，在这个国家的内陆地区，紧靠加利福尼亚边境的地方，一些年轻的墨西哥人正在思考在水与大气合为一体的过程中，水自身该如何分解。

并不是因为墨西哥没有经历启蒙运动，所以经济发展才遇到阻碍，真正的原因在于劳动力普遍缺乏实用技能。读写能力可以说明这一点。一方面，在美国，到了18世纪末，超过70%的成年白人男性有读写能力，到1850年时，这一数据接近100%。另一方面，黑奴（占总人口的14%）几乎都不具备读写能力，因为具备读写能力的美国男性的比率是86%。在墨西哥，绝大部分白人具备读写能力，但剩余人口却都不具备："我们只有在白人群体中才能发现……思维能力。"在墨西哥，白人仅占总人口的20%，因此具备读写能力的人口比率大约就是这个数字。

从美英两国出版的发明家传记中可以清楚地看到这种差异对于技术进步的重要性。几乎所有的发明家都具备读写能力。不具备的人很难做出发明，因为他们没法阅读技术文献。此外，发明家自己也经营企业，他们要写信，签署合同，获取专利，还要与客户洽谈。要在商业世界中赢得一席之地，就必须能读会写。在美国，大多数白人男性都具备这样的能力。在墨西哥，约有80%的人被摒除在外。因此，墨西哥人在工程机械方面采取创新举措的可能性也大幅减少。

造成两国差异的直接原因很清楚：美国的学校数量远多于墨西哥的。新英格兰在殖民时期就通过政府资助和强制就读的方式，差不多实现了全体男性扫除文盲的目标。贺拉斯·曼领导了马萨诸塞的教育改革。1852年，该州参照普鲁士的做法，建立了新的教育体系。"公立学校运动"扩散到北方各州，因为这一做法适应工业发展的需求。大众教育和巨额关税一样，成为了美国的标志。1862年，代表佛蒙特州的议员贾斯廷·史密斯·莫里尔提出一项法案，要求将联邦土地拨给各州，用于建立大学。就在前一年，莫里尔还对保护性关税给予支持。在这项法案的推动下，共建立了超过70所所谓的"划拨土地大学"。从1910年至1940年，"高中运动"见证了全国范围内州立中学的创建热潮。二战之后，又有新的高中和大学建立起来。

在20世纪之前，墨西哥教育的扩张幅度无法与美国的相比。革命促成了更多的学校教育，但在1946年，超过一半的成年人依然不具备读写能力。在过去的半个世纪里，各个层次的教育都进步显著。但对墨西哥来说，这样的进步迟到了两个世纪。

为什么美国和墨西哥走上了不同的发展道路？殖民时期的美国对于读写能力和计算能力的需求大于墨西哥，因为北美殖民地施行物产经济，殖民者期望能通过大量出售当地物产来换取英国的消费品，从而将生活质量保持在欧洲水准。墨西哥的情况正好相反。白人精英阶层控制了整个国家，推行大众教育对他们的利益没有好处。由此，墨西哥的普通民众得不到必要的教育。不公平现象很严重，在安第斯山脉地区和以黑奴作为主要劳动力的殖民地（比如加勒比海地区和巴西），政府同样代表着少数精英的利益。结果就是，整个拉丁美洲的教育程度很低。

不妨拿美国来做个比较，因为在殖民时期，美国最富庶的地区同样以黑奴作为主要劳动力。为什么美国得以避免了牙买加或巴西的困境？在废除奴隶制、重建家园之后，美国南方各州同样存在高度不平等现象，政府官员出身精英阶层，对于教育黑人群体毫无兴趣。黑人接受教育的机会很少，质量也不高，这一情况直到20世纪60年代，种族隔离制度终结之后才有所改观。南部地区是美国最贫困的区域，教育落后是主要原因之一。美国与拉丁美洲的主要区别在于被正常的社会生活排斥在外的人口的比例。黑人占到美国总人口的1/7，而土著人和黑人占拉丁美洲总人口的2/3。如果美国以对待黑人的态度来对待70%的大众，结果就不仅仅是更大范围内的不公平现象了。这样做将导致整个国家的发展遭遇挫折，因为如果教育程度低下，美国就不可能成为经济强国。

第七章

# 非洲

非洲的贫困由来已久。早在1500年，撒哈拉沙漠以南的非洲地区就是世界上最贫困的区域，现在依然如此——虽然期间当地的人均收入有所提高。本章将会分析，究竟是哪些结构性因素和偶然事件让非洲一直陷于贫困之中。

候选“短名单”很长。西方社会的某些人依然存有殖民观念，在他们看来，非洲之所以贫困，是因为非洲人懒惰或智力低下，但这其实只是他们的想象。有些解释更为复杂，其中一种认为，非洲人受到传统观念或非商业价值观的束缚。但上述说法都经不起历史检验。

关于非洲贫困原因的制度性解释也颇为盛行。非洲的奴隶贸易很普遍，而且如今非洲最贫困的国家就是历史上输出黑奴最多的那些国家。然而按照现今的生活水平来看，即便是那些极力抵制奴隶贸易的国家也极度贫困，因此这并不是原因所在。殖民主义是另一种流行的解释，因为在许多地方，殖民政策的目的就是要将财富从非洲人那里转移到欧洲人手中。虽然说，非洲在殖民统治时期经历了一定的发展，但欧洲人组建的政府并没有开启现代经济增长。在相信依附理论的人看来，非洲落后的原因在于全球化程度过高，因为他们认为非洲一心出口初级产品，这一做法从长远来看对非洲不利。此外，近来许多评论者强调，非洲政府腐败成风，对经济横加干涉，并且采取独裁手段，这些才是造成贫困的主因。如果落后的国家改由西方人组建的政府加以管理，非洲经济将会腾飞——不过，前提当然是这些外国人在二次管理时做出正确的选择。

要想明白为什么非洲现在处于贫困状态，我们必须先了解，为什么在1500年时非洲就已陷入贫困。答案涉及地理、人口以及农业的起源。1500年，当时的社会结构和经济结构决定了非洲大陆怎样应对全球化和帝国主义的入侵，而那些措施导致了此后的长期贫困。

## 非洲与发展差距之争

撒哈拉沙漠以南的非洲地区在1500年时很穷，因为那里并没有先进的农业文明。当时世界上具备先进农业文明的地区只有几个：西欧、中东、波斯、印度的部分地区、中国和日本。这些地区有可能迎来工业革命。包括非洲在内的世界其他地区不可能出现工业革命。这就是为什么在谈到发展差距的时候，非洲总是被排除在外。



农业文明拥有许多非洲缺乏的优势，比如高产量的农业、多样化的制造业以及现代经济增长所必需的制度与文化资源。这些资源包括土地的私有产权和没有土地的劳动者，还包括用于管理财产和商业活动的文化因素，比如书写能力、土地测量、几何学、算术、标准化的度量衡、硬币以及一整套司法体系。这样的体系建立在书面文档之上，并且需要能够处理此类文档的官员。要想发展贸易，要想促进知识、数学和科学的发展，要想促成现代科技的发明与扩散，这些文化因素必不可少。撒哈拉沙漠以南的非洲地区不具备这些前提条件，东南亚的大部分国家、澳大利亚、新西兰、欧亚大陆的北端、波利尼西亚以及美洲人口较少的地区同样如此。

非洲的历史发展轨迹受到早期农业以及农业与人口关系的影响。大约在公元前3000年，非洲人从中东地区引入牛羊，开始在撒哈拉地区放牧（当时这一地区比现在湿润）。与此同时，他们开始在尼罗河流域和埃塞俄比亚高原种植小麦和大麦。后来，埃塞俄比亚人开始种植画眉草、龙爪稷、芝麻、芥、象腿蕉和咖啡，丰富了当地作物的品种。混合畜牧业也开始发展，当地人用去势后的公牛来拉犁耕种，用牛羊粪便来施肥。此外，他们还投资修建梯田和灌溉设施。埃塞俄比亚是撒哈拉沙漠以南的非洲地区唯一产生先进农业文明的区域。大约在公元前2000年到公元前1500年，非洲人开始在乍得湖附近种植小米和高粱。当地农民也养绵羊，但他们并不像埃塞俄比亚人那样进行混合耕种。即使现在，当地人依然轮流种植高粱和小米，并且使用锄头耕种，而不是用去势后的公牛来犁田。最后，山药和棕榈油构成了雨林地区的农业基础。尼日利亚最先种植山药，现在当地的产量很高。雨林地区没有畜牧业，因为雨林盛产的舌蝇会传播昏睡病，造成当地的马、牛和羊大量死亡。

当新的机会出现时，西非地区的农耕体系及时做出了反应。从1世纪到8世纪，当地从亚洲引入新的作物，包括香蕉、大蕉、亚洲山药、芋头和豆类。16世纪，当地从美洲引入了玉米、木薯、落花生和烟草，作物品种再次大幅增加。这些新品种迅速成为当地的“传统”作物，从这一点也可以看出，不能以“不变的传统”来解释非洲的贫困。

和世界其他地区一样，在非洲作物的培育使得永久性的村落形成，同时生育率也随之提高。埃塞俄比亚高原不存在热带疾病，因此当地人口迅速增长。随着土地变得稀缺，国家和贵族阶层通过出租土地或收税来获取资金。原本属于集体所有的资产变为私有。与此同时，人们不再拥有随处耕种的权利，因此出现了没有土地的劳动者。公元前8世纪，位于埃塞俄比亚北部和厄立特里亚地区的迪姆特王国建立起来。当地农业以犁耕和灌溉为基础，人们对铁器有所了解，并且形成了书面语言。在迪姆特王国之后出现的阿克苏姆王国面积更大。

由于热带疾病导致了高死亡率，西非地区的人口增长受到限制。就在种植山药的农民着手清除雨林的时候，最致命的一种疟疾以及传播这种疾病的蚊子（恶性疟原虫和冈比亚疟蚊）开始出现。这些清理出来的空地很可能助长了疾病的传播。其他热带疾病（如昏睡病）也起到了作用。



西非依然是一片拥有广袤土地的农耕区，在那样的环境下，轮耕是恰当的。雅科人就是这样做的。他们住在尼日利亚东部的雨林中，以种植山药为生。20世纪30年代，乌莫尔地区的雅科人村庄拥有40平方英里可用于耕作的土地，但每年实际种植的土地只有大约3平方英里。收获之后，雅科人在接下来的六年时间内任由这片土地重新变成荒野，同时清理出新的土地来耕作。在允许土地休养生息的情况下，40平方英里的土地中只有21平方英里被用于耕作。剩余的土地留给孩子或任何需要土地的人使用。因此，村庄里不存在没有土地的劳动者，也没有购买或租借土地的需求，因为任何人都可以在不损害他人利益的情况下清理出新的空地。

种植山药以及从棕榈树中提取棕榈油和棕榈酒的工作量并不大，但提供了足够多的食物。表5中的甲组显示了乌莫尔地区典型的雅科人家庭所生产的食物。这个家庭包括一个男人、他的

**表5 雅科人的收入，20世纪30年代**

**甲组：食物生产与消耗**

家庭组成情况为：1个男人，两个女人，4—5个儿童（相当于4.75个成人）

家庭耕地面积为1.4公顷，以种植山药为主，间杂南瓜和秋葵。他们还利用野生的棕榈树丛来制作棕榈油和棕榈酒。

每个成人平均消耗的食物数量

| | 千克/年 | 千卡/天 | 蛋白质（克/天） |
|---|---|---|---|
| 山药 | 489.2 | 1582 | 20.5 |
| 豇豆 | 12.4 | 114 | 8.0 |
| 肉类 | 4.4 | 30 | 2.4 |
| 南瓜 | 9.6 | 7 | .2 |
| 秋葵 | 9.6 | 8 | .5 |
| 棕榈油 | 2.1 | 50 | 0 |
| 棕榈酒 | 174.7 | 150 | 1.0 |
| 合计 | | 1941 | 32.6 |

山药耕种需要307天。

制作棕榈产品需要93天。

肉类通过购买获得。

**乙组：生产棕榈产品用于销售**

棕榈油　12 罐，每罐36 磅

棕榈仁　747 磅

棕榈酒　93 瓶，每瓶半加仑

生产用于销售的棕榈产品需要155个工作日

两个妻子和四五个孩子。他们每年种植1.4公顷的山药和一些芋头，中间夹杂种植了豇豆、南瓜、秋葵和其他植物。他们的饮食以素食为主——只有少量打猎得来的肉，还有一部分买来的肉（加入山药作为调味品）。此外，这个家庭每天要消耗一定数量的棕榈油和半加仑的棕榈酒。他们摄入的能量换算下来，相当于每个成年男性每天摄入1,941卡路里。这些人处于最低生活水平。家庭里的三个成人每年总共要花费400个工作日，用于耕种菜地和加工棕榈产品。在欧洲人到来之前，非洲人的消费模式很可能都差不多。

非洲人口稀少，运输成本高昂，这些因素导致当地很难出现足以满足大规模市场需求的专业化的制造商。早在公元前1200年左右，西非地区就出现了铸铁业，但总产量很低。大草原地区的人们种植棉花，并且使用手工织布机来织布。棉纺织业的中心在卡诺附近，但是棉纺织业和铸铁业一样，产量很低。大多数人并不是从制造商那里购买产品，而是自行制造简陋的器具，并且用树皮当衣服。因此，当地的消费品种类有限。人们种植的食物只用于满足自身需求，因为即使有多余的产品，也没什么可买。耕种只占全年时间的一部分，剩余时间他们就享受闲暇。

这一生产体系带来两种政治风格。第一种称为团队或部落，这是由某个地区的耕种者所组成的联盟。它可以组织土地分配，并且解决因土地使用而产生的纠纷。部落中的男性组成了民兵队伍，保护自己的领土不受其他群体侵犯。这些部落的领袖是“酋长”，他们借助信仰来维持自身的地位。这种政治体系相对而言较为平等。

轮耕具有一个特点，那就是耕种者享有大量的休闲时间，这最终导致了等级制的社会组织出现。如果劳动者被迫工作更长时间，他们将生产出更多食物，超过最低生活水平，而那部分剩余产品足以让某些人或（在政治层面上）一支武装力量完全脱离生产。在摆脱生产和享有特权的双重诱惑下，采取奴隶制就是理所当然的了。维持奴隶制的困难之处在于，空旷的地理环境让奴隶们有机会逃跑，并且有办法谋生。20世纪的法属刚果就有这样的例子：为了逃避兵役或橡胶园中的强制劳动，村民们逃入灌木林中，并在那里靠着四处搜寻食物生活了许多年。非洲的酋长转而到其他地区抓捕奴隶，被捕的人不懂当地语言，也不知道如何在当地生存，因此无法再用这种手段来逃避。当然，他们的孩子知道该怎么做，因此奴隶制在当地时常只限于一代人，奴隶的孩子被当地部落接纳为新成员。在欧洲人到来之前，奴隶制在非洲已很普遍，是许多国家的经济基础。

虽然当时的非洲已经出现了各个国家，但这些国家与成为先进农业经济体的国家形式有所区别。农业国家可以通过征收土地税或出租国家财产来获取收入。但这种做法在非洲行不通，因为当地拥有丰富的土地资源，土地并不值钱。这样一来，先进农业社会用来组织私人财产的各种法律和文化制度，比如测绘、算术、几何和书写，在非洲都无法实现。只有西非大草原的几个帝国（如加纳、马里和桑海）是例外。农田都归集体所有，奴隶制普遍存在。但国家的收入主要依靠商品税，并且征税的对象是横跨撒哈拉地区的贸易活动和黄金生产（而不是农业）。这些帝国都信奉伊斯兰教，宗教信仰帮助当地人掌握了书写能力，并且确立了财产法，可以解决当地的行政问题。



## 奴隶贸易

欧洲人的到来给原本实行轮耕制的社会带来了重大变化，

因为欧洲人引入的商品种类远多于当地人原本拥有的物品种类。很快，美洲的土著人、波利尼西亚人或非洲人都意识到，棉布做的衣服远比树皮舒服，枪炮远比长矛厉害。1895年，玛丽·金斯利经过加蓬地区，在她的笔下，大多数非洲人，

> 无论男女老幼，都把交易当作生活中的大事，从学会走路时开始，他们就喜欢交易，就连死亡也不能阻止他们，根据他们的说法，那些有名的商人死后，他们的灵魂依然会来到市场，参与交易。

在这方面，非洲并不是唯一发生变化的地区。在法国人到来之前，加拿大的休伦人用滚烫的石头将水烧开，然后将开水灌满挖空的树桩，用来烧饭。法国毛皮商人随身携带的水壶给当地人留下了深刻印象，他们甚至认为，制造出最大的水壶的那个人一定就是法国国王。为了购买欧洲人的水壶、斧头和布料，当地人需要东西用于出售。他们最终确定特色物产之后，就开始增加工作时日，以便扩大出口。在北美，当地物产是毛皮。大约在1680年，一个密克马克人和一个来自法国的方济各会修士开玩笑：

> 我的兄弟，他工作真勤奋，把一切都做到了完美。他给我们提供了原料，可以做成水壶、斧头、长剑和小刀，他还给了我们吃的喝的。有了它们，我们可以省去耕种的麻烦。

西非将黄金出口到地中海周边地区和阿拉伯世界，但在16世纪当地出现了一类更为重要的出口业务——奴隶贸易。美洲的糖料种植园需要大量劳工，要满足这种需求，最廉价的方式就是

购买劳动力。1526年，刚果国王阿丰索一世（他试图让他的臣民改信基督教）向葡萄牙国王若昂三世抱怨：“我的臣民中有许多人极其渴望得到贵国的商品，这些商品由您的臣民输入我国。为满足此等贪欲，他们抓走了原本自由的黑人臣民……（并且）将他们贩卖给”沿海地区的奴隶贩子。在17世纪，某些素来以奴隶制为立国之本的王国，比如达荷美和阿散蒂，开始通过战争和搜捕的方式来满足外部需求。抓获的黑人被送往沿海地区，在那里他们被贩卖给欧洲商船。非洲的国王们用这部分收入来购买枪炮（这加强了他们的力量，进一步帮助他们搜捕黑奴）、纺织品和酒类饮品。从1500年到1850年，1,000万至1,200万奴隶被贩卖到新世界。此外，在整个撒哈拉地区以及红海和印度洋周边地区，也有数千万人被贩卖到亚洲。



## 合法贸易

18世纪，启蒙思想家和宗教人士开始反对奴隶制。1807年，大英帝国禁止奴隶贸易。新的出口品，即所谓的“合法贸易”，取代了奴隶。最早出现的替代品是棕榈油，欧洲人将其用作机械设备和铁路设施的润滑剂，同时也将其用于制造肥皂和蜡烛。1842年，黄金海岸的一名英国法官弗朗西斯·斯旺齐向英国议会的特别委员会汇报，新的出口贸易促使非洲人更为积极地工作，因为他们获得的报酬可以用于购买消费品：

> 人们的需求与日俱增。走进当地人的房子，你会看到欧洲制造的家具，还有欧洲制造的农具，当地人穿着更多的衣服。事实上，他们的生活水平得到了极大改善，他们的需求不断增加。为了满足这些需求，他们不可能悠闲地晒着太阳，他们必

须工作。

英国出口到西非的商品中，棉布占了一半还多，其他商品主要是金属和金属制品（包括枪炮）。在被问到非洲人怎么可能买得起英国产品时，斯旺齐这样回答：

> 他们去荒野挖黄金，还有许多人生产棕榈油。二十年前，这些产品很少出口。现在出口数量很多，花生也在出口商品之列。

棕榈油被运往沿海地区，这个商业网络就是之前贩卖奴隶的关系网。尼日利亚是最大的出口国，但生产散布在西非地区的各个角落。19世纪中期，棕榈的商业潜力被进一步开发出来，因为人们发现，用棕榈果仁生产出的一种油很适合用作人造黄油的原料。棕榈油可以在种植园采集，但主要还是由个人采集野生棕榈果实来加工生产。比如，在20世纪初，尼日利亚共有240万公顷的野生棕榈被用于生产，而种植园面积只有7.2万公顷，私人农场的种植面积也只有9.7万公顷。之前我们曾说到，一个典型的雅科人家庭每年要花费155天来进行生产，共计生产出12罐4加仑装的棕榈油（每罐重36磅）、超过700磅的棕榈仁以及93瓶半加仑装的棕榈酒，这些产品都在当地销售。他们购买的商品主要是布料和衣物，但他们同时也购买餐具、家用器皿、化妆品、装饰物（这些都是进口的），还有肉类。

鉴于非洲人生产棕榈油是为了购买欧洲商品，因此他们的动力取决于每一罐出售的棕榈油所能换取的布料数量。图17显示了在西非各个港口从1817年到现在棕榈油相对于棉布的价格比率。从1817年到19世纪中叶，棕榈油相对于棉布的价格大幅上升。在这一时期，非洲人用同等数量的棕榈油可以换得越来越多的棉布，这促使他们扩大了生产。英国的进口量从1800年的每年几吨增加到19世纪中叶的2.5万吨，最后一路攀升到第一次世界大战前夕的将近10万吨。

棕榈制成品并非西非唯一的出口产品。可可是另一种深受欢迎的产品。可可豆原本生长在美洲，19世纪时被引入非洲。19世纪40年代至80年代，可可相对于棉布的价格比率在英国翻了一番（参见图18）。这促使非洲人（而不是欧洲人！）尝试生产可可。19世纪90年代，加纳开始大规模种植可可。由于当地原先并没有野生的可可，人们必须在森林中清理出空地，专门用于种植。这种做法对于财产的集体所有制构成了挑战，在土地归集体所有的情况下，任何部落成员都可以占用空地进行生产。为了促进可可产业，非洲人修改了他们的财产制度。其中一种解决办法是把树木的所有权与土地的所有权分离开来，这样不管周围的土地上是哪些人在种植山药或木薯，种树的人都能得到回报。

克罗博人采取了一种更为激进的措施。一群克罗博人集体出资，从其他部落手中购买土地，然后他们将土地分为若干份，每人分到一小块属于自己的土地。等到手中的土地开发完毕，他们就继续购买新的土地。就这样，他们一路向西横穿加纳，最终来到科特迪瓦。这时许多克罗博人拥有的土地零星散布在这些国家境内。他们自行耕种其中的一些土地，并将另一些租给别人。迁移并建立新家园需要大量投资，这笔钱来自克罗博人已经从可可树中赚得的收入。克罗博人的举动就像是马克斯·韦伯所描述的新教伦理在实际生活中的应用。

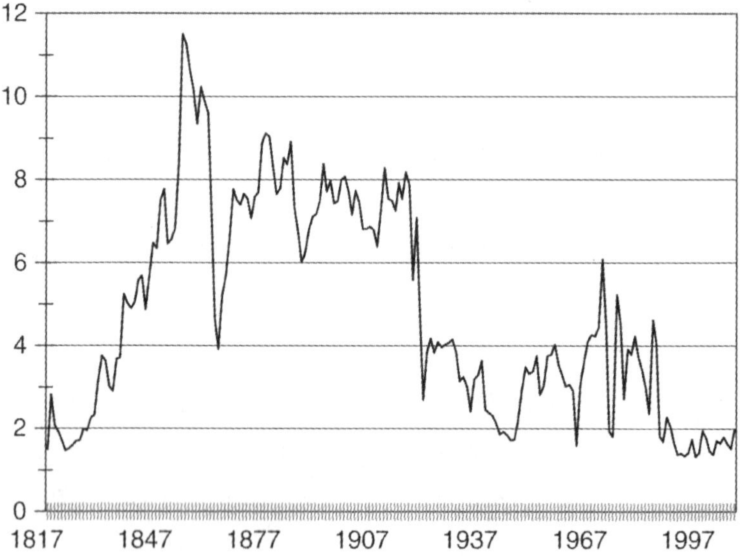


图17 棕榈油相对于棉布的价格比率

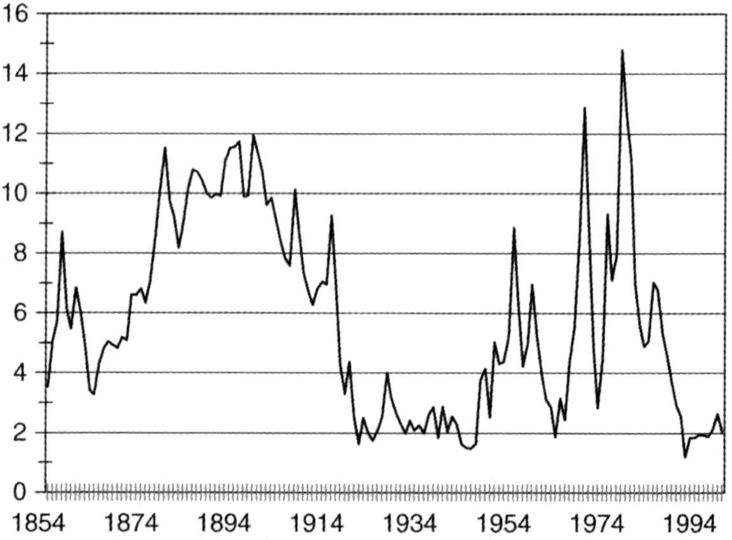


图18 可可相对于棉布的价格比率

## 殖民行为

欧洲人的殖民行为始于葡萄牙人，他们于15世纪和16世纪在如今的几内亚比绍、安哥拉和莫桑比克建立起了定居点。欧洲其他强国也在西非沿海地区建立起要塞，以便进行奴隶贸易。1652年，荷兰人在好望角建立定居点。到了19世纪，欧洲人的殖民热情更加高涨，但直到19世纪末，各国势力才正式瓜分了非洲大陆。

建立殖民地既有经济原因，也有战略考虑。欧洲人希望这些殖民地可以为本国提供热带物产，同时也成为本国制造品的新市场。另外，这些殖民地也为欧洲人提供了定居场所，并且为资产阶级提供了投资获利的机会。此外，帝国被赋予了文明教化的使命，殖民者应该致力于传播基督教，并将当地文化提升到欧洲水平。按照殖民者的预期，这些目标将在不损耗帝国力量的情况下完成，因为殖民政府可以自给自足。

殖民行为对于非洲经济造成的伤害大于世界其他地区。欧洲人在非洲的殖民活动建立了非常糟糕的制度。和之前的北美殖民地一样，早期的非洲殖民地实行"直接统治"，也就是说，殖民政府在管辖范围内，用宗主国的法律来管理殖民者和土著人，虽然后者经常得不到选举权。但到了19世纪晚期，直接统治被"间接统治"所取代。这样做的目的是为了让土著人甘心接受殖民统治，具体做法是将各个民族区分开来，并向那些投诚的地方领袖提供权力和财富以换取他们的支持。在这一体系中，殖民政府用城市法律来管辖殖民者，并且仅限于城市范围内。控制乡村土著人的任务交给了各个"酋长"，他们在"部落"内部按照"习俗"行事。我将上述几个词加上引号作为强调，因为它们是殖民地的法律概念，与殖民之前的历史用法没有必然联系。非洲的全部政体，从阿散蒂那样的王国到结构最松散的团体，都被当作是具有统一习俗的平等实体，虽然一些较为复杂的政体中包括了被他们征服的对象，后者具有不同的习俗。新的酋长开始治理加纳北部和尼日利亚东部等地，之前他们从未统治过这些地方。许多政体之前具有流动性，人们有权离开压迫他们的政府，对于独裁统治者来说，这是一种制约措施。后来人们被迫加入部落，并且不得离开，他们就此失去了选择权。当地的习俗经过重新界定，以适应殖民统治的需要。类似奴隶制的"野蛮"习俗被废除（虽然在实践中依然存在），有用的习俗（比如酋长享有特权，不劳而获）得以保留。这样一来，强制劳动成为殖民地的通行做法。土地集体所有制往往变成一种习俗，因此人们只有加入某个部落，才能获得耕地——并且必须得到部落酋长的同意，他们都听命于酋长。新酋长通常经由传统步骤产生，但无论如何，任命权归属殖民者。殖民时期的酋长相比殖民前的统治者拥有更大的权限。新酋长实际就是帝国的工头，负责征税，强迫劳役，并且利用手中职权大肆敛财。殖民统治创造出一大批地方独裁者来治理非洲乡村。

在非洲殖民地所施行的政策和后来在印度及其他地区所施行的政策一样，对于当地经济造成了严重伤害。在19世纪的标准发展模式中，殖民地政府只采取了一项措施，那就是改善交通。到第一次世界大战为止，撒哈拉沙漠以南的非洲地区开通了3.5万公里的铁路。修路资金来自私人投资（往往由政府出面担保），修路的目的在于将非洲内陆地区与沿海港口联结起来，以方便初级产品的出口。殖民政府并没有用关税收入来发展制造业，而是将关税保持在低水平，只求获得收益。因此，殖民地经济完全融入了世界市场。随着海上运输费用和横跨非洲大陆的陆地运输费用的下降，欧洲制造品在非洲的价格下降，初级产品的价格上涨。对此，当地经济做出了调整。棕榈油和花生等初级产品的产量和出口量迅速上涨，而卡诺地区的棉纺织业产量下降。全球化意味着非洲沦为初级产品的专业化生产地。

殖民政府没有采取任何措施来教育非洲人。这一任务交给了基督教传教士、穆斯林学校和其他独立运作的项目。他们的努力取得了一定的成绩，克罗博人的进步尤为明显，他们的商业行为促使他们掌握了读写能力，并且他们有足够的收入来支付教育费用。但直到非洲殖民地获得独立时，当地人的整体读写能力还停留在非常低的水平。殖民政府同样没有创办银行来支持投资。一些殖民地采取措施，激励外国投资，但非洲人为此付出了代价，因为外国投资者得到了当地资源的所有权。在这方面，不同殖民地之间存在着显著差异。

首先来看西非的英国殖民地。这里是间接统治政策的诞生地，同时也是这一政策的实施典范。这里的大部分地区由酋长治理，并且对欧洲人获取土地加以限制。比如1907年，威廉·利弗想在尼日利亚得到大片土地用于种植油棕，但遭到了拒绝。

德国、比利时和法国在西非殖民地所采取的土地政策和劳动政策对于当地人来说就没那么有利了。殖民政府征用土地，交给欧洲投资者来建造种植园或开采矿石。比如，比利时人就允许联合利华公司在刚果建立油棕种植园。非洲人被迫到种植园劳动或建造铁路。

和位于西非的英国殖民地正好相反的是欧洲移民建立起来的殖民地。南非是一个最极端的例子，但津巴布韦和肯尼亚高地也有类似的强行征用土地的情况。

当英国人于1806年占领开普敦时，当地有大约2.5万名荷兰人、德国人和法国新教徒。到1850年时，欧洲移民增加到10万人。随着当地陆续发现钻石矿（1866年）和金矿（1886年），移民人口迅速增加，到1900年时已超过了100万。与之相比，从1800年到1900年，非洲土著人口仅仅从150万增加到350万。自1835年，布尔人从开普殖民地出发进入德兰士瓦，从当地土著人手中夺取了大量土地。这些布尔人建立起奥兰治自由邦和南非共和国。1899年至1902年，布尔人与英国人之间爆发了战争，布尔人战败后，他们的地盘都被并入南非。在夺取土地所有权方面，英国人丝毫不逊于布尔人。1913年颁布的《土著人土地法案》是这场土地掠夺运动的高潮，根据这项法案，非洲土著人在保留居住地以外的任何地方购买或租赁土地都属于非法行为。然而，尽管土著人占到总人口的2/3，他们的保留居住地只占到南非领土面积的7%。



移民建立的其他殖民地情况类似，但没有那么极端。比如，在津巴布韦，当第一次土地改革于2000年开始时，4,500名白人农场主拥有1,120万公顷最好的土地，而100万黑人家庭则居住在1,640万公顷相对较差的集体所有的土地上。在这种情况下，房地产法作为一种法律体系，保护了特权者的利益，而不是鼓励所有人通过互惠交易来促进各自的利益。

迫使土著人与土地分离的政策既是为了获取他们的土地，同时也是为了将他们用作劳动力。19世纪60年代，牧师J.E.卡萨利注意到，掠夺土地的目的在于：

> 迫使土著人……在极其狭小的范围内生活，他们不可能靠着农产品和牲畜来生存。于是，他们被迫出卖自己的劳力，为农

场主干活，充当仆人和劳工。

用于控制劳动力的种族隔离制度进一步巩固了这一目的，这一制度对待黑人的态度就好像他们虽然居住在保留地里，但整体上只不过是这个国家的外来劳工。

## 从历史视角看当代贫困

19世纪早期，西非开始了一段和北美殖民地颇为相似的发展旅程——当地经济以外贸为导向，在全球市场高价的激励下，非洲人大肆砍伐雨林，由此获得的收入被继续投入商业活动。不过，这一切没能启动现代经济增长。原因何在？

这一现象既有直接原因，也有潜在根源。直接原因体现在图17和图18中。这两幅图显示，自20世纪初期以来，棕榈油和可可的真实价格一路下跌，在30年代和二战期间降到低谷。棕榈油（相对于布料）的价格从未回复到一战前的水平，如今的价格更是比30年代的价格更低。生产可可的国家情况略好一些——但可可种植者的日子并不好过。二战之后，世界市场的可可价格疯狂上涨，最高价位远超19世纪90年代的水平。但在一些主要出口国（比如加纳），从收入增长中获益的是国家，而不是农户，因为可可种植者被迫将他们的产品卖给一家国有的市场营销机构，由后者在国际市场统一出售。表面上，营销机构以稳定的价格向种植者收购可可，从而保护后者免受价格波动的危害；实际上，这些营销机构像苏联的政府采购部门那样，获取了国际销售所带来的大量收益。由于将国内收购控制在低价位，这些市场营销机构压制了农户扩大生产的积极性，同时也导致农民无法摆脱贫困。

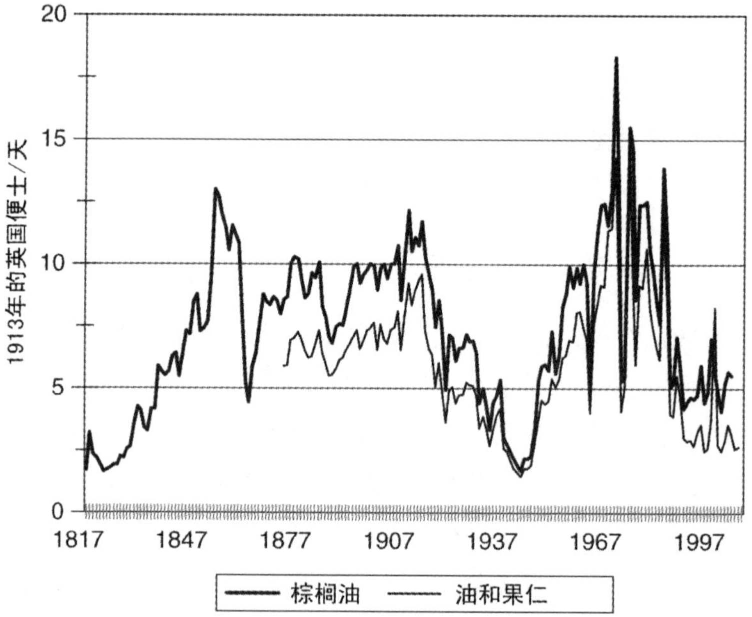




图19 棕榈油每天带来的收入

价格变化直接影响到农户的真实收入变化。图19显示了一户雅科人家庭在同时生产棕榈油和果仁的情况下，每天得到的真实收入。前提是，他们的生产效率没有发生变化——当时的确如此。源自棕榈油的收入变化曲线和价格变化曲线保持一致。自1980年以来，棕榈生产者的真实收入没有提高，还是和20世纪30年代一样处于低水平。可可生产者经历了类似的长周期的价格回落，但他们错过了20世纪六七十年代的收入增长，因为那些市场营销机构并没有将世界市场高价位所带来的收益分给可可种植者（参见图20）。

如今，可可生产者每天获得的收入就购买力而言，相当于

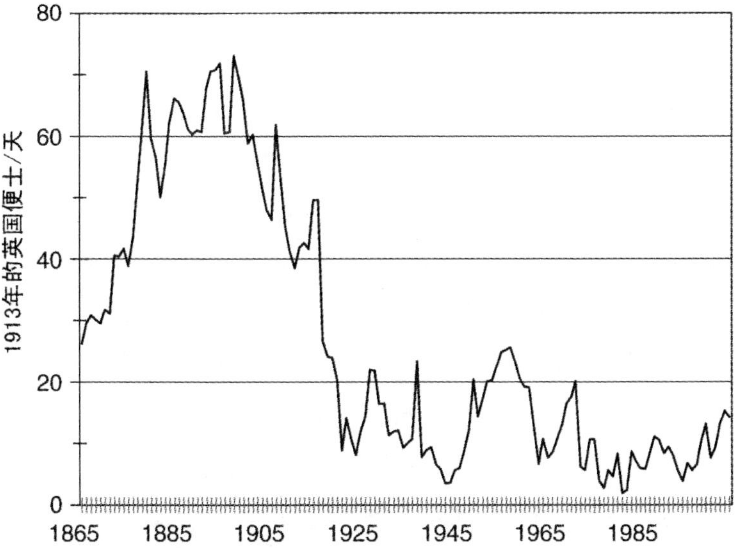


图20 可可每天带来的收入



1913年的10便士。这是当时加纳阿克拉地区一名体力劳动者所能挣到的工钱。棕榈油生产者的收入只有5便士。非洲所有的出口农产品都面临同样的困境。由于约60%的非洲人从事农业劳动，因此农业收入决定了整个经济体的收入。非洲人之所以贫困，就是因为非洲大陆的农业生产所带来的收入只能维持一战时期的生活水平。

两个原因决定了非洲农业无法获得更多的收入。首先，出口农产品的价格下跌。造成这一现象的原因有三点。第一，出现了更为廉价的替代产品。19世纪下半叶石油产业的出现带来了新的润滑剂。相比棕榈油而言，这种新产品效果更好，价格更低。另一种石油衍生品煤油则将棕榈油衍生品硬脂精从蜡烛生产过程中淘汰出去。当然，蜡烛本身也被煤油灯以及之后出现的电灯所替代。第二，亚洲农产品生产者加入竞争。20世纪初期，苏门答腊和马来半岛的大型种植园就已经开始种植油棕。相比西非地区，这些种植园更适合油棕的生长。自二战以来，马来西亚和印度尼西亚的出口产品主导了国际市场，从而压制了非洲出口产品的价格。第三，非洲地区的生产规模扩张。对于可可价格而言，这一因素尤为重要，因为大部分可可依然产自非洲，并且在巧克力生产过程中，没有合适的替代品来取代可可。可可的种植区域向西拓展，横穿加纳，一直到科特迪瓦境内。生产所需的劳动力来自西非的贫困地区。产量提高了，价格却下跌了。就此而言，非洲的贫困是一种恶性循环，因为低工资导致出口产品价格低廉，反过来低价格又进一步压低了工资。

其次，可可和棕榈油无法带来更高的收入，因为这两种产品生产率较低，没有取得技术进步。原因与生物研究有关。德国人和比利时人对油棕进行了基础研究，意想不到的是，研究结果损害了非洲地区的利益，反倒是东南亚地区从中获利。和其他大陆相比，几乎没有研究致力于改进非洲的作物。

机械化是生产效率提高的另一个原因。在生产棕榈油的过程中，大多数劳动力都被用于加工刚摘下来的果实。传统方法包括堆积、发酵、煮熟、捣烂、踩碎、浸泡、撇去杂质和压榨。捣烂果实用的是棍子，踩碎靠的是双脚，诸如此类。种植园内的果实加工已经机械化，但村庄里的技术进步却很缓慢。用于压榨果实和出油的简单机械大幅减少了对于劳动力的需求，但同时也要求投入更多资本。这些机械在西非地区的小村庄里无利可图，因为当地的工资水平非常低。在第四章里我们讨论过技术陷阱，这就是一个鲜活的例子。当地的低工资意味着采用机械技术无利可图，因为这种技术只有在提高工资的情况下才会被采用。无论如何，没有必要将劳动力从棕榈油加工业中解放出来，因为当地的非农业人口已经超过了农业之外的工作的数量。

劳动力市场的这种不均衡状况反映了过去五十年的发展。首先是人口增长。自1950年起，人口增长了5倍。由于非洲方面能提供的数据有限，我们不可能得出确切的解释，但其他热带地区的经验表明，造成人口猛增的直接原因是死亡率的下降，尤其是婴儿和老人的死亡率。这很可能得益于公共卫生事业的发展以及现代医学的普及。

其次，非洲在这一时期没能实现工业化。对此的解释既有经济因素，也涉及更为宽泛的制度因素。就非洲地理与历史而言，这些解释都说得通。

关于非洲缺乏工业有三种经济解释。第一种是比较优势论。由于小麦生产是土地密集型产业，并且美国地广人稀，因此北美向欧洲出口小麦。非洲的人口密度甚至比美国的还低，因此它的比较优势在于生产那些大量使用土地和自然资源的产品，也就是它所出口的农产品。在美国，与丰富的土地资源相对应的是高工资。19世纪时，如果没有关税保护，美国的制造业相比进口产品毫无竞争力可言。但非洲的情况不一样。当地工资水平低，但制造企业却发现在那里无利可图。原因很可能是因为，当地生产效率低下，导致生产成本过高。生产效率低下的原因之一可能是劳动者未受过教育。然而过去的数十年间当地教育已经取得了飞速发展，年轻劳动者普遍接受过教育——但这些进步并没有产生显著的经济效益。

生产效率低下的另一个原因是缺少互补企业的支持。在富裕国家，工业生产在都市网络中进行，各种类型的企业通过提供专业化的产品和服务来相互支持。这些“外部规模经济效应”提高了生产率，公司得以在保持自身竞争优势的同时，支付较高的工资。非洲则是陷入了恶性循环——企业网络永远都无法建立，因为所有企业都发现，在缺少支持的情况下，在当地开展业务将无利可图！19世纪，非洲曾有机会建立类似的网络。当时非洲有零星散布的钢铁厂，卡诺地区有纺织业，还有其他类似企业，但殖民主义支持下的全球化进程扼杀了这些萌芽。

最后一种经济解释与技术有关，它将农业机械化的相关分析应用到工业领域：非洲的工资水平太低，因此采用资本密集型的现代工业技术将无利可图。非洲陷入了另一种困境：机械化的工业发展是提高工资水平的办法，但现有的低工资却让机械化变得无利可图！

不过，多数人接受的一种解释认为，是制度因素而不是经济因素造成了非洲的贫困："坏制度"的其中一个方面是肆虐的战乱。毫无疑问，战争对于企业来说非常糟糕。贫困本身就是战乱的原因之一，因为贫困导致招募军队的成本非常低廉。低工资导致战乱，后者反过来又限制了经济发展，从而导致低工资——这是另一个版本的贫穷困境。此外，有多次知名战乱都与非正式的殖民统治有关。比利时控制卢旺达的手段就是刻意将图西族与胡图族之间的差异夸大为虚构的种族分化。图西族被认为是外来的闯入者，他们在种族上更为优越，因为他们是圣经人物含的后代。胡图族则被认为是当地土著，在种族上低人一等。殖民政府将教育资源和各种机会都给了图西族，使得后者能够统治胡图族。然而，在1959年爆发的革命中，占人口多数的胡图族最终控制了整个国家。1990年，当图西族的军队入侵该国，并且击败了以胡图族为主的卢旺达军队后，图西族威胁要夺回胡图族自1959年以来所获取的利益，这也为后来的种族屠杀埋下了隐患。

"坏制度"的另一个方面是腐败和许多国家表现出的非民主特色。这些缺陷也是殖民时期的政府架构遗留的影响。新近独立的非洲各国继承了原来的宪法体系，其中既包含了种族分化的内容，也保留了非正式统治所采取的部落架构及行政架构。非洲各国在消除种族主义方面成效显著，但在消除部落制方面却颇为不顺。大多数国家对于城市地区和农村地区有着不同的管理体系。用于城市的是现代化的法律体系，而农村地区则被划分成不同的"部落"区域。这些区域创建于殖民时期，现在依然由酋长来管理，管理的依据是殖民时期的习俗，包括土地集体所有制。于是经常会出现这样的局面：殖民统治依然在延续，但这一事实被国家采取的统一的法律体系所遮掩，这一法律体系将现代司法与传统习俗杂乱拼凑在同一个法律文本里。因此，非洲的大部分农村地区都由一批未经选举产生的腐败的统治者来治理，这些统治者可以强行榨取当地人的收入或者要求后者免费提供劳役，同时他们还向本国政府要求收取租金。



对农民阶层进行控制也是出于经济目的。20世纪60年代的意识形态将经济发展看作是牺牲农村地区以换取城市经济增长的过程。殖民国过去曾利用间接统治的形式来管理乡村地区，为殖民统治服务。殖民者扶持酋长，就是想利用他们对于集体土地的"传统"所有权，促进经济的发展。他们还威胁要赶走农民，以迫使农民接受农业革新。同时，农村地区居民被迫参与了基础设施和种植园的建设。此外，政府直接胁迫农民。尤其是，农民被迫将作物卖给国有的市场营销机构，由此政府可以将食物以低廉的价格卖给城市工人，并且出口的农产品可以征收高税率，办法就是低价收购农民手中的产品，然后再以高价在国际市场上出售。之前我们看到的可可的例子就是这样。这些做法对于工业发展没有多大作用，却压制了农民发展农业的积极性，助长了腐败风气和极权主义。

信奉极端主义的国家走上了一条看似不同的道路，但结局却颇为相似。这些国家在废除种族主义的同时，也废除了部落制。用莫桑比克首任总统萨莫拉·马谢尔的话来说："国家要想存活，部落就必须消亡。"这些国家建立一党专政，意图压制分歧，保护发展。然而，彻底清除殖民主义没那么容易。原先的部落领袖变成了执政党的骨干，继续保有权势。以发展的名义，改革后的政府采取了殖民时期的经济发展计划——在这些地方重新出现了强迫劳动。非洲不可能轻易摆脱它的历史。

第八章

# 标准模式与后发工业化

到1850年时，欧洲和北美已经领先于世界其他地区。贫困国家如何追赶成了新的问题。殖民地对此无能为力，因为帝国势力限制了它们的发展。不过已经取得独立的国家可以采用标准模式（建设铁路、统一关税、建立银行和发展教育），这一模式在北美和西欧地区都取得了成功。然而，随着时间的推移，这一策略已不再像之前那样有效了。

## 俄国

长期以来，俄国一直是欧洲最落后的地区。彼得一世(1672年—1725年)试图将俄国改造成现代化的西方强国。他建造了新的港口圣彼得堡，并且建立了多家以军工生产为主的工厂。然而，俄国并未因此赶上西方。在克里米亚战争(1853年—1856年)中，俄国被英国和法国击败，从中可以清楚地看到当时俄国的落后状况。现代化成为迫切的目标，沙皇亚历山大二世因此废除了农奴制。改革派希望这一举措能够产生自由劳动力和私有财产，从而推动经济发展。但事实上，农奴解放并没有迅速带来转变。

在解放农奴之后，俄国政府采取了经过微调的标准发展模式。首先，俄国政府通过规模庞大的铁路建设项目来创建全国性市场。到1913年，已经开通的铁路里程达到7.1万公里，将俄国与全球经济联系在了一起。

> [1903年，]当俄国农民在尼古拉耶夫地区销售他们的谷物时，他们问道："根据最新电报，现在美国的谷物是什么价格？"更让人吃惊的是，他们知道如何将价格从美分/蒲式耳转换成戈比/普特。

其次，俄国政府通过关税来建立本国工业。到1910年，俄国的生铁冶炼能力达到400万吨/年，虽然没有赶上由美国、德国和英国组成的第一集团，但在第二集团中已经处于领先位置。俄国还建立起了重要的工程业。此外，俄国还对纺织品征收高关税，对原棉征收低关税，以此来促进轻工业的发展。结果，在如今的乌兹别克斯坦地区，棉花种植面积大幅增加。在20世纪初期，俄国纺织厂的棉花加工量几乎与德国的相等。第三，经济政策上的最大变革在于金融业。俄国的私有银行过于弱小，无法起到同类银行在比利时或德国所起到的作用。因此，俄国转而依赖外国资本。他们通过在国外出售证券来募集铁路建设资金，外国直接投资成为将先进科技引入俄国的主要手段。然而，这些工厂都是按照西欧标准建造的，并没有根据俄国自身的经济状况加以调整。结果就是，当地的生产成本高于西欧的。第四，从19世纪60年代起，教育范围不断扩大。到一战时，将近一半的成年人具备读写能力。体力劳动者中，具备读写能力的人收入高于不具备读写能力的人，因此对许多人来说，学校教育具有吸引力。

标准模式（调整后的）将俄国重工业占国内生产总值的比重从1885年的2%提高到1913年的8%，但农业依然是规模最大的产业（比重从59%下降到51%）。在这一时期，随着国际市场上小麦价格的提升，俄国的农业产量翻了一番，国内生产总值的增长绝大部分源自农业生产。沙皇治下的经济增长主要源自农业繁荣，加上关税保护所带来的若干工业化发展。一战之后，随着国际市场上小麦价格暴跌，这部分增长很可能就此消失。俄国需要一种新的经济模式来赶超西方。

有一项指标能说明标准模式在俄国产生的影响很有限，那就是劳动力市场。虽然国内生产总值出现增长，但劳动力需求并没有产生足够的增长，无法实现充分就业，因此工资停留在最低生活水平。经济增长所产生的额外收入分为两部分：一部分作为利润被产业所有者占有，另一部分作为地租被土地所有者占有。这些因素最终引发了社会冲突。不平等的发展模式导致了反抗，先是1905年的起义，随后是1917年更大规模的革命。标准模式没能改变俄国，反而导致了自身的消亡。

## 日本

日本是个特别有趣的例子，因为它是第一个赶上西方世界的亚洲国家。日本历史可以划分为四个阶段：德川时期(1603年—1868年)，当时日本处于德川幕府的统治之下；明治时期(1868年—1905年)，此时权力回到明治天皇手中，日本开始推行经济现代化；帝国主义时期(1905年—1940年)，日本建立起重工业；最后，高速发展时期(1950年—1990年)，日本赶上西方强国。

日本取得成功的源头在德川时期，虽然当时有许多制度不利于经济发展。整个社会分为几个阶层：武士、农民、手工业者和商人。整个国家分成几百个领地，由被称为“大名”的地方诸侯治理。这些领地可能被国家没收，因此在社会最高层面上，私有产权得不到保障——就像是伊丽莎白时代的英格兰。政府对于国际贸易和联系施加了严格限制。只有来自中国、朝鲜和荷兰的船只被允许进入日本，并且荷兰人被限于在长崎的一小块殖民地范围内活动。

德川时期的日本在科技方面取得了进步，但进步的特点与英国的正好相反。由于东亚地区工资较低，日本人发明了新的技术，这些技术可以雇用更多的劳动力，从而提高土地、资本和材料的生产效率。比如，劳动力被用于建设水利工程，以提高作物的产量。稻米的新品种（比如杂草稻）开始种植，同时对水源的掌控使得农民可以种植第二种作物，比如小麦、棉花、甘蔗、草莓或油菜籽。随着犁具和役畜替代了原始的锄头，农民在每公顷土地上花费的劳动时间更长，投入的资本更少。



产品制造过程的生产效率也有所提高。各个领地都努力发展工业，支持研究，意图提高生产效率，因为更高的产量就意味着更多的税收。以丝绸为例，早期曾有人尝试参照英国人的模式来使用机械（比如，受钟表和自动机械的启发，采用齿轮和传动带），但最后他们终止了这一做法，因为成本太高。之后，人们尝试提高蚕的培育率。通过选择性培育和温度控制，人们得以缩短蚕的成熟时间，并且将每只蚕茧的出丝率提高了1/4。在采矿业中，人们对机械化的排水系统有所了解，但没有使用，而是雇用大批劳动者来完成这项工作。同样，炼铁业雇用了大量劳动力，以便从矿石中提炼出最大数量的金属。唯一例外的是日本米酒。人们建立起了资本密集型的、使用水力的工厂，但之所以这样做是因为政府限制生产，规定了酿酒厂的工作时间。这一限制导致工厂在设计时不得不选用高产量模式。

德川时期的经济发展带来了不均衡的繁荣格局。在17世纪，日本的人口和稻米生产都出现了增长，但劳动者的工资依旧停留在基本生活水平。在德川时期的晚期和明治时期的早期，普通民众每天摄入的热量约为1,800卡路里。大多数卡路里和蛋白质来自稻米、土豆和豆类，而不是肉类和鱼。因此，日本人普遍较矮：男性平均身高为157厘米，女性为146厘米。

不过，许多人过着更为富裕的生活。大约15%的日本人住在城市里。江户（即现在的东京）的人口达到100万，大阪和京都各40万，位列世界上人口最多的城市。日本人的人均寿命不断提高。休闲活动增多，农民享受“休闲假日”，在国内四处游玩。就农业社会而言，日本的入学率非常高。1868年，43%的男孩和10%的女孩入学就读，学习阅读和算术。超过一半的成人具备读写能力。以求知和消遣为目的的阅读行为十分普遍。对于大多数人来说，书籍太贵买不起，但他们可以从书店租借图书。1808年，仅江户一地就有656家租书店，为大约10万户居民（差不多是当地人口的一半）提供图书。教育普及率较高，很可能是因为日本经济的商业化程度较高，这为日后的腾飞打下了基础。

德川时期的日本在工程和管理方面成就斐然，从位于长崎的首家钢铁铸造厂就可以看出。促进发展的主要动力是军事需要。1808年，“菲顿号”进入长崎港，意图攻击荷兰人的运输船只。“菲顿号”威胁说，如果不满足他们的条件，就要轰炸港口。当时日本人缺少用于防卫的火炮，因为他们没有可以铸造炮管的熔炉。后来成为长崎统治者的锅岛直正对西方科学抱有极大热情，他建立起一支团队来创建火炮铸造厂。团队成员既有专家，也有精通铸铁的工匠。他们翻译了一本描述莱顿市铸造厂的荷兰语图书，照搬对方的做法。1850年，他们成功建造了一台反射炉。三年后，他们开始铸造火炮。1854年，长崎团队从英国引进了当时最先进的后膛装填式阿姆斯特朗火炮，并加以仿制。到1868年时，日本已经有11台熔炉用于铸铁。

### 明治维新

1839年，英国向中国发起攻击，意图迫使中国放开对鸦片进口的限制，因为鸦片是东印度公司利润最高的产品之一。1842年中国战败，贩卖毒品的帝国主义如愿以偿。日本会是下一个被征服的对象吗？答案似乎是肯定的：美国海军准将马修·佩里于1853年率领四艘军舰抵达日本，他要求日本解除对外贸活动的限制。由于缺少现代化的海军力量，日本被迫同意，随后与美国、英国、法国和俄国签订条约。日本迫切需要一支具有足够实力的军队。德川幕府采取了一些措施来加强日本的安全，但在许多人看来，这些措施远远不够，并且来得太晚。



1867年，明治天皇登基。改革派发动了一场政变，末代德川将军被迫放弃权力。改革派的口号是"富国强兵"。

新政权采取了全面的改革措施。所有封建领地都被"交给"天皇，全国190万武士的收入变成了政府债券。社会的四个阶层被废除，任何人都可以自由选择职业。农民的土地所有权得到确认，现代产权形式得以创立。封建时期的赋税改为向国家政府缴纳的土地税。19世纪70年代，这项税收占国家收入的绝大部分。1873年，日本引入普遍兵役制，建立起一支西式军队。这进一步侵蚀了武士阶层的特权，之前只有武士才能携带武器。1890年，日本施行首部宪法，以普鲁士为模板，建立君主立宪制。

从一个小问题可以看出明治时期日本社会的剧烈变革，那就是时间的测算。过去日本的计时器将从日出到日落的时间划分为6个时辰，然后将日落到第二天日出的时间划分为另外6个时辰。因此，白天和晚上的时辰并不相等。而且，一年之中，每个时辰的确切时间也在不断变化。德川时期的钟表匠凭借着聪明才智，将西方的机械钟改造成适合日本时辰的计时器。1873年，日本的第一条铁路竣工，明治政府遇到了麻烦：他们必须发布铁路时刻表。政府并没有采用复杂的时刻表，列出一年之内不断变化的火车出发和到站的时间，而是废除了传统的时辰计时法，代之以西方的24小时计时法。现代交通需要现代时间。

### 明治时期的经济发展

明治政府本想借鉴西欧和北美取得成功的标准模式来发展经济，但只引入了其中两项政策。第一项是通过废除领地间的关税建立起全国性市场，并且修建铁路网。第二项是普及教育。1872年，日本政府开始推行义务制小学教育。到1900年，90%的学龄儿童入学就读。政府还创办了一些中学和大学，但数量有限，竞争非常激烈。成千上万的日本人前往国外学习。因此，相比其他贫困国家，日本发展教育的时间要早得多。表6将日本与印尼作了比较，后者可以作为亚洲和非洲大多数国家的代表。到19世纪晚期，在校学习的日本人占到总人口的相当大的比重(10.8%)；到二战时，这一比重更是达到了现代水平(19.7%)。印尼的情况正好相反，比日本落后了好几代。大众教育是日本成功采用现代技术的重要原因。

标准发展模式的其他部分——投资银行和保护性关税——推行的难度更大。德川时期的日本没有任何机构能起到现代银行的作用。明治时期从一开始就建立了银行，但银行体系很混乱。日本花了五十年时间才参照德国模式发展出一套银行体系。在明治时期，由于银行业尚未完善，风险投资的功能由国

表6 在校学习人数占总人口的比重

| | 日本 | 印尼 |
|---|---|---|
| 1870年 | 2.5% | 0.1% |
| 1880年 | 6.7% | 0.1% |
| 1900年 | 10.8% | 0.4% |
| 1913年 | 14.1% | 1.1% |
| 1928年 | 17.5% | 2.8% |
| 1940年 | 19.7% | 3.4% |
| 1950年 | 22.3% | 7.0% |
| 1973年 | 17.2% | 13.6% |
| 1989年 | 18.8% | 23.9% |

家来完成。



1866年西方列强迫使日本签订条约，将最高关税定为5%，因此日本不可能利用关税来保护本国的工业发展。政府转而采取“针对性工业政策”来直接干预经济。其中扮演最重要角色的是内务省和产业省，它们负责引进现代科技。19世纪七八十年代，产业省建立起日本的铁路网和电报通信体系。起初由外国技师来指导这些项目，之后日本政府在大阪建立起一所学校，专门培养日本工程师。在这批人员学成毕业后，日本迅速摆脱了对外国技师的依赖。日本人之所以亲自掌管这些项目，其中一个原因就是要确保采购政策有利于日本工业的发展。例如，日本的制陶企业接到了政府订单，为电报线路制造绝缘材料。日本的工业陶瓷产业就此诞生。

19世纪七八十年代，内务省和产业省制定政策的基本前提是日本经济无法按照既定速度来引进现代技术，因此政府必须出面扮演企业家的角色。当时日本政府建立了国有的矿场和工厂，使用先进的进口机械，但大多数尝试在商业上都失败了。例如，富冈缫丝厂于1872年建立，使用法国机械和蒸汽动力，但一直亏本。19世纪80年代，日本政府卖掉了大多数国有产业，寄望于各家企业能够在政府设置的框架内自行决定经营事宜。日本企业最终解决了进口技术的难题，办法是通过技术改造，使之适应日本国情。

日本还面临着一个难题，并且随着时间的推移，这个问题更加严重：现代技术对于机械和工厂的具体规格有着严格要求，但这些规格专为西方企业设计，针对的是西方国家的实际情况。到19世纪晚期，西方国家的工资水平远高于日本，因此西方的技术设计使用了大量资本和原材料以节省劳动力。然而这一思路并不适合日本，最终导致了成本过高。一些国家继续使用不适合本国国情的西方技术，但日本人采取了更富创造性的应对措施：他们改进了西方技术，使之在低工资水平的经济体中也能带来收益。

以早期的缫丝技术为例。就在富冈缫丝厂亏本经营的同时，小野家族在东京的筑地地区建立起一家工厂，同样使用源自欧洲的机械设备。但他们的机器由木头制成，而不是通常用的金属，并且他们使用人力推动曲柄来产生动力，而不是使用蒸汽机。通过此类方式对西方技术所做的改进在日本被称为“诹访法”。这种技术很适合日本，因为它减少了昂贵的资本，代之以大量廉价的劳动力。

棉纺织技术同样也经历了转变。起初日本企业试图用骡机来纺纱，但并不成功。更受欢迎的是卧云辰致发明的废纱机。这种废纱机可以由当地的木匠生产，成本低廉（因而节省资本），同时它所生产的纱线质量并不亚于与之竞争的手纺车。废纱机并不是明治政府的高级项目，但它得到了卧云辰致所在地的生产发展协会的支持。

与印度的对比更有说服力。19世纪70年代，棉纺织业在孟买得到迅速发展，当地人使用英国骡机，并且按照英国模式管理工厂。他们没有进行系统性的尝试来减少印度纺织业的资本投入。然而，日本人进行了此类尝试。其中一个基本步骤就是将工厂的运营时间从每天一个班次（11小时）改为两个班次（各11小时）轮换，前者是英国和印度的通常做法。日本人的变革将每小时工作分摊的资本减少了一半。从19世纪90年代起，环锭细纱机取代了骡机。这些技术革新都增加了劳动力相对于资本的比重，削减了成本。到了20世纪，日本已经成为成本较低的棉纺织品生产国，不仅超过了英国，就连印度和中国也不是它的对手。



农业领域也进行了技术革新。19世纪70年代，日本尝试使用美国的农业机械，但并不成功，因为需要太多的资本投入。更为成功的做法是增加土地的产量，哪怕需要为此投入更多的劳动力。1877年，“神力”水稻在大阪附近培育成功。在施加肥料并精耕细作的情况下，这种水稻产量极高。在农业省的支持下，有经验的农民组织将这种做法传播到日本其他地区。在明治时期，日本的农业产量稳步提升，对于经济发展做出了重要贡献——前提是技术革新以增加产量为目的，因为土地是农业生产中稀缺而又昂贵的资源。

**帝国时期，1905年—1940年**

日本社会在明治时期经历了巨大变革，但经济结构的变化速度很慢。传统产业，比如茶叶、丝绸和棉花，依然占据主导地位。这些产品出口换来的外汇用于购买进口机械和原材料。

1905年至1940年，工业发展速度加快，并且性质发生变化。制造业占国内生产总值的比重从1910年的20%上升到1938年的35%。就在这一时期，日本建立了冶金、工程和化学工业，这些部门在二战之后日本经济的增长过程中发挥了主导作用。同时在这些部门中也涌现了一批知名企业。

就在工业发展取得进步的同时，日本开始全面执行标准发展模式。1894年和1911年，日本重新取得本国关税的自主权，它立即提高税率以保护本国工业。到20世纪20年代，日本的银行体系完全成熟，足以为工业发展提供资金。此外，日本保留了针对性的工业政策。事实证明，各种政策工具的综合使用对于促进重工业的发展非常有效。

1905年，日本迈出了第一步，出于战略目的，它建立了八幡钢铁厂。钢铁厂归属国有，在最终赢利之前一直接受政府补贴。第一次世界大战对于日本经济起到了推动作用，因为当时欧洲的进口渠道被阻断。战后，日本军方与私营企业进行联合研究，通过政府采购促进了一些重点工业（比如汽车、卡车和飞机）的发展。大型企业以及为它们提供资金的银行都归属于几家控股财团。这些财团协调生产，并且将资金投入工业发展。

财团意图通过增加储蓄率和投资金额来解决日本的资金短缺难题，同时下属企业的管理层也采取适合日本国情的技术来应对生产要素的价格难题。美国企业在高工资的环境中运营，因而建立了高度机械化的装配线生产体系，以求节约劳动力。日本企业则正好相反，它们力求节约原材料和资本投入。日本最知名的产品之一是三菱公司生产的零式战斗机。这种飞机在4,000米高空的最高时速达到500公里，但三菱公司并不是通过增大发动机马力而是通过减轻重量来做到这一点的。20世纪30年代，日本企业采取的一种经营策略是“零库存”生产。它们并不是事先生产零部件并储存，因为那样需要资本投入，它们在需要的时候才生产零部件。事实证明，“零库存”生产是一种非常有效的策略，如今世界各地，不论当地的资本价格是高是低，都在使用这种经营方式。

不同于沙皇治下的俄国，也不同于同时期的墨西哥，日本并没有把外国投资作为引进西方技术的重要渠道。日本企业建立了自己的研发部门来仿制并改进西方技术，使之适应日本国情。企业得到政府的大力支持。1914年，由于无法从德国进口涡轮发电机，政府给了日立公司一份合约，为水力发电项目生产一台1万马力的涡轮机。之前日立公司生产的最大动力的涡轮机只有100马力，因此在完成新项目的过程中，有许多技术需要学习，日立公司的工程建设能力得到了提升。

在实施标准发展模式的过程中，日本有得有失。一方面，日本建立起了具备先进工业的都市型社会。人均国内生产总值从1870年的737美元提高到1940年的2,874美元。考虑到当时经济滞胀让第三世界的大多数国家陷入困境，日本的成就就显得非常突出。另一方面，人均收入的增长速度（每年2%）并不快，只比美国（每年1.5%）略快一些。如果在1950年之后，日本的经济发展依然维持在这样的速度，那么日本要花费327年才能赶上美国。那样的速度显然不够快。

与俄国和墨西哥一样，从劳动力市场的缺陷中也可以看出日本经济发展缓慢。大型企业支付高额工资，但在农业和小规模工业生产中，工资水平很低，因为劳动力需求不高。这些经济部门依然依靠手工操作或简单机械进行生产。在现代经济部门和传统经济部门之间存在着共生关系：如果现代生产过程的某个步骤能够通过小规模的手工生产以最低成本来完成，那么这道工序就会被转包给小企业。

## 拉丁美洲

拉丁美洲最新尝试标准模式。就在拉丁美洲南部的一些国家融入世界经济体系的同时，标准模式也开始普及。

墨西哥、安第斯山脉地区、巴西和加勒比海地区自从16世纪以来就是世界经济体系的组成部分，但拉丁美洲南部距离欧洲太远，难以开展贸易。1860年之后，蒸汽船的出现使得一些产品的出口有利可图，比如阿根廷和乌拉圭的小麦以及太平洋沿岸地区的鸟粪（用作肥料）和铜。1877年，肉类也加入了出口产品的行列，当时第一艘配有冷库的船只“冷藏号”装载冰冻的羊肉从布宜诺斯艾利斯出发前往法国的鲁昂。出口开始繁荣，这一地区吸引了来自欧洲的移民和投资。到1900年，拉丁美洲南部地区已经是世界上最富裕的地区之一。继墨西哥之后，阿根廷也开始发展制造业。

一方面，许多拉美国家面积太小，难以发展工业，因此它们继续出口初级产品，进口制成品——这些国家依然很穷。另一方面，经济规模较大的国家在19世纪晚期开始采用标准发展模式，并一直延续到20世纪80年代，当时这种做法被称为“进口替代型工业化”。首先，截至1913年，阿根廷、巴西、墨西哥和智利已经铺设了9万公里铁路。其次，关税保护了纺织和钢铁等产业。第三，部分国家在采取俄国模式之后，从国外募集资本。第四，教育没能普及，这是重大不足。阿根廷是个例外，早在1884年就开始施行免费的义务教育。因此到1900年时，阿根廷是拉丁美洲具备读写能力的人口比率最高的国家（其次是智利），超过一半的成年人具备读写能力。与之相比，墨西哥、委内瑞拉和巴西只有1/4的成年人具备读写能力。

20世纪二三十年代，在关税的保护下，制造业开始加速发展。当时拉丁美洲的农产品只能以低价出口，这成为政府发展工业的原因之一。联合国拉丁美洲经济委员会在阿根廷经济学家劳尔·普雷维什的领导下，将上述看法变成了正式声明。《拉丁美洲经济发展及其主要问题》（1950年）提出，和进口的制造品价格相比，拉丁美洲出口的初级产品价格正在下跌，因此建议政府出面推动工业发展，以改变这一趋势。这就是所谓的“依附理论”，在政治上这一理论产生了巨大影响，虽然它的观点值得商榷。不妨来看本书所举的例子。棕榈油和可可的历史发展符合依赖理论，因为自从19世纪中期以来，它们相对于棉布的价格是下跌的（参见图17和图18）。然而，19世纪在印度，原棉相对于布料的价格是上升的，这导致了去工业化（参见图12和图13）。

在依赖理论的影响下，拉美各国普遍接受了标准发展模式。教育普及最终得以实现。各国建立发展银行为经济发展提供资金，同时外国投资成为重要手段，一方面为工业提供资金支持，另一方面引入了国外的先进技术。各国还采取关税及政府控制的手段来促进各种现代产业的发展。制造业产量猛增，同时城市化发展迅速。从1950年到1980年，人均收入翻了一倍多。然而，外债也随之增长，到了20世纪80年代早期，由于利率提高，一些国家已经付不起利息。1982年，由于墨西哥无力还债，西方银行收回了贷款，拉丁美洲就此陷入衰退。标准模式到达了极限。

关税政策引导下的工业化没能取得成功，这也反映出了更深层次的原因，比如技术的演变。富裕国家与贫困国家之间的工资差距进一步拉大，因此在20世纪50年代的时候，新的资本高度密集型技术相比19世纪50年代的传统技术更加不适合贫困国家。此外，出现了一个新的问题。20世纪中期的新技术不仅要求很高的资本/劳动力比率，同时也需要足够大的工厂规模。贫困国家的市场规模很小，难以满足这些条件。

汽车产业是一个突出的例子。大多数拉美国家努力发展汽车生产，但它们的市场规模太小，无法实现有效经营。在20世纪60年代，车辆装配厂的最小有效规模必须达到年产20万辆。发动机和传输装置的最小有效规模接近年产100万台，而板料冲压设备在使用年限之内可以生产400万个部件。只有七家公司（通用、福特、克莱斯勒、雷诺、大众、菲亚特和丰田）年产超过100万辆，并且能够在发动机、传输装置和装配等环节都达到最低有效规模。（冲压环节要想达到有效运作，每隔几年就必须更换车身设计。）规模较小的公司要负担更高的成本。

拉丁美洲的汽车市场规模更小。20世纪50年代，阿根廷每年售出的新车数量约为5万辆。1959年颁布的《车辆法令》要求售出的车辆零部件国产化率必须达到90%。从那时起一直到1965年，每年汽车产量的增幅为24%。1965年的汽车产量为19.5万辆，汽车产业占到经济总量的10%。就产量增长幅度而言，“进口替代型工业化”取得了巨大成功，但整个工业规模实在太小，无法实现大规模的有效生产。更为糟糕的是，原本就不大的市场被十三家公司瓜分，其中最大的公司年产量不过5.7万辆。结果就是，在阿根廷生产一辆汽车的成本是美国的2.5倍。以这样的工业结构，阿根廷在国际市场上永远无法与强国竞争，这一部门的落后状况拖累了国民经济的整体效率。由于钢铁、石油化工和其他工业部门有着类似的情况，“进口替代型工业化”造成了劳动者人均国内生产总值的下降，因而也影响了生活水平。

20世纪的情况与19世纪的形成了鲜明反差。在19世纪，规模并没有产生重大影响。在1850年左右，一家典型的棉纺织厂拥有2,000个纺锤，每年可以加工50吨纱线。美国每年大约消费10万吨纱线，因此可以容纳2,000家达到最小有效规模的纺织厂。其他的现代工业部门同样如此：一台高炉每年产量为0.5万吨，而美国的总消费量大约为80万吨，或者说，是最小有效规模的160倍。一家铁轨生产厂每年产量为1.5万吨，而美国每年铺设的总量为40万吨（只多出27倍！）。19世纪，美国和欧洲的高额关税提高了消费者支付的价格，但这些地区并没有效率低下的工业结构，因而不会给国民经济带来负担。标准模式在北美行之有效，在南美却行不通，根本原因就在于此。



## 标准模式的终结

在沙皇时代的俄国、日本和拉丁美洲，标准模式在一定程度上促进了经济的发展，但增长速度还不足以使它们赶上西方列强。发达国家的人均国内生产总值以每年大约2%的速度增长，贫困国家至少要达到同样的增长速度才能不被拉开差距，如果要想在短期内赶上发达国家，就必须取得更快的发展速度。在采用标准模式的情况下，沙皇时代的俄国、日本和拉丁美洲无法做到这一点。结果就是，劳动力需求的缓慢增长跟不上人口的增长。这样一来，沙皇时代的俄国、日本和拉丁美洲出现了明显的贫富不均现象，同时政治格局也不稳定，这影响了它们的经济发展。第二次世界大战之前，日本有许多人群——农业和小型工业中的劳动者，还有女性——都没能享受到经济增长的好处。随着时间的推移，这些问题日益严重，因为有效生产的最小规模在增长，同时富裕国家的资本/劳动力比率变得更高。哪怕20世纪80年代早期没有出现金融危机，标准模式也将走到尽头。那么替代它的又将是哪种发展模式呢？

第九章

# “大推进”式工业化

20世纪，西方各国进一步拉开了与世界其他大部分地区的差距，但也有些国家和地区逆流而动，赶上了西方的脚步。这些国家和地区包括日本、中国台湾地区、韩国和（没有完全取得成功的）苏联。中国大陆地区看起来正经历同样的发展道路。这些国家和地区取得了快速的经济增长，在半个世纪的时间内消除了与西方国家之间的差距。在它们的经济腾飞之前，它们的人均收入仅相当于发达国家的20%至25%。在发达国家保持年增长率2%的情况下，贫困国家要想在两代人（六十年）的时间内赶上它们，人均国内生产总值的年增长率就必须达到4.3%。这意味着，国内生产总值的年增长率必须保持在6%以上，具体数值视人口增长速度而定。这是一个很高的要求。这些国家要想取得如此快的增长速度，唯一的办法就是先建设先进经济体所必需的各项要素——钢铁厂、电厂、汽车厂、城市等——而且是同时建设。这就是**大推进式**工业化。这种做法带来许多难题，因为需要建设的各项工程都超前于供求关系。在使用轧钢板的汽车厂还没建好之前，钢铁厂就已经先制造好了轧钢板。在要加工的钢铁材料还没准备好，甚至在产品需求还不够规模的情况下，汽车厂就已经先造好了。每一项投资都取决于一种信念，那就是配套的其他投资必将实现。这样的宏伟设计要想取得成功，必须有一个制订计划的权威机构来协调各方行为，并确保实施到位。这些在20世纪成功摆脱贫困的国家和地区都成功做到了这一点，虽然它们制订计划的机制有很大差异。

## 苏联的经济发展

苏联是“大推进”式发展的经典案例。1917年革命之后，苏联进行了持续四年的内战，最终布尔什维克获胜。他们提出，土地归农民所有，并且应该平均分配。到1928年，在新经济政策的推动下，苏联经济已经复苏。此时，列宁去世，斯大林掌权。

苏联所面临的问题和其他贫困国家的一样：大多数人居住在乡下，从事手工生产和小规模的农业生产。整个国家需要建立一个现代化的城市经济体系。要做到这一点，就要投入大量资金用于发展现代科技。苏联采取的解决办法是从中央到各个地方的计划模式，典型措施就是五年计划。由于苏联企业都属国有，因此可以通过从上到下的指导性意见（计划）来加以引导，而不是根据市场变化来调整。在很长一段时间内，苏联模式看上去获得了巨大成功，这促使许多贫困国家也跟着采取了计划性发展战略。

苏联的大推进式发展始于1928年制订的第一个五年计划。当时的发展策略包括四个部分。第一，将资金投入重工业和机械生产。这加强了苏联建造资本设备的能力，从而加快了投资速度。苏联的经济规模足够大，可以容纳大型工厂的全部产品，因此大型工厂在苏联十分普遍。第二，苏联规定了产量，以此来引导企业经营。由于产量最大化可能导致亏损，企业得到了大量的银行贷款以弥补亏损。资本主义“严苛的预算限制”被“宽松的预算限制”所取代。第三，农业集体化。在政治上，这一政策引发的争议最大，因为农民不喜欢这一做法，他们情愿采取以家庭为单位的小规模耕作，并且希望村里能定期将土地重新分配以确保公平。事实上，集体化造成了农业产量大幅减少，并最终导致了1933年的大饥荒。第四，大众教育。建国后，苏联迅速普及了义务制学校教育。同时国家也大力开展成人教育，目的在于削减劳动力的岗位培训时间。

这些措施推动了经济的迅速发展。到1940年德国入侵时，苏联已经建立了成千上万的工厂、大坝和电厂。国家制订的计划在投资方面向重工业倾斜，因此重工业发展迅猛。到1940年，生铁产量已经从战前的最高水平每年400万吨提高到每年1,500万吨。这是当时英国产量的两倍，但只有美国产量的一半。发电量从50亿千瓦时提高到420亿千瓦时。（列宁曾风趣地说，共产主义就是“苏维埃政权加上整个国家的电气化”。按照这个标准，革命取得了成功。）投资占国内生产总值的比例从1928年的8%左右提高到1939年的19%。



消费品的产量同样得到提高，但增幅不大。一方面因为消费品并非优先发展的经济部门，另一方面也因为农业集体化造成了破坏。不过到了20世纪30年代末，产量出现反弹。1939年，苏联加工的去籽棉花约为90万吨。相比1913年的产量，这一数字翻了一番，同时也比英国当年的产量多出了50%（由于日本的竞争，英国的产量显著下降），但只有美国的52%。虽然人均消费量在1932年和1933年大幅下降，但从1928年到1939年，苏联的人均生活水平提高了20%。此外，教育和医疗服务的覆盖范围也大幅扩展。

第二次世界大战对苏联造成了重大打击：15%的苏联人死于战争（20岁至49岁之间的男性死亡率达到40%），住宅和厂房被摧毁。然而，1950年苏联就恢复了原有的资本总量，重新开始快速增长。投资占国内生产总值的比例保持在38%左右。到1975年，苏联的生铁产量达到约1亿吨，超过了美国。消费品产量同样迅速增长。看起来苏联模式是最适合贫困国家的发展道路。

但随后一切都乱了。20世纪七八十年代，经济增长速度突然放缓。到80年代末，经济停止增长。戈尔巴乔夫总统提出要进行“重组”。中央计划调控让位于市场经济，但这一变化来得太晚，已经无法挽救苏联解体的命运。

在苏联的案例中，有两个问题值得关注。首先，哪些措施是正确的？为什么从1928年到20世纪70年代，人均国内生产总值增长如此迅速？答案涉及“国内生产总值”和“人口”两个方面。国内生产总值迅速增长，是因为在建立大规模、现代化的工厂时，苏联的体制非常有效。将资金用于重工业的做法加强了苏联建造厂房与设备的能力，同时宽松的预算限制创造了大量的就业机会，否则在一个劳动力过剩的经济体中，将会有大量人员失业。就连农业集体化也有所贡献（虽然贡献很小），它加快了人口向城市迁移的速度，因为城市里有新的工作机会。一开始，苏联在制订行政计划时并不需要多少远见，因为计划的目的就是使西方技术适应苏联的国情。

人均国内生产总值快速增长的第二个原因是苏联人口增长速度较慢。1920年苏联人口为1.55亿，1990年增加到2.9亿。人口增长速度较慢的原因之一是集体化和第二次世界大战造成了大量人员死亡，但更重要的原因是生育率的下降。20世纪20年代，苏联妇女平均生育7个孩子。到了20世纪60年代，这一数字下降到2.5个。造成这一变化的原因之一是城市化的发展，但就苏联而言（贫困国家的情况普遍如此），最重要的原因是妇女接受了教育，并且在家庭之外从事有偿工作。

其次，哪些措施是错误的？为什么苏联的经济增长在20世纪七八十年代放慢了脚步？对此有多种解释，既有短期因素，也有根本原因。具体而言，有人认为问题出在苏联经济不再是劳动力过剩；有人认为苏联不该浪费资金进行西伯利亚开发；有人认为与美国的军备竞赛耗尽了民用产业中的研发资源；有人认为苏联在技术方面追上西方之后，就应该规划未来发展，而行政计划在这方面遭遇到了诸多困难；有人认为中央掌控本身就不可行（如果美国总统不得不尝试行政计划，美国经济会变成什么样？）；还有人认为在当时，人们对于政府不再信任，只是随波逐流。苏联的解体导致部分研究者反对国家计划调控，转而鼓吹自由市场的优点。但是，其他国家采取了不同于苏联模式的计划调控，取得了更好的效果。



## 日本

第二次世界大战之前，日本的政策可以用一句口号来概括：“富国强兵”。战败迫使日本放弃了“强兵”的打算，但它开始花费更大力气来追求“富国”的目标。日本需要“大推进”式发展来赶上西方。它的规划取得了显著成效。1950年至1990年，日本的人均收入保持5.9%的增长速度，1953年至1973年期间更是达到了8%的高速增长。到1990年，日本已经达到西欧国家的生活水平。

日本之所以能取得这样的进步，是因为它改变了明治维新时期和军国主义时期的科技政策。它不再根据日本的要素价格来调整现代技术，而是大规模地采用最先进的资本密集型技术。20世纪70年代，日本的投资比例占到国民收入的1/3左右。资本总量迅速增长，仅仅通过一代人的努力就建立起了高工资的经济体系。在这种情况下，要素价格必须根据新的技术环境来做出调整，而不是相反。

战后日本的工业化进程需要计划调控，起到关键作用的是通商产业省。20世纪二三十年代，日本曾对一部分政策工具加以完善，战后这些政策被用于加快经济发展。

通商产业省关注两大类问题。首先是生产规模——正是这个问题导致拉丁美洲的进口替代型工业化遭遇了失败。钢铁生产是日本取得的一项巨大成就。钢铁产量从1932年的240万吨上升到1943年的770万吨，之后下跌至1945年的50万吨，随后又恢复到1950年的480万吨。钢铁生产的一个重要特点是，通过大规模、资本密集型工厂的生产，做到成本最小化。1950年，有效生产的最小规模是100万吨至250万吨。大多数美国工厂的规模都超过了这个标准，但只有一家日本工厂（八幡钢铁厂，生产能力为180万吨）在这一范围之内。日本其余的钢铁厂产量都没有超过50万吨。于是，尽管日本的工资水平不高，但钢铁价格却比美国或欧洲的至少贵了50%。20世纪50年代，通商产业省的目标就是重组日本的钢铁产业，从而让所有的工厂都能以有效规模进行生产。通商产业省的影响力来自它对于银行体系的控制和调拨外汇的权力。要想进口焦炭和铁矿石，就必须用到外汇。到1960年，日本的现代化、大规模钢铁厂的生产能力提高到2,200万吨。此后，通商产业省采取间接调控的办法。通过“绿地投资”的方式，新的工厂建立起来，产量进一步提高。这些工厂都达到了有效生产的最小规模，当时这一标准已经提高到大约700万吨。与之相比，当时美国的大部分钢铁生产都在老的工厂里进行，这些工厂的生产能力低于最小规模的新标准。在技术上，日本工厂也更为先进。20世纪70年代中期，日本有83%的钢铁采用转炉炼钢法生产，而美国只有62%。同时，日本有35%的钢铁采用连续浇铸法成形，而美国只有11%。虽然工资大幅提高，但日本依然是世界上成本最低的钢材生产商，原因就在于它积极采用了现代化、资本密集型技术。1975年，日本的钢产量超过1亿吨。

这么多钢材卖给谁？国内购买者主要是造船、汽车、机械和建筑行业。这些行业必须与钢铁行业保持同步发展。计划调控的第二个难题就是要确保这一点。这些行业所采用的技术必须由政府来决定，和炼钢业一样，它们同样采取了大规模、资本密集型技术。以汽车生产为例，日本企业的资本/劳动力比率高于美国企业，同时日本的资本投入更为有效，因为日本采取了“实时”交付的办法，这意味着未完成的部件占资本的比例远低于美国的。此外，日本的生产规模也更大。20世纪50年代，汽车装配工厂的最小生产规模为每年接近20万辆。福特、克莱斯勒和通用的每家工厂年产量在15万辆至20万辆之间。20世纪60年代，新成立的日本汽车企业采用现场冲压和多条装配线的办法，把有效生产的最小规模提高到每年超过40万辆。所有的日本制造商都以这一规模进行生产，效率最高的企业，比如本田和丰田，可以达到每家工厂80万辆的年产量。日本采用高度资本密集型生产的办法，创造出了世界上最有效的汽车产业，因此日本可以在支付高工资的同时，保持产品的价格优势。

计划调控的第三个难题是确保日本国内的消费需求增长，让民众来购买这些耐用消费品。具有日本特色的产业关系制度对此做出了贡献：在大型企业内部，企业工会、资历工资和终身雇佣制意味着成功企业将自己的一部分盈余与员工分享。但是，小型企业在日本提供了大量的工作机会。在20世纪50年代（就像两次世界大战之间的间歇期一样），它们支付的工资很低。20世纪六七十年代，工业的大规模扩张消化了全部劳动力，上述双重经济模式消失了，因为小企业的工资水平迅速提高。由于就业扩张带来的收入增长导致日本人的生活方式发生了变革，他们开始购买冰箱和汽车，用于生产这些产品的钢材供应量也在提高。日本人不仅有了更多的机械设备，而且吃得更好，长得更高。1891年，应征入伍的士兵平均身高为157厘米；到了1976年，这一数字变成了168厘米。日本的消费开支有助于扩大产能和提高工资，因此资本密集型技术是合适的选择——事实已经证明了这一点，虽然之前没有人敢断言。

计划调控的最后一个难题与国际市场有关。这个难题所产生的影响远超出通商产业省的管辖范围。20世纪70年代中期，日本钢铁产业将近1/3的产量用于出口，主要是面向美国市场。出口到美国的汽车和耐用消费品的比例也差不多如此。在日本的竞争下，美国的钢铁产量和汽车产量大幅下降。可以说，伴随日本的经济奇迹而来的是美国"铁锈"地带的经济衰退。如果美国维持1816年以来的高关税政策，它原本可以轻易地阻止这些产品的进口。后来美日两国协商，采取所谓的"自愿出口限制"，但这些只是权宜之计。最终，美国决定削减关税，但前提是其他国家也采取类似措施（即多边贸易自由化）。美国这样做自有原因，二战之后美国成为世界上最具竞争力的经济体，因此对美国来说，扩大出口要比采取不必要的措施来保护本土市场更加有利。日本的出口成就对上述观点提出了挑战。不过，日本已经把自己定位成美国在东亚地区防御共产主义的堡垒，因此地缘政治方面的重要性巩固了日本的贸易选择。

高速发展时期不可能无限延续。通常把1991年房地产和股市泡沫的破灭作为日本经济繁荣终结的标志，此后日本就进入了通货紧缩时期。然而，还有更深层次的原因，那就是支撑日本经济迅速发展的各种条件已不复存在。在日本经济迅速发展的同时，它与西方的差距在缩小，包括资本/劳动力比率、教育/劳动力比率和生产率。到1990年，日本在这些方面已经赶上了西方。于是，和其他发达国家一样，日本的经济增长速度只能和世界技术前沿的拓展速度保持一致——每年增长1%至2%。1990年之后，日本经济增长速度的放缓是不可避免的。

## 中国

在追赶西方的道路上，韩国和中国台湾地区紧随日本。两者都曾是日本的殖民地，这导致它们在起步时目标不够明确。当时它们都建立了现代教育体系，但重点在于培养日本人，而不是当地人。基础设施建设和农业发展的目的在于为日本提供食物供给。1940年，人均收入达到1,548美元。二战之后，日本人被驱逐出境，他们的财产被没收，土地被重新分配，分发给当地的农业人口，由此建立了平等的农民合作社。自20世纪50年代起，韩国和中国台湾地区都大力推进工业化。韩国效仿日本，采取“大推进”式模式。由于外国企业被排除在外，引进并掌握先进技术的任务由韩国企业来完成。韩国政府规划投资并限制进口，以达到保护本国制造业的目的。和日本一样，韩国政府要求这些企业将很大一部分产品出口国外，以达到提高品质、改善经营的目的。韩国建立了包括钢铁、造船和汽车在内的重工业，这些行业都曾是日本获得成功的领域，将近一二十年之后，韩国也在这些行业里取得了成功。

韩国和中国台湾地区的崛起引人注目，但如果中国大陆地区能继续保持它在过去几十年里的高速工业化，它必将取得更大的成就。1949年中国共产党开始执政时，中国的人均国内生产总值处于最低谷（448美元）[1]。到2006年，人均收入已经达到6,048美元，中国得以跻身中等收入国家的行列。这样的表现远远胜过亚非拉的大多数国家（参见表1）。

中国是如何做到这一切的？答案通常是“自由市场改革”，但这还不够。1949年以来，中国的经济发展可分为两个阶段——计划经济时期（1950年—1978年）和改革开放时期（1978年至今）。在第一个阶段，中国参照苏联模式，实行集体农场、国有工业和中央计划调控。当时的发展策略偏向重工业，目的在于生产城市化、工业化社会所需的机械设备，建立产业结构。投资率占到国内生产总值的将近1/3，工业产量迅速增长。技术政策（被称为“两条腿走路”）尽可能地将资本密集型先进技术与劳动密集型制造业结合在一起。钢铁产量一直都是“大推进”式工业化的目标之一，中国的钢铁产量从1950年的约100万吨/年提高到1978年的3,200万吨/年。虽然中国的发展政策几度变动，包括大跃进（1958年—1960年）、随之而来的自然灾害和“文化大革命”（1967年—1969年）[2]，但中国的人均收入从1950年的448美元提高到了1978年的978美元（年平均增长率为2.8%），翻了一倍多。这一成就不容忽视，但还不足以让中国摆脱贫困国家的行列。

1976年毛泽东离世，1978年邓小平开始推行改革。高度集中的计划经济逐步向市场经济转轨。不同于东欧国家采取的“休



① 此处及以下涉及中国的数据均不含港澳台地区的数据。

② 一般认为“文化大革命”始于1966年，终于1976年。

克疗法”，中国通过逐步修改和增补原有的制度来推进改革。自1978年起，中国的经济开始飞速增长。

最初的改革措施在农业领域实行，并展现了问题的复杂性。有两项措施尤其重要：第一，在1979年和1981年，对于农业产量超出计划规定的部分，政府采购部门提高了收购价格，总的幅度达到40%至50%。第二，集体生产被家庭承包责任制所取代。在新的制度下，集体土地被分割成小的农田，租赁给家庭经营，这些家庭必须完成计划任务，但对于超出配额的部分，政府以高价进行收购，收入归这些家庭所有。

随着这些政策的实行，农业产量迅速提高，这正说明了改革措施的重要性。1970年至1978年，国内生产总值中源自农业收入的部分以每年4.9%的速度增长，这一速度甚至高于1985年至2000年期间每年3.9%的增长速度。然而，1978年至1984年，农业产量以每年8.8%的速度增长。在这一时期，谷类产量的增长速度超过了其他任何时段。鉴于提高价格和家庭承包责任制对于农民提高产量起到了经济激励作用，因此通常的结论是，政策变化导致了农业产量的增长。

不过，改革措施并非推动农业发展的唯一因素，之前计划经济体制下取得的其他方面的进步也起到了作用。中国农民之所以能提高产量，是因为他们有机会使用先进的农业技术。就在农业制度改革的那段时间里，多项技术取得了进步。在中国的生产条件下，谷类产量要提高需要在三个方面加以改进：更好的水利条件、高产量的种子和肥料。20世纪50年代至70年代，中国的土地灌溉面积大幅增加，北方地区开挖了数以千万计的管井用于农业灌溉。在计划经济时期，供水量的增加有助于提高谷类产量，同时这也是1980年前后产量迅猛增长的基本前提。

产量的大幅提高需要适应肥料的种子。热带地区普遍存在物种难题：如果对传统的稻米品种进行施肥，它们会长出更多的叶子和更长的茎秆。最终作物会歪倒下来，影响谷粒的生长。解决办法就是种植茎秆强健、不容易歪倒的矮稻，这样施肥增加的营养就会进入种子，而不是叶子。日本的水稻品种就属于这一类，这是明治时期日本农业产量取得迅速增长的生物基础。但是，由于日照时间的差异，日本水稻不能在纬度更低的地区种植，因此必须要培育适合热带地区的矮稻品种。最著名的就是“奇迹稻”，该品种在位于菲律宾的国际水稻研究所中培育成功，并于1966年正式推出。“奇迹稻”及其后续品种成为亚洲许多地方开展绿色革命的基础。鲜为人知的是，最早培育出新型矮稻的是中国。在“奇迹稻”推出的两年前，中国科学院培育项目组已经培育出了一种高产量的矮稻。正是这种新型矮稻的推广，带动了农业产量的大幅提高。

高产量的水稻品种只有在大量施肥的情况下才能取得高产出。20世纪70年代，中国农民已经在最大程度上使用了传统肥料。想要提高施肥率，就必须用工业化方式来生产硝酸盐肥料。20世纪60年代，提高肥料产量的努力并未取得太大的成功。于是1973年至1974年，政府从外国供应商那里购买了十三家氨生产厂。到20世纪70年代晚期，这些工厂正式投入运营，它们生产的肥料使得农业产量迅速提高。现在我们无从得知，究竟是改革促成了1978年至1984年间农业产量的迅速增长，还是说哪怕没有改革，产量也会提高。

中国农业生产中的技术变化与日本的类似，这也反映出技术发展必须适应本国的生产要素比例。和日本一样，中国有着丰富的劳动力资源，但土地稀缺，因此在过去，技术进步一直以提高土地生产率为目标，这一状况直到近年才有所改变。相比较而言，只有少量投资被用于节约劳动力。在这方面，绿色革命在中国的发展过程与在印度的不同，印度的机械化与高产量作物的种植同步进行。在印度，大规模经营的农场主可以得到廉价贷款，从而在竞争中获得优势，扩大自己的经营规模。在这一过程中，付出代价的是小规模经营的农民，他们往往会失去自己的土地。农业机械减少了耕作所需的人手。中国避免了此类冲突。中国的土地集体所有制确保了权利平等，保护了小规模的农业经营，在劳动力资源丰富而资本稀缺的情况下，这是一种更为理性的做法，同时也更加公平。

改革也涉及工业领域。最初的改革举措同样出现在农村。制造业作为副业，一直是中国农村地区的特色，由集体农场来完成。1978年之后，地方官员开始积极扶持乡镇企业。之前，消费品生产一直落后，乡镇企业填补了这一空缺，在自由市场中销售它们的产品。消费品产业的资本/劳动力比率较低（这和计划经济重点发展的重工业截然不同），因此乡镇企业采取了适合中国的技术，这就是它们能够在市场竞争中胜出的原因。1978年至1996年，乡镇企业雇用的劳动力从2,800万增长到1亿3,500万，产值占国内生产总值的比重从6%提高到26%。20世纪80年代中期，国营经济的各个部门开始推行市场化，政府不再采取计划调控，并允许企业不按照计划规定，在自由市场上自行销售产品。从那时起，大陆地区的经济就“摆脱了计划”，随着经济的发展，市场的驱动力日益显著。

1992年，中国共产党第十四次全国代表大会同意将建立“社会主义市场经济”作为改革目标，同时废除物资均衡调控的做法，这是中央调控制度最重要的内容。随后的改革建立了金融体系来取代国家对资金的调拨，并且将国有企业由政府主导转变为股份制公司。国有企业改革包括大规模裁员和削减不良产能。这是苏联从未取得的成就，很可能也是苏联经济发展停滞的重要原因之一，因为苏联一直有相当一部分劳动力从事缺乏效率的工作，没有被调配到生产率较高的新岗位。随着市场在投资中发挥的作用越来越大，投资率一直较高。政府发挥了积极作用（虽然更多地采取非正式调控的方式），引导资金进入能源和重工业。或许正是因为这个原因，钢铁产业依旧保持了高速发展。中国现在的钢铁年产量达到5亿吨。美国、苏联和日本的年产量从未超过1.5亿吨，因此中国已经打破了所有的世界纪录。当然，中国的人口要比另外三个国家的人口多得多，但现在人均产量为377千克（1950年只有2千克，就连2001年也只有102千克），已经达到了富裕国家的消费水平。1978年至2006年，人均收入以每年6.7%的速度增长。

通常人们都将经济高速增长的原因归于改革，但就像农业领域的情况一样，这一解释并不完整。答案或许是计划经济时期遗留的影响，或许是中国社会的其他特点，又或许是将中国与其他贫困国家区分开来的政策。

计划经济时期遗留的影响当然起到了一定的作用。这些影响包括受过良好教育的民众、庞大的工业部门、低死亡率和低生育率，以及具有重要研发能力的科研机构（虽然“文化大革命”造成了严重破坏）。在整个计划经济时期，基础教育的范围不断扩大，到1982年人口普查时，已经有2/3的人具备读写能力，职业技能同样得到普及。中国人的预期寿命在20世纪30年代还不到30岁，到50年代增加到41岁，70年代增加到60岁，2000年已经提高到70岁。20世纪50年代，每个女性平均生育的孩子的数量

（总生育率）超过6个，到70年代晚期，这一数字已经下降到2.7个——当时甚至还没有独生子女政策，这一措施直到1980年才正式启动。和苏联的情况一样，低生育率很可能是女性接受教育的结果，教育使女性有机会从事有偿劳动，获取收入。

不管历史学家如何估量计划经济产生的影响、改革后的各项制度、合理的政策措施、文化激励等因素的重要性，中国正在完成一个历史循环。如果在接下去的三十年里，中国依旧保持自1978年以来的发展速度，它将赶上西方。中国将再次成为世界上最大的制造业国家，在克里斯托弗·哥伦布和瓦斯科·达伽马完成航海探险之前，中国就是世界第一。世界将重新回到起点。

# 后记

中国正在追赶西方，但非洲、拉丁美洲和亚洲的其他国家未来又将如何？富裕国家的人均收入以每年大约2%的速度增长，因此其他国家必须以更快的速度发展才能缩小差距。亚洲和拉丁美洲的许多贫困国家要想在六十年之内赶上富裕国家，就必须保持人均收入每年4.3%的增长率。要想做到这一点，国内生产总值就必须连续六十年保持至少6%的增长速度。更加贫困的国家，比如撒哈拉沙漠以南的许多非洲国家，必须以更快的速度发展，或者经过更长的时间，才能赶上富裕国家。

很少有国家或地区能够在这么长的一段时期内保持快速增长。从1955年到2005年，只有十个地方能做到这一点。阿曼、博茨瓦纳和赤道几内亚是特例，因为在这一时期它们发现了大量的石油或钻石储备。新加坡和中国香港地区享有特殊便利：当投资增长时，不会有农业人口拥入城市的烦恼。因此，工资水平可以随劳动力需求同步增长，同时繁荣也可以扩散。令人感兴趣的发展案例是那些有着庞大农业部门的国家，比如日本、韩国、泰国和中国。此外，苏联也可以加入这一行列，如果去掉第二次世界大战前后的十年时间，从1928年到1970年，苏联的人均收入以每年4.5%的速度递增。

这些国家要想赶上西方，就必须在教育、资本和生产率这三个方面缩小差距。普及学校教育可以缩小教育方面的差距，由政府主导的各种工业化模式可以缩小资本和生产率方面的差距。这些国家采用了大规模、资本密集型技术，尽管这些技术在当时并不能带来额外收益。之前拉丁美洲将现代技术引入小规模经济体时，陷入了效率低下的困境，但上述国家避免了这种不利局面，可能是因为它们的经济规模足够大，可以在充分生产时消化全部产品，也可能是因为它们有机会进入美国市场，代价是美国的产量下降。

这些国家所采取的各项措施中，哪一条最有效？对此人们争论不休，未有定论。同样，人们也无法确定，这些成功经验能否被移植到其他国家。因此，关于发展经济的最佳政策，人们尚未达成共识。

# 索 引

（条目后的数字为原文页码）

## A



## B

## C

## D

## E

## F



## G

## H



## I

## J



## K



## L

## M

## R



## S

## T

## U

## V



## W

## Y



## Z

Robert C. Allen

# GLOBAL ECONOMIC HISTORY

## A Very Short Introduction

163

# Contents

# Acknowledgements

I am grateful to the people who worked with me as research assistants in reconstructing the wage and price history of the world – Stuart Murray, Cherie Metcalfe, Ian Keay, Alex Whalley, Victoria Bateman, Roman Studer, Tommy Murphy, and Eric Schneider. Their attention to detail as well as their thoughts on the project and the text were invaluable to me. I also thank many friends who read earlier drafts and discussed these issues with me: Paul David, Larry Eldredge, Stan Engerman, James Fenske, Tim Levnig, Roger Goodman, Phil Hoffman, Chris Kissane, Peter Lindert, Branko Milanovic, Patrick O'Brien, Gilles Postel-Vinay, Jim Robinson, Jean-Laurent Rosenthal, Ken Sokoloff, Antonia Strachey, Francis Teal, Peter Temin, Jan Luiten van Zanden, Lawrence Whitehead, Jeff Williamson, and Nick Woolley. My son Matthew Allen and my wife Dianne Frank were cheerful and supportive despite my obsessive attention to this project and countless requests to comment on drafts. It is a better book for their reading.

I am pleased to acknowledge many years of research funding from the Canadian Social Sciences and Humanities Research Council and the United States National Science Foundation through the Global Price and Income History Group.

I dedicate the book to my son Matthew, and to other members of his generation, in the hope that understanding how the world has come to be as it is will help them make it better.

# List of illustrations

# List of tables

# Chapter 1
# The great divergence

Economic history is the queen of the social sciences. Her subject is *The Nature and Causes of the Wealth of Nations*, the title of Adam Smith's great book. Economists seek the 'causes' in a timeless theory of economic development, while economic historians find them in a dynamic process of historical change. Economic history has become particularly exciting in recent years since the scope of the fundamental question – 'why are some countries rich and others poor?' – has gone global. Fifty years ago, the question was 'why did the Industrial Revolution happen in England rather than France?' Research on China, India, and the Middle East has emphasized the inherent dynamism of the world's great civilizations, so today we must ask why economic growth took off in Europe rather than Asia or Africa.

Data on incomes in the distant past are not robust, but it looks as though the differences in prosperity between countries in 1500 were small. The present division between rich and poor largely emerged since Vasco da Gama sailed to India and Columbus discovered the Americas.

We can divide the last 500 years into three periods. The first, which lasted from 1500 to about 1800, was the *mercantilist era*. It began with the voyages of Columbus and da Gama, which led to an integrated global economy, and ended with the Industrial Revolution. The Americas were settled and exported silver, sugar, and tobacco; Africans were shipped as slaves to the Americas to produce these goods; and Asia sent spices, textiles, and porcelain to Europe. The leading European countries sought to increase their trade by acquiring colonies and using tariffs and war to prevent other countries from trading with them. European manufacturing was promoted at the expense of the colonies, but economic development, as such, was not the objective.

This changed in the second period of *catch-up* in the 19th century. By the time Napoleon was defeated at Waterloo in 1815, Britain had established a lead in industry and was out-competing other countries. Western Europe and the USA made economic development a priority and tried to achieve it with a standard set of four policies: creation of a unified national market by eliminating internal tariffs and building transportation infrastructure; the erection of an external tariff to protect their industries from British competition; the chartering of banks to stabilize the currency and finance industrial investment; and the establishment of mass education to upgrade the labour force. These policies were successful in Western Europe and North America, and the countries in these regions joined Britain to form today's club of rich nations. Some Latin American countries adopted these policies incompletely and without great success. British competition de-industrialized most of Asia, and Africa exported palm oil, cocoa, and minerals once the British slave trade was ended in 1807.

In the 20th century, the policies that had worked in Western Europe, especially in Germany, and the USA proved less effective in countries that had not yet developed. Most technology is invented in rich countries, and they develop technologies that use more and more capital to increase the productivity of their ever more expensive labour. Much of this new technology is not cost-effective in low-wage countries, but it is what they need in order to catch up to the West. Most countries have adopted modern technology to some degree, but not rapidly enough to overtake the rich countries. The countries that have closed the gap with the West in the 20th century have done so with a *Big Push* that has used planning and investment coordination to jump ahead.

Before we can learn *how* some countries became rich, we must establish *when* they became rich. Between 1500 and 1800, today's rich countries forged a small lead that can be measured in terms of GDP (gross domestic product) per person (Table 1). In 1820, Europe was already the richest continent. GDP per head was twice that of much of the world. The most prosperous country was the Netherlands, with an average income (GDP) of $1,838 per person. The Low Countries had boomed in the 17th century, and the main question of economic policy elsewhere was how to catch up with the Dutch. The British were doing that. The Industrial Revolution had been under way for two generations, and Great Britain was the second richest economy, with an income of $1,706 in 1820. Western Europe and Britain's offshoots (Canada, Australia, New Zealand, and the USA) had incomes of between $1,100 and $1,200. The rest of the world lagged behind, with per capita incomes between $500 and $700. Africa was the poorest continent at $415.



Between 1820 and the present, the income gaps have expanded with only a few exceptions. The countries that were richest in 1820 have grown the most. Today's rich countries have average incomes of $25,000–$30,000, much of Asia and Latin America average $5,000–$10,000, while sub-Saharan Africa has reached only $1,387. The phenomenon of divergence is highlighted in Figure 1, in which the regions plotted towards the right with higher incomes in 1820 had the greatest income growth factors, and the regions on the left with lower initial incomes had smaller growth factors. Europe and the British offshoots realized income gains of 17- to 25-fold. Eastern Europe and much of Asia started

Table 1. GDP per person around the world, 1820–2008

| | **1820** | **1913** | **1940** | **1989** | **2008** |
|---|---|---|---|---|---|
| Great Britain | 1706 | 4921 | 6856 | 16414 | 23742 |
| Netherlands | 1838 | 4049 | 4832 | 16695 | 24695 |
| Other Western Europe | 1101 | 3608 | 4837 | 16880 | 21190 |
| Mediterranean Europe | 945 | 1824 | 2018 | 11129 | 18218 |
| Northern Europe | 898 | 2935 | 4534 | 17750 | 25221 |
| USA, Canada, NZ, Australia | 1202 | 5233 | 6838 | 21255 | 30152 |
| Eastern Europe | 683 | 1695 | 1969 | 5905 | 8569 |
| USSR | 688 | 1488 | 2144 | 7112 | 7904 |
| Argentina, Uruguay, Chile | 712 | 3524 | 3894 | 6453 | 8885 |

| | 1820 | 1913 | 1940 | 1989 | 2008 |
|---|---|---|---|---|---|
| Other Latin American countries | 636 | 1132 | 1551 | 4965 | 6751 |
| Japan | 669 | 1387 | 2874 | 17943 | 22816 |
| China | 600 | 552 | 562 | 1834 | 6725 |
| Indian Sub-continent | 533 | 673 | 686 | 1232 | 2698 |
| Other east Asia | 562 | 830 | 840 | 2419 | 4521 |
| Middle East & North Africa | 561 | 994 | 1600 | 3879 | 5779 |
| Sub-Saharan Africa | 415 | 568 | 754 | 1166 | 1387 |
| World | 666 | 1524 | 1958 | 5130 | 7614 |

GDP measures the total output of goods and services in an economy as well as the total income generated by it. In this table, GDP is valued in 1990 US dollars so the volume of production (real income) can be compared over time and across space.

Note: Great Britain includes Northern Ireland from 1940

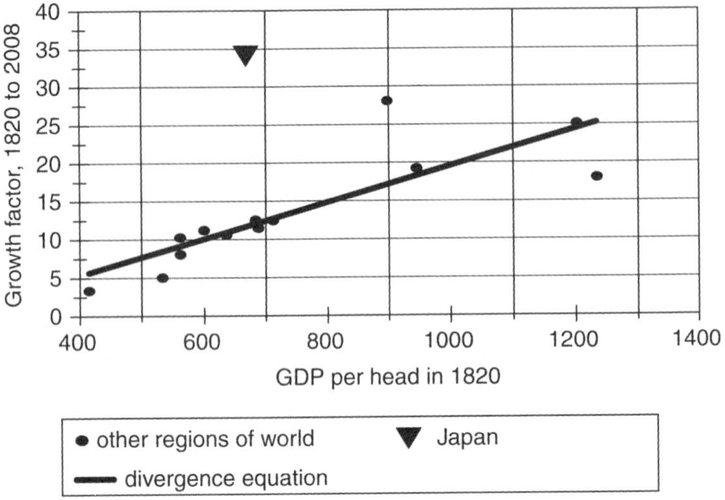


**1. The great divergence**



with lower incomes and realized increases of 10-fold. South Asia, the Middle East, and much of sub-Saharan Africa were less fortunate, being both poorer in 1820 and achieving income gains of only 3- to 6-fold. They have fallen even further behind the West. The 'divergence equation' summarizes this pattern.

There are exceptions to income divergence. East Asia is the most important, for it is the one region that bucked the trend and improved its position. Japan was the greatest success of the 20th century, for it was indubitably a poor country in 1820 and yet managed to close the income gap with the West. Equally dramatic has been the growth of South Korea and Taiwan region. The Soviet Union was another, although less complete, success. China may be repeating the trick today.

Industrialization and de-industrialization have been major causes of the divergence in world incomes (Figure 2). In 1750, most of the world's manufacturing took place in China (33% of the world total) and the Indian subcontinent (25%). Production per person was

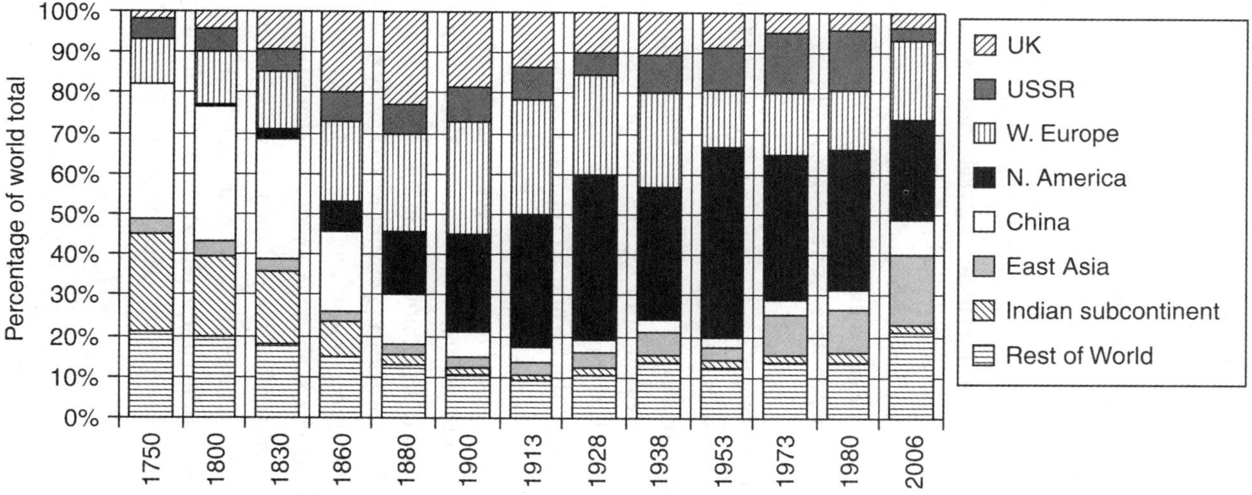


2. **Distribution of world manufacturing**

lower in Asia than in the richer countries of Western Europe, but the differentials were comparatively small. By 1913, the world had been transformed. The Chinese and Indian shares of world manufacturing had dropped to 4% and 1% respectively. The UK, the USA, and Europe accounted for three-quarters of the total. Manufacturing output per head in the UK was 38 times that in China and 58 times that in India. Not only had British output grown enormously, but manufacturing had declined absolutely in China and India as their textile and metallurgical industries were driven out of business by mechanized producers in the West. In the 19th century, Asia was transformed from the world's manufacturing centre into classic underdeveloped countries specialized in the production and export of agricultural commodities.

Figure 2 highlights some key turning points in the history of the world. From 1750 to 1880, the British Industrial Revolution was the major event. In this period, Britain's share of world manufacturing increased from 2% to 23%, and it was British competition that destroyed traditional manufacturing in Asia. The period from 1880 to the Second World War was marked by the industrialization of the USA and continental Europe including Germany, in particular. Their shares reached 33% and 24%, respectively, in 1938. Britain lost ground to these competitors, and its share dropped to 13%. Since the Second World War, the USSR's share of world manufacturing output rose sharply until the 1980s and then crashed precipitously as the post-Soviet countries went into economic decline. The East Asian miracle saw a rise in the share of world manufacturing in Japan, Taiwan region, and South Korea to 17%. The Chinese mainland has also been industrializing since 1980, and produced 9% of world manufactures in 2006. If the Chinese mainland catches up to the West, the world will have come full circe.

## Real wages

GDP is not an adequate measure of wellbeing. It leaves out many factors such as health, life expectancy, and educational attainment. In addition, absence of data often makes GDP hard to compute, and, in any event, it may be misleading because it averages the incomes of the rich with the poor. These problems can be finessed by calculating 'real wages', that is, the standard of living that can be bought with one's earnings. Real wages tell us much about the standard of living of the average person and help explain the origins and spread of modern industry, for the incentive to increase the amount of machinery used by each worker is greatest where labour is dearest.

I focus on labourers. To measure their standard of living, their wages must be compared to the prices of consumer goods, and those prices must be averaged to calculate a consumer price index. My index is the cost of maintaining a man at 'bare-bones subsistence' (the least-cost way of staying alive). The diet is quasi-vegetarian. Boiled grain or unleavened bread provide most of the calories, legumes are a protein-rich complement, and butter or vegetable oil provides a little fat. This was typical fare around the world in 1500. Francisco Pelsaert, a Dutch merchant who visited India in the early 17th century, observed that the people near Delhi 'have nothing but a little kitchery [kedgeree] made of green pulse mixed with rice ... eaten with butter in the evening, in the day time they munch a little parched pulse or other grain'. The workmen 'know little of the taste of meat'. Indeed, most meats were taboo.



Table 2 shows the consumption pattern defining bare-bones subsistence for an adult male. The diet is based on the cheapest grain available in each part of the world – oats in northwestern Europe, maize in Mexico, millet in northern India, rice in coastal China, and so on. The quantity of the grain is chosen, so that the diet yields 1,940 calories per day. Non-food spending is restricted to scraps of cloth, a bit of fuel, and the odd candle. Most spending is on food, and, indeed, on the carbohydrate at the core of the diet.

The fundamental standard of living question is whether a fully employed labourer earned enough to support a family at bare-

Table 2. Bare-bones subsistence basket of goods

| | quantity per man per year | calories per day | protein (grams) per day |
|---|---|---|---|
| **food** | | | |
| grain | 167 kg | 1657 | 72 |
| beans | 20 kg | 187 | 14 |
| meat | 5 kg | 34 | 3 |
| butter | 3 kg | 60 | 0 |
| total | | 1938 | 89 |
| **non-food** | | | |
| soap | 1.3 kg | | |
| linen/cotton | 3 metres | | |
| candles | 1.3 kg | | |
| lamp oil | 1.3 litres | | |
| fuel | 2.0 Million British Thermal Units | | |

Note: The table is based on quantities and nutritional values for the oatmeal diet of north/western Europe. For other parts of the world, the diet uses the cheapest available grain, and the exact quantities consequently vary.



bones subsistence. Figure 3 shows the ratio of full-time earnings to the family's cost of subsistence. Today, living standards are similar across Europe. The 15th century was the last time that was true. Living standards then were also high: labourers earned about four times bare-bones subsistence. By the 18th century, however, a great divergence had occurred in Europe. The standard of living on the continent collapsed, and labourers earned only enough to purchase the items in Table 2 or equivalent. In the Middle Ages, Florentine workers ate bread, but by the 18th

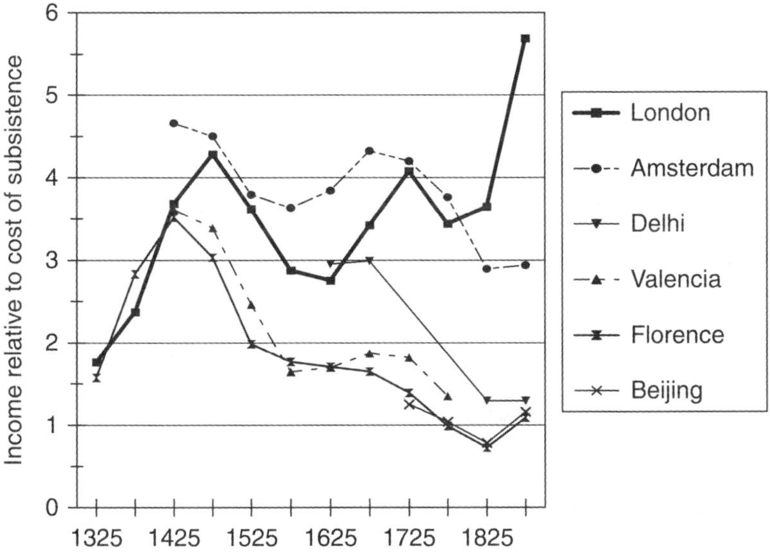


**3. Subsistence ratio for labourers**



century they could afford only polenta made from maize, newly introduced from the Americas.

In contrast, labourers in Amsterdam and London still earned four times bare-bones subsistence. Workers in London in 1750 did not, however, eat four times the oatmeal specified in Table 2. Instead, they upgraded their diet to white bread, beef, and beer. It was only on the Celtic fringe that the British ate oats. As Doctor Johnson remarked, oats are 'a grain which in England is generally given to horses but in Scotland supports the people'. The workers of southern England also had the income to purchase the luxuries of the 18th century such as the odd book, a mirror, sugar, or tea.

Real wages have diverged as dramatically as GDP per head. Figure 4 shows the real wage of labourers in London from 1300 to the present and in Beijing from 1738. In 1820, the London real wage was already four times subsistence, and the ratio has grown to fifty – mainly since 1870.

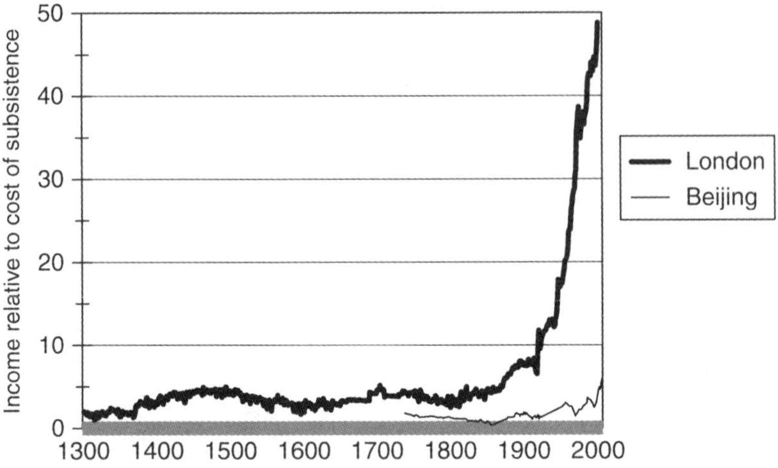


**4. Subsistence ratio, London and Beijing**



In the poor countries of the world, however, real wages are still at bare-bones subsistence. In 1990, the World Bank defined a world poverty line at $1 per day (since raised to $1.25 due to inflation). This figure, which is based on the poverty lines of present-day poor countries, corresponds to bare-bones subsistence as defined in Table 2. Those baskets averaged $1.30 per person per day when priced in 2010. More than one billion people (15% of the world's population) live below that line today, and the proportion was far higher in 1500. Labourers in Beijing were this poor in the 19th century. China's remarkable growth in recent decades has boosted the labourer's standard of living to only six times subsistence.

We can now appreciate the low incomes shown in Table 1 for 1820. They are expressed in 1990 dollars, and, at that time, bare-bones subsistence cost $1 per day or $365 per year. Average income in sub-Saharan Africa in 1820 was $415 – only 15% more than bare-bones subsistence, which was the standard of living of the vast majority. In most of Asia and Eastern Europe, which had more capital-intensive farming systems and hierarchical societies, the average incomes were only $500–$700. Most people lived at subsistence, and the surplus was extracted by the state, the aristocracy, and the rich merchants. Northwestern Europe and the USA had incomes four to six times subsistence. Only in these societies did workers live above bare-bones subsistence, as Figure 3 shows. These economies were sufficiently productive to also support aristocracies and merchants.

Bare-bones subsistence has further implications for social wellbeing and economic progress. First, people living on the bare-bones diet are short. The average height of Italians who enlisted in the Habsburg army fell from 167 cm to 162 cm as their diet shifted from bread to polenta. In contrast, English soldiers in the 18th century averaged 172 cm due to their better nutrition. (Today, the average man is 176–8 cm tall in the USA, UK, and Italy, while the Dutch are 184 cm tall.) When people's heights are stunted for lack of food, their life expectation is also cut, and their health in general declines. Second, people living at subsistence are less well educated. Sir Frederick Eden, who surveyed labourers' incomes and spending patterns in England in the 1790s, described a London gardener who spent 6 pence per week sending two of his children to school. The family bought wheat bread, meat, beer, sugar, and tea, and his earnings (£37.75 per year) were about four times subsistence (just under £10). If their income were suddenly cut to subsistence, vast economies would have had to be made, and who can doubt that the children would have been removed from school? High wages contributed to economic growth by sustaining good health and supporting widespread education. Finally, and most paradoxically, bare-bones subsistence removes the economic motivation for a country to develop economically. The need for more output from a day's work is great, but labour is so cheap that businesses have no incentive to invent or adopt machinery to raise productivity. Bare-bones subsistence is a poverty trap. The Industrial Revolution was the result of high wages – and not just their cause.

# Chapter 2
# The rise of the West

Why has the world become increasingly unequal? Both 'fundamentals' like geography, institutions, or culture and 'accidents of history' played a role.

Geography is important. Malaria holds back the tropics, and Britain's coal deposits underpinned the Industrial Revolution. Geography is rarely the whole explanation, however, for its significance depends on technology and economic opportunities; indeed, one of the aims of technology is to reduce the burden of bad geography. In the 18th century, for instance, the location of coal and iron deposits determined the location of blast furnaces. Today, ocean transportation is so cheap that Japan and Korea obtain their coal and iron ore from Australia and Brazil.

Culture has been a popular explanation for economic success. Max Weber, for instance, contended that Protestantism made northern Europeans more rational and hard-working than anyone else. Weber's theory looked plausible in 1905 when Protestant Britain was richer than Catholic Italy. Today, however, the reverse is true, and Weber's theory is no longer tenable. Another cultural argument claims that peasant farmers in the Third World are poor because they cling to traditional methods and fail to respond to economic incentives. The contrary, however, is true: farmers in poor countries experiment with new crops and methods, employ labour to the degree that it pays, adopt modern fertilizers and seeds when they are cost-effective, and shift their cropping in response to price changes like farmers in the rich countries. Peasants are poor because they receive low prices for their crops and because they lack appropriate technology – not because they refuse to use it.

While cultural explanations that invoke irrationality and laziness are suspect, there are aspects of culture that affect economic performance. In particular, widespread literacy and numeracy have been necessary (if not sufficient) conditions for economic success since the 17th century. These mental skills help trade to flourish and science and technology to develop. Literacy and numeracy are spread by mass education, which has become a universal strategy for economic development.

The importance of political and legal institutions is hotly debated. Many economists argue that economic success is the result of secure property rights, low taxes, and minimal government. Arbitrary government is bad for growth because it leads to high taxes, regulations, corruption, and rent-seeking – all of which reduce the incentive to produce. These views are applied historically by arguing that absolutist monarchies such as Spain and France or empires like those of China, Rome, or the Aztecs stifled economic activity by prohibiting international trade, threatening property or, indeed, life itself. These views, of course, echo those of Adam Smith and other 18th-century liberals. Successful economic development was due to the replacement of absolutism with representative government. The Netherlands revolted against Spanish rule in 1568 and organized itself as a republic. The country grew rapidly afterwards. The English economy suffered in the early 17th century under the rules of James I and Charles I, who imposed taxes of disputed legality and levied forced loans. Charles's attempts to rule without Parliament failed, civil war broke out, and, in 1649, the

King was convicted of treason and executed. After the Restoration, disputes between Crown and Parliament continued, however, finally culminating in the Glorious Revolution of 1688 when James II fled the country and Parliament gave the Crown to William and Mary. With Parliament supreme, absolutism was checked, and the economy boomed. So goes the economists' history.

However, as economists have been celebrating the superiority of English institutions, historians have been investigating how absolutist monarchy and Oriental despotism actually worked. The usual finding is that they promoted peace, order, and good government. Trade flourished as a result, regional specialization increased, and cities expanded. As regions became more specialized, the national income rose in a process that has come to be called 'Smithian growth'. The greatest threat to prosperity was invasion by barbarians attracted to the civilization's wealth – not expropriation or intervention by the emperor.



## The first globalization

While institutions, culture, and geography always lurk in the background, technological change, globalization, and economic policy turn out to have been the immediate causes of unequal development. The Industrial Revolution itself, moreover, was the result of the first phase of globalization that began in the late 15th century with the voyages of Columbus, Magellan, and the other great explorers. The great divergence, therefore, begins with the first globalization.

Globalization required ships that could sail the high seas. Europeans did not have them until the 15th century. These newly invented 'full-rigged' ships had three masts – the front and middle were square-rigged and the aft was lateen-rigged. Sturdier hulls and the use of rudders instead of steering oars made ships that could navigate the globe.

Initially, the commercial impact of the full-rigged ship was felt in Europe. In the 15th century, the Dutch began shipping Polish grain from Danzig to the Netherlands and, by the late 16th century, to Spain, Portugal, and the Mediterranean. Textiles quickly followed. Italian cities had dominated the cloth industry in the Middle Ages, but English and Dutch producers contrived to make lightweight worsted cloth in imitation of Italian fabrics. By the early 17th century, the Mediterranean was flooded with these 'new draperies', and the English and Dutch drove the Italians out of business. This was a momentous change and began the relocation of Europe's manufacturing industry to northwestern Europe.

The most dramatic impact of the full-rigged ship, however, was in the Voyages of Discovery. Networks of Indian, Arab, and Venetian merchants shipped pepper and spices from Asia, across the Middle East, to Europe, and the Portuguese hoped to out-compete them with an all-water route. In the 15th century, the Portuguese sailed south along the African coast in search of a sea route to the East.

In 1498, Vasco da Gama reached Cochin in India, and filled his ship with pepper. The price in Cochin was about 4% of the price in Europe (Figure 5). The other 96% of the price difference was transport costs. By 1760, the gap between the Indian and English prices in Figure 5 had dropped by 85%, and that reduction is a measure of the efficiency gain from the all-sea route. In the 16th century, however, only Portugal benefited from the cut in transport costs since its state trading company kept the price at the medieval level and pocketed the savings as profits. It was the arrival of the English and Dutch East Indies companies in the early 17th century that broke Portugal's maritime monopoly and cut the European price by two-thirds. The real price received by Indian sellers increased by only a small amount: most of the efficiency gains from the Asian trade were reaped by European consumers.

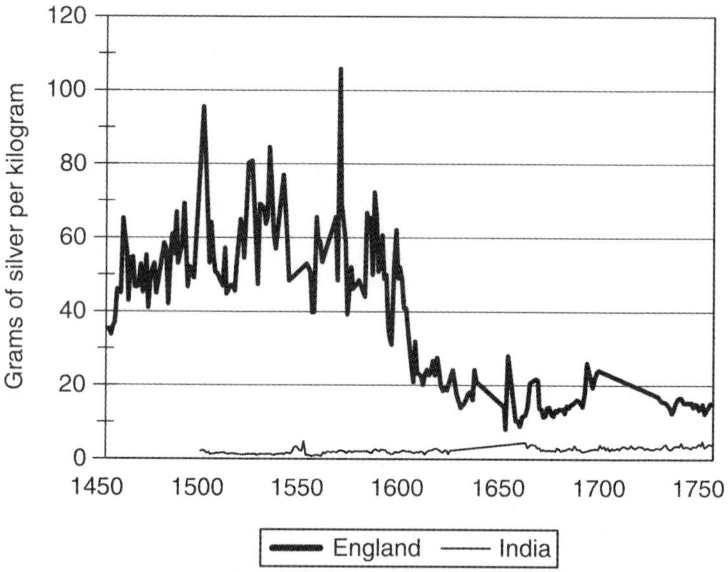


**5. Price of pepper, adjusted to price level of 1600**



The Genoese sailor Christopher Columbus, of course, proposed the alternative of sailing west from Europe directly to Asia. He talked King Ferdinand and Queen Isabella of Spain into financing his expedition and landed in the Bahamas on 12 October 1492, convinced that he had reached the East Indies. But it was the Americas he had 'discovered', and that changed the history of the world.

Columbus's and da Gama's voyages set off a scramble for empire, and the Portuguese and Spanish were the early winners. In the two battles of Diu (1509 and 1538), the Portuguese defeated Venetian, Ottoman, and Asian forces and established their hegemony in the Indian Ocean. Then they pushed east towards Indonesia, establishing a string of colonies along the way. Eventually, the Portuguese reached the fabled Spice Islands (that is, the Moluccas in Indonesia), where nutmeg, cloves, and mace were indigenous. The Portuguese also accidentally discovered Brazil in 1500, which became their biggest colony.

Spain's empire was even richer. The greatest successes were the conquests of the Aztec Empire in 1521 by Hernan Cortes and the Inca Empire 11 years later by Francisco Pizarro. In both cases, small Spanish forces defeated large native armies through a combination of firearms, horses, guile, and smallpox. Looting the Aztecs and the Incas brought immediate wealth to Spain. Conquest was followed by the discovery of large silver deposits in Bolivia and Mexico. The silver flooding into Spain paid for the Habsburg armies fighting the Protestants across Europe, provided Europeans with the cash to buy up Asian goods, and unleashed decades of inflation known as the Price Revolution.

The imperial exploits of northern Europeans were modest in the 16th century. The English sent Giovanni Caboto (John Cabot) west in 1497, and he made it to Cape Breton, or Newfoundland. This counted as discovery, although Basque sailors had been fishing the Grand Banks for centuries. The French sent Jacques Cartier to Canada on three voyages in the 1530s and 1540s. Fur trading with the natives counted for little compared to Mexico or the Moluccas.



It was not until the 17th century that the northern Europeans became important imperialists. Their favourite organization was an East Indies company that combined imperialism with private enterprise. Typically, these firms were highly capitalized joint stock companies that traded in Asia or the Americas, maintained military and naval forces, and established fortified trading posts abroad. All of the northern powers had them. The English East India Company was chartered in 1600 and its Dutch counterpart two years later.

The Dutch East Indies Company created a Dutch Empire in Asia at the expense of the Portuguese. The Dutch seized the Moluccas in 1605, Malacca in 1641, Ceylon in 1658, and Cochin in 1662. They made Jakarta the capital of their Indonesian possessions in 1619. The Dutch also seized Brazil in the 1630s and 1640s. They colonized sugar islands in the Caribbean, and founded New York in 1624 and the Cape Colony in South Africa in 1652.

The English also created an empire in the 17th century. In Asia, the English East India Company defeated the Portuguese in the naval battle of Swally off Surat in 1612. Subsequently, fortified trading posts were established at Surat (1612), Madras (1639), Bombay (1668), and Calcutta (1690). By 1647, the East India Company had 23 establishments in India. In the Americas, a variety of individuals and groups established colonies. Jamestown, Virginia, was the first success, in 1607. The legendary Plymouth colony followed in 1620, and the much more important Massachusetts Bay colony ten years later. The Bahamas and a string of islands were taken in the Caribbean in the 1620s and 1630s. Jamaica was added in 1655.



The English state actively expanded its empire – particularly at the expense of the Dutch. The first steps were taken by Oliver Cromwell, during the Commonwealth (1640–60), and continued after the Restoration. Expenditure on the navy was greatly increased. The first Navigation Act was passed in 1651. This mercantilist measure was intended to exclude the Dutch from trading with the English empire. The first Anglo-Dutch War (1652–4) was fought for commercial advantage, but was far from successful. After the Restoration of Charles II in 1660, the Navigation Acts were reinstated and extended, the (now Royal) Navy was expanded, and more wars were fought against the Dutch in 1665–7 and 1672–4. New York was seized in 1664. English colonies were established along the American coast from Georgia to Maine. Their economies grew rapidly by exporting tobacco, rice, wheat, and meat to England and the Caribbean. By 1770, the population of British America had reached 2.8 million, or almost half of England's.

English and Dutch trade with their colonies drove their economies forward. Cities and export-oriented manufacturing grew. The

Table 3. Percentage distribution of the population by sector, 1500–1750

| | 1500 | | | 1750 | | |
| --- | --- | --- | --- | --- | --- | --- |
| | urban | rural nonagri-culture | agri-culture | urban | rural nonagri-culture | agri-culture |
| **greatest transformation** | | | | | | |
| England | 7% | 18% | 74% | 23% | 32% | 45% |
| **significant modernization** | | | | | | |
| Netherlands | 30 | 14 | 56 | 36 | 22 | 42 |
| Belgium | 28 | 14 | 58 | 22 | 27 | 51 |
| **slight evolution** | | | | | | |
| Germany | 8 | 18 | 73 | 9 | 27 | 64 |
| France | 9 | 18 | 73 | 13 | 26 | 61 |

(*continued*)

| | 1500 | | | 1750 | | |
|---|---|---|---|---|---|---|
| | urban | rural nonagri-culture | agri-culture | urban | rural nonagri-culture | agri-culture |
| Austria/Hungary | 5 | 19 | 76 | 78 | 32 | 61 |
| Poland | 6 | 19 | 75 | 4 | 36 | 60 |
| **little change** | | | | | | |
| Italy | 22 | 16 | 62 | 22 | 19 | 59 |
| Spain | 19 | 16 | 65 | 21 | 17 | 62 |

occupational structure changed accordingly. Table 3 divides the populations of the main European countries into three groups: agricultural, urban, and rural non-agricultural. In the Middle Ages, about three-quarters of the population was engaged in farming, most manufacturing was carried out in cities, and the 'rural non-agricultural population' consisted of village craftsmen, priests, carters, and the servants of country houses. In 1500, Italy and Spain were the most advanced economies, with the largest cities that produced the best manufactures. The Low Countries (principally modern-day Belgium) were an extension of this economy. The Dutch population was very small, and England was little more than a sheep walk.

By the eve of the Industrial Revolution, there had been far-reaching changes. England was the most transformed country. The fraction of the population in agriculture had dropped to 45%. England was the most rapidly urbanizing country in Europe. London grew from 50,000 in 1500 to 200,000 in 1600 to 500,000 in 1700 and, finally, to one million in 1800. The 'rural non-agricultural share' of the population was 32% in 1750. Most of these people were engaged in manufacturing industries, and their products were shipped across Europe and, sometimes, around the world. Artisans in Witney, Oxfordshire, for instance, sold blankets to the Hudson Bay Company, which swapped them for fur with the natives of Canada. The economy of the Low Countries developed along similar lines. The Netherlands were even more urbanized than England and also had large, export-oriented rural industries.



The rest of Europe was much less transformed. The great continental countries saw a small reduction in the share of their populations in agriculture and a corresponding increase in rural industry with little extra urbanization. Spain and Italy look stationary, with no change in the distribution of their populations.

Spain was particularly unlucky. In the 16th century, it looked like the most successful imperialist, for Latin America yielded so much silver. Silver imports, however, led to much greater inflation in Spain than elsewhere. As a result, Spanish agriculture and manufacturing became uncompetitive. The constancy in the share of the urban population in Spain masks great changes – the populations of old industrial cities collapsed while Madrid expanded on the basis of American loot. Globalization spurred northwestern Europe forward but held southern Europe back.

Success in the global economy had major implications for economic development, including:

First, the growth in urbanization and rural manufacturing increased the demand for labour and led to tight labour markets and high wages. Living standards were high in London and Amsterdam (Figure 3).

Second, growing cities and a high-wage economy put great demands on agriculture for food and labour. The result was agricultural revolutions in both England and the Netherlands. Output per farm worker increased by about 50% in both countries and reached the highest levels in Europe.

Third, growing urban demand also led to energy revolutions in both England and the Netherlands. In the Middle Ages, charcoal and firewood were the principal fuels burned in cities. As the cities grew, wood prices skyrocketed, and substitute fuels were developed. In the Netherlands, the alternative was peat; in England, it was coal. Coal was mined in Durham and Northumberland and shipped down the coast to London. England was the only country in the world with a large coal-mining industry in the 18th century, and that also gave it access to the cheapest energy in the world, as Figure 6 indicates.

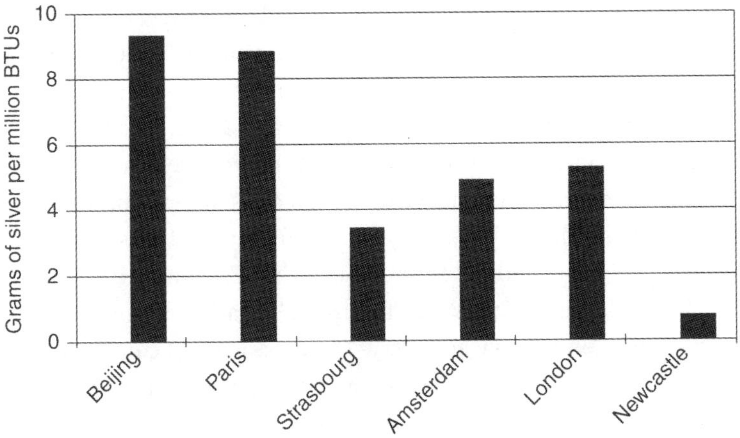


**6. Price of energy**

Table 4. Adult literacy, 1500 and 1800. Percentage of the adult population that could sign its name

| | 1500 | 1800 |
|---|---|---|
| England | 6 | 53 |
| Netherlands | 10 | 68 |
| Belgium | 10 | 49 |
| Germany | 6 | 35 |
| France | 7 | 37 |
| Austria/Hungary | 6 | 21 |
| Poland | 6 | 21 |
| Italy | 9 | 22 |
| Spain | 9 | 20 |

Fourth, the high-wage economy generated a high level of literacy, numeracy, and skill formation in general. Table 4 shows estimates of literacy (measured by the ability to sign one's name rather than make a mark) in 1500 and 1800. Literacy rose everywhere in Europe, but the growth was greatest in northwestern Europe. The Reformation does not explain the rise, as is often assumed, for literacy was as high in northeastern France, Belgium, and the Rhine Valley – all Catholic areas – as in the Netherlands or England. The rise in literacy was due to the high-wage, commercial economy. The expansion of commerce and manufacturing increased the demand for education by making it economically valuable; at the same time, the high-wage economy provided parents with the money to pay for schooling their children.

# Chapter 3
# The Industrial Revolution

The Industrial Revolution (roughly 1760 to 1850) was a turning point in world history, for it inaugurated the era of sustained economic growth. The Revolution was not the abrupt discontinuity that its name suggests but was the result of the transformations of the early modern economy discussed in the last chapter. The rate of economic growth achieved in the century after 1760 (1.5% per year) was very low by the standards of recent growth miracles in which GDP has grown by as much as 8–10% per year. However, Britain was continuously extending the world's technology frontier, and that is always slower going than catching up to the leader by importing its technology, which is how countries have grown very rapidly. Moreover, the great achievement of the British Industrial Revolution was that it led to continuous growth, so that income compounded to the mass prosperity of today.

Technological change was the motor of the Industrial Revolution. There were famous inventions like the steam engine, the machines to spin and weave cotton, and the new processes to smelt and refine iron and steel using coal instead of wood fuels. In addition, there were a host of simpler machines that raised labour productivity in unglamorous industries like hats, pins, and nails. There was also a range of new English products, many of which, like Wedgwood porcelain, were inspired by Asian manufactures.

In the 19th century, engineers extended the 18th-century mechanical inventions across the board. The steam engine was applied to transportation with the invention of the railway and the steamship. Power-driven machinery, whose use was initially restricted to textile mills, was applied to industry generally.

The question is: why was the revolutionary technology invented in England rather than the Netherlands or France or, for that matter, China or India?

## Cultural and political context

The Industrial Revolution took place in a particular political and cultural context that was favourable to innovation, and that may help to explain it.



The English constitution has been a model for European liberals and modern economists alike. It was far from democratic: only 3–5% of the English could vote and even fewer of the Scots. Much power remained with the Crown – in particular, the power to make war and peace. While Parliament had a constitutional right to refuse funds for war, it never did.

The English constitution had many features that promoted economic growth, although they were not the ones stressed by modern economists, who emphasize restrictions on taxation and the security of property. Parliamentary supremacy actually resulted in the reverse. While French monarchs claimed to be absolute, they could not increase taxes without consent, and it was a crisis in public finances that precipitated the Revolution by forcing Louis XVI to convene the Etats generaux in 1789. The nobility in France were exempt from taxation, but the English Parliament introduced a land tax in 1693 that was imposed on peers as well as commoners. Most tax revenue, however, was raised from excise duties on consumer goods like beer and imports like sugar and tobacco. These taxes were borne primarily by workers, who were not represented in Parliament. Parliament may have checked the Crown, but, in the absence of democracy, who checked Parliament?

In the event, the English state collected about twice as much per person as the French state and spent a larger fraction of the national income. It is arguable that these expenditures promoted economic growth. Most of the money was spent on the army and the navy. The former was occasionally directed abroad but was always available to maintain domestic order by suppressing assemblies opposed to machinery or in favour of democracy. The navy was directed to expand Britain's empire and promote the country's commerce. Even the workers gained from this since imperialism was the basis of the high-wage economy, which in turn led to growth by inducing labour-saving technical change. Had Louis XIV had the power to levy taxes, he might have advanced French prosperity by maintaining the French navy in a permanent state of readiness rather than enlarging or contracting it in response to the swing between war and peace.

Growth was also promoted by Parliament's power to take people's property against their wishes. This was not possible in France. Indeed, one could argue that France suffered because property was too secure: profitable irrigation projects were not undertaken in Provence because France had no counterpart to the private acts of the British Parliament that overrode property owners opposed to the enclosure of their land or the construction of canals or turnpikes across it. What the Glorious Revolution meant in practice was that the 'despotic power' of the state that 'was only available intermittently before 1688...was always available thereafter'.

In addition to a favourable political system, the Industrial Revolution was sustained by the emerging scientific culture. The Scientific Revolution of the 17th century led to a handful of discoveries about the natural world that were applied by inventors in the 18th. In addition, the success of natural philosophy lent credibility to the scientific method, that is, the view that the world is governed by laws that can be discovered by observation and applied to the improvement of human life. Newton's model of the Solar System was the greatest achievement, and it inspired a reorientation of upper-class ideas about religion and nature.

How much popular culture shared in this reorientation is an open question. There are important examples of working-class inventors adopting the Newtonian model. John Harrison, for instance, was lent a copy of Saunderson's lectures on natural philosophy, a Newtonian tract, by a clergyman, and made a copy of it. Did this early interest in Newton dispose Harrison to invent the chronometer? On the other hand, there was continued popular enthusiasm for witchcraft, which was the medieval alternative to science. It is likely that more people believed in witchcraft than in Newton's laws of motion. John Wesley's preaching was attracting millions of followers, and he was of the view that the 'giving up of witchcraft is, in effect, giving up the Bible'.



Popular culture was more directly transformed by social changes than by Newton's *Principia Mathematica*. The most powerful changes were urbanization and the growth of commerce. They encouraged the spread of literacy and numeracy by increasing their value. By the 18th century, most sons of craftsmen, artisans, shop keepers, and farmers, and a smaller share of the sons of labourers, received several years of primary education. Many girls were also schooled. The result was a public that read newspapers and followed politics to an unprecedented degree. It was a new world when a radical like Tom Paine could achieve celebrity by selling hundreds of thousands of copies of *The Rights of Man*.

## Explaining the Industrial Revolution

Scientific discoveries were known across Europe, and upper-class enthusiasm for natural philosophy was universal. These cultural developments, therefore, cannot explain why the Industrial

Revolution was British. Instead, the explanation lies in Britain's unique structure of wages and prices. Britain's high-wage, cheap-energy economy made it profitable for British firms to invent and use the breakthrough technologies of the Industrial Revolution.

In Chapters 1 and 2, we saw that wages in Britain were sufficiently high for most people to eat bread, beef, and beer, instead of subsisting on oatmeal. More to the point, so far as technology is concerned, British wages were high relative to the price of capital (Figure 7). In the late 1500s, the wage rate relative to the price of capital services was similar in southern England, France, and Austria, which are representative of continental Europe. By the middle of the 18th century, however, labour relative to capital was 60% more expensive in England than on the continent. In the early 19th century, which is the first time a comparison can be made with Asia, labour was even cheaper relative to capital in India than it was in France or Austria. The incentive to mechanize production was correspondingly less in India.



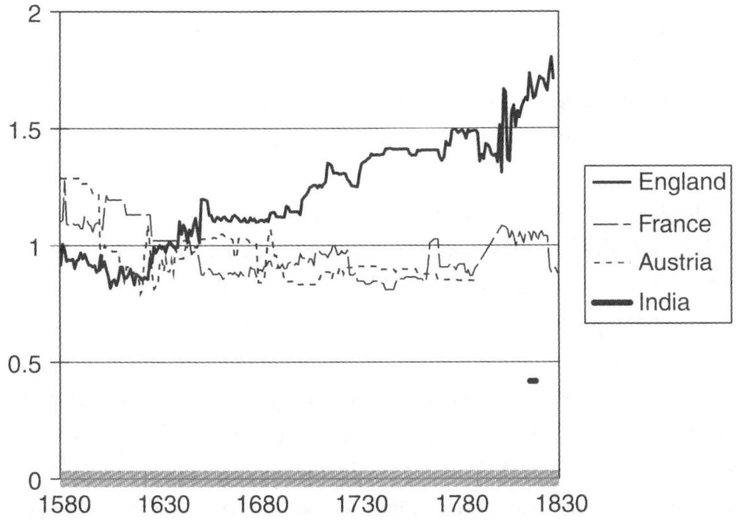


**7. Wage relative to price of capital services**

It was the same story with energy. Britain, especially on the coal fields in the north and in the midlands, had the cheapest energy in the world. Consequently, energy was much cheaper compared to labour in Britain than it was anywhere else.

As a result of these differences in wages and prices, businesses in England found it profitable to use technology that saved on expensive labour by increasing the use of cheap energy and capital. With more capital and energy at their disposal, British workers became more productive – the secret of economic growth. In Asia and Africa, the cheapness of labour led to the opposite result.

## The cotton industry



Eric Hobsbawm famously wrote: 'Whoever says Industrial Revolution says Cotton.' From tiny beginnings in the mid-18th century, the industry grew to be Britain's largest, accounting for 8% of GDP in 1830 and 16% of British manufacturing jobs. Cotton was the first industry to be transformed by factory production. The growth of cotton led to the explosive growth of Manchester and many smaller cities in the north of England and Scotland. Britain's expansion came at the expense of India, China, and the Middle East. When these countries eventually began to re-industrialize, cotton was one of the first industries they turned to.

In the 17th century, China and India had the world's largest cotton industries. Bengal, Madras, and Surat shipped cotton cloth across the Indian Ocean and as far as West Africa. Cotton was also produced in small centres across Asia and Africa. The various East Indies companies began to ship cotton calicoes and muslins to Europe in the late 17th century where they successfully competed against linen and wool, the principal European textiles. Cotton was so successful that France prohibited its import in 1686, and the English restricted its domestic consumption. However, there was a large export market in West Africa, where cotton cloth was bartered for slaves. In this market, English cloth competed against Indian cloth.

International competition was the spur that led to the mechanization of cotton spinning. The finer the cotton, the more time it took to spin. Wages were so high in England that competition with India was only possible in the coarsest fabrics. There was a large market in finer fabrics, but England could only compete if machines were invented to reduce labour. The stakes were considerable: in 1750, Bengal spun about 85 million pounds of cotton per year, while Britain managed only 3 million. There were numerous attempts to mechanize production. James Hargreaves' spinning jenny, developed in the mid-1760s, was the first commercially successful machine, followed closely by Richard Arkwright's water frame. Samuel Crompton's mule, invented in the 1770s, married the jenny and the water frame (hence its name) and became the basis of mechanical spinning for a century.

These machines owed nothing to scientific discoveries. None involved great conceptual leaps; instead, they required years of experimental engineering to come up with designs that worked reliably. Thomas Edison's remark that 'invention is 1% inspiration and 99% perspiration' is on the mark for the cotton industry.

The crux in explaining why the Industrial Revolution was invented in Britain is, therefore, explaining why British inventors spent so much time and money doing R&D (Research and Development, that is, Edison's 'perspiration') to operationalize what were often banal ideas. The key is that the machines they invented increased the use of capital to save labour. Consequently, they were profitable to use where labour was expensive and capital was cheap, that is, in England. Nowhere else were the machines profitable. That is why the Industrial Revolution was British.

Cotton yarn was manufactured in three stages. First, the bales of raw cotton were broken open and the dirt and debris removed.

Second, the cotton was carded, that is, the strands of cotton were aligned into a loose strand called a roving by dragging the cotton between cards studded with pins. Third, the roving was spun into yarn. Before machines, the whorl and drop spindle was used to make fine yarn, while the spinning wheel made coarse yarn. In each case, the roving was stretched to thin it, then twisted to strengthen it, and, finally, the yarn was wound on a spindle to send to weavers.

All of these stages were mechanized, and, indeed, Richard Arkwright's greatest achievement was to design a mill (Cromford Mill No.2) in which machines were laid out in a logical sequence, and which became the model for the early cotton mills in Britain, the USA, and the continent. Spinning was the crux of the problem, and inventors had worked on it since at least the 1730s. Lewis Paul and John Wyatt were on the right track in the 1740s and 1750s with their system of roller spinning, but their mill in Birmingham always lost money. James Hargreaves' spinning jenny, invented in the 1760s, was the first commercially successful spinning machine. It elaborated the spinning wheel by running many spindles off one wheel and using draw bars and linkages to mimic the movements of the spinner's hands. Arkwright employed clockmakers for five years in order to perfect his water frame that used rollers. With roller spinning, the roving was stretched by pulling it through successive pairs of rollers, which, like mangles, dragged the cotton forward. Each pair of rollers moved faster than the previous, so they lengthened and thinned the yarn by pulling against each other.

Crompton's mule was the last great spinning machine. It combined the draw bars of Hargreaves' jenny with the rollers of Arkwright's water frame to make a machine that could spin yarn far finer than any of the other machines. The jenny and the water frame made England competitive with Indian producers in coarse yarn; the mule made England the low-cost producer in fine yarn as well.

The economics of these machines were similar. All of them reduced the hours of labour needed to produce one pound of yarn. At the same time, they increased the capital required per pound. As a result, the cost saving from mechanical spinning was higher where labour was more expensive. In the 1780s, the rate of return to building an Arkwright mill was 40% in England, 9% in France, and less than 1% in India. With investors expecting a 15% return on fixed capital, it is no surprise that about 150 Arkwright mills were erected in Britain in the 1780s, 4 in France, and none in India. Relative profitability was similar with the spinning jenny, as was the result – 20,000 jennies were installed in England on the eve of the French Revolution, 900 in France, and none in India. There was no point in spending much time or money to invent mechanical spinning in France or India since it was not profitable to use it there.

The situation did not remain like this, which is why the Industrial Revolution spread to other countries. Arkwright's mills created an integrated series of machines that cut costs by more than Hargreaves' jenny. Crompton's mule cut the cost of spinning fine yarn. A long list of inventors improved the mule over the next half century. They economized on capital as well as on labour. By the 1820s, improved cotton machinery could be profitably installed on the continent, and by the 1850s, it proved profitable to install even more improved machinery in low-wage economies such as Mexico and India. By the 1870s, factory cotton production began to shift into the Third World.



## The steam engine

The steam engine was the most transformative technology of the Industrial Revolution since it allowed mechanical power to be used in a wide range of industries as well as in railways and ocean ships.

Steam power was a spin-off of the Scientific Revolution. Atmospheric pressure was one of the hot topics of 17th-century physics. It was investigated by famous scientists across Europe, including Galileo, Torricelli, von Guericke, Huygens, and Boyle. By the middle of the century, Huygens and von Guericke had shown that, if a vacuum was created in a cylinder, then the pressure of the atmosphere would force a piston into it. In 1675, the Frenchman Denis Papin used this idea to make a crude, proto steam engine. A practical engine was completed by Thomas Newcomen in 1712 in Dudley, after 12 years of experimentation. Newcomen's engine involved boiling water to make steam, filling a cylinder with it, and then injecting cold water into the cylinder to condense the steam so that the pressure of the atmosphere depressed a piston into the cylinder. The piston was connected to a rocker beam that raised a pump as the piston was depressed.



The steam engine emphasizes the importance of economic incentives in inducing invention. The science of the engine was pan-European, but the R&D was conducted in England because that was where it paid to use the steam engine. The purpose of the Newcomen engine was to drain mines, and Britain had many more mines than any other country due to the large coal industry. In addition, the early steam engines burned vast quantities of coal, so they were cost-effective only where energy was cheap. John Theophilus Desaguliers wrote in the 1730s that the Newcomen engines were 'now of general use … in the Coal-Works, where the Power of the Fire is made from the Refuse of the Coals, which would not otherwise be sold'. They were scarcely used anywhere else. Despite the scientific breakthroughs, the steam engine would not have been developed had the British coal industry not existed.

Steam power became a technology that could be applied to many purposes and used around the world, but only after the engine was improved. This was not accomplished before the 1840s. Engineers like John Smeaton, James Watt, Richard Trevithick, and Arthur Woolf studied and modified the engine, reducing its energy requirements and smoothing its delivery of power. Coal consumption per horse power-hour of power was cut from 44 pounds in the Newcomen engines of the 1730s to one pound in the triple expansion marine engines of the late 19th century. The genius of British engineering undid the country's competitive advantage by improving its technology to the point that it could be profitably used around the globe. This allowed the Industrial Revolution to spread abroad and the whole world to industrialize.

## Continuing invention

The greatest achievement of the Industrial Revolution was that the 18th-century inventions were not one-offs like the achievements of earlier centuries. Instead, the 18th-century inventions kicked off a continuing stream of innovations.

Cotton continued to be a focus of effort. While the 18th-century inventions had turned spinning into a factory system, weaving was still done on hand looms in cottages. This was changed by the Reverend Edmund Cartwright, who spent decades and wasted his fortune perfecting a power loom. He was inspired by automatons like Jacques de Vaucanson's mechanical duck that wowed the court in Versailles by flapping, eating, and defecating! (Voltaire quipped: 'Without Vaucanson's duck, you have nothing to remind you of the glory of France.') If a mechanism could poop like that, couldn't it also do useful work? Cartwright thought so and patented his first loom in 1785 and an improved version in 1792. It was not commercially viable, however. Many inventors improved it piecemeal. By the 1820s, the power loom was displacing hand looms in England, but they continued in use until the 1850s. The power loom greatly increased capital costs while reducing labour costs, so its adoption was sensitive to factor prices as well as the relative efficiency of the two methods. It is singularly important that the power loom was taken up more rapidly in the USA than it was in Britain. By the 1820s, wages were already higher in the USA, and the pattern of technological innovation reflected that difference.

Cotton also led the way in the application of steam power to factories. Experiments had been made earlier, of course. In 1784, Boulton and Watt invested in the Albion Flour Mill, the first large-scale steam-powered factory, to promote their engines. The next year, steam was applied to a cotton mill for the first time. However, most factories were driven by water power until the 1840s. It was only then that the fuel consumption of steam engines had dropped sufficiently to make them a cheaper source of power. After that, the use of steam to power industry expanded continuously.



Steam power also revolutionized transportation in the 19th century. Everyone who invented a high-pressure steam engine (Cugnot, Trevithick, Evans) used it to power a land vehicle, but they were all unsuccessful since they could not negotiate the unpaved roads. One solution was to put the engine on rails. Coal and ore had long been hauled in carts rolling on primitive wooden rails laid in mines. In the 18th century, iron rails replaced wood, and the lines were extended. In 1804, Richard Trevithick built the first steam locomotive for a railway at the Penydarren Ironworks in Wales. From then on, colliery railways became the testing ground for steam locomotives. The 26-mile Stockton and Darlington Railway (1825) was planned as a coal railway but showed there was money to be made in carrying general freight and passengers. The first general-purpose railway was the 35-mile Liverpool and Manchester Line, opened in 1830. It was a great success and set off a frenzy of railway promotion in Britain. Almost 10,000 kilometres of track were open by 1850, and 30 years later, the network reached 25,000 kilometres.

Steam power was also applied to water travel – another way of avoiding bad roads! Invention was international from the start. The first working vessels were French – the *Palmip de* (1774) and *Pyroscaphe* (1783) – and the first commercially successful ship was Robert Fulton's *Clermont,* which plied the Hudson River from

1807. Two years later, John Molson, the Canadian brewer, sailed steamships on the St Lawrence River using engines built in Trois-Riviere, Quebec.

By the middle of the 19th century, steam was displacing sail in ocean transportation. Britain became the centre of world shipbuilding in view of its pre-eminence in iron and engineering. Brunel's *Great Western* (1838) marked a breakthrough, for it established that a ship could carry enough coal to cross the Atlantic, and his *Great Britain* (1843) was the first ship to be built of iron and to use a propeller instead of paddle wheels. It took another half century, however, for steam to vanquish sail. The reason was that ships still had to carry their own coal, so they lost much of their cargo space on long voyages. The first routes to shift to steam were consequently short. As the coal requirements of steam engines were reduced, ships could sail longer distances with the same amount of coal, and the distance for which steam could undercut sail lengthened. The last routes to fall were those from China to Britain where clipper ships survived until the end of the 19th century.

Steam power is an example of a general-purpose technology (GPT), that is a technology that can be applied to a variety of uses. Other GPTs include electricity and computers. It takes decades to develop the potential of GPTs, so their contribution to economic growth takes place long after their invention. That was certainly true for steam. As late as 1800, almost a century after Newcomen's invention, steam power made only a minute contribution to the British economy. By the middle of the 19th century, however, the potential of steam was finally being realized as it was applied widely to transportation and industry. Half of the growth of labour productivity in Britain in the mid-19th century was due to steam. This long-run pay-off is an important reason that economic growth continued through the century. Another reason was the growing application of science to industry, which we will consider in the next chapter.

# Chapter 4
# The ascent of the rich

Between 1815 and 1870, the Industrial Revolution spread from Britain to the continent with remarkable success. Not only did the West European countries catch up to the leader, but they joined the leader in forming a group of innovators that has jointly advanced the world's technology frontier ever since. Of course, North America also industrialized in the 19th century and soon joined the innovation club. The USA, indeed, has become the world's technological leader, but its performance should be thought of as 'first among equals' – the latter including the West Europeans and the British.

Whether Western Europe's success is a surprise depends on one's view of the Industrial Revolution. Some historians think that the Revolution was as likely to have happened in France or Germany as in Britain and that the big problem, therefore, is explaining why it occurred in Europe rather than Asia. For them, it is obvious that the continent would quickly industrialize. Other historians, however, think that there were fundamental differences in institutions or incentives between Britain and the continent, in which case, the industrialization of Western Europe requires an explanation.

Institutionalists believe that continental development in the 18th century was held back by archaic institutions. These were swept away by the French Revolution, which was exported to most of Europe by the armies of the Republic and Napoleon. Everywhere the French conquered, they remodelled Europe in their new image, which included the abolition of serfdom, equality before the law, a new legal regime (the *Code Napoleon*), the expropriation of monastic property, the creation of national markets by the abolition of internal tariffs and erection of a common external tariff, a rationalized tax system, universal secular primary education and the extension of modern secondary schools, technical institutes and universities, the promotion of scientific societies and culture. Countries like Prussia that were defeated by Napoleon but not incorporated into his empire also modernized their institutions. Napoleon's wars prevented these reforms from having immediate effect, but, after Waterloo, Europe was ripe for industrial take-off.

Another line of explanation emphasizes the incentives to adopt the new industrial technology. First, Britain's early start meant that British manufacturers could out-compete those on the continent, and, second, the technology of the Industrial Revolution was inappropriate for continental countries where wages were lower and energy prices generally higher than in Britain. Continental industrialization required the invention of appropriate technology and protection from British competition while that took place.



While Britain did not have a policy to 'industrialize', most countries since have had a strategy to emulate its success. In the 19th century, a package of development policies emerged that many countries followed. These policies were originally worked out in the USA (see Chapter 6) and then promoted in Europe by Friedrich List, a German who lived in the USA from 1825 to 1832 and then returned to Germany to write *The National System of Political Economy* (1841). The standard development strategy, which built on Napoleon's institutional revolution, had four imperatives: create a large national market by abolishing internal tariffs and improving transportation; erect an external tariff to protect 'infant industries' from British competition; create banks to stabilize the currency and provide business with capital; and, finally, establish mass education to speed the adoption and invention of technology. This development strategy helped continental Europe to catch up to Britain.

Germany is a good example. In the Middle Ages, it was divided into hundreds of independent political units. The number was whittled down to 38 at the Congress of Vienna in 1815. Prussia, which was the largest German state, instituted universal primary education in the 18th century. Other states followed. By the middle of the 19th century, primary education was close to universal across Germany.



Prussia also took the lead in creating a national market by forming the *Zollverein* (customs union) in 1818 to unify its territory. Other German states gradually joined. The *Zollverein* both abolished internal traffics and created a common external tariff to keep out British manufactures. The economic union formed the basis of the German Empire created in 1871.

The integration of markets was reinforced by building railways. The first German railway (6 kilometres long) was built from Nuremberg to Furth in 1835, just five years after the Liverpool to Manchester Railway. Mainline railways were laid out in the 1850s and branch lines in the next decades. About 63,000 kilometres were open in 1913.

Investment banks, which played no role in British industrialization, were prominent on the continent. The earliest experiment was the *Societe Generale pour favoriser l'Industrie Nationale des Pays-Bas* founded in 1822 to promote industrial development in the Low Countries. German private banks began to do the same thing. The *Credit Mobilier*, established in France in 1852 to finance railways and industry, was a giant step forward.

The following year, it spun off the Bank of Darmstadt, which popularized the joint-stock investment bank in Germany. By 1872, all of the giant German banks (Commerzbank, Dresdner, Deutsche, etc.) were founded. They had many branches to assemble the capital of many depositors. They formed lasting relationships with industrial clients, providing them with long-term funds as current account overdrafts at low rates of interest. Often these loans were secured with mortgages on industrial property, and bank representatives served as directors of the industrial firms. These banks financed the great expansion of German industry between 1880 and the First World War.

Between 1815 and 1870, all of the major industries of the Industrial Revolution were established on the continent on a profitable basis. Spinning jennies and early Arkwright mills had not been profitable in France before the Revolution, but subsequent technical progress cut the cost of producing coarse yarn by 42% by the mid-1830s. These cost declines made the new-style mills profitable to erect. By 1840, France was spinning 54,000 tons of cotton per year, compared to Britain's 192,000. Production had begun in Germany (11,000 tons) and Belgium (7,000). It is worth noting that the USA at this time was already processing 47,000 tons of raw cotton.

A modern iron industry was also established on the continent by 1870. Charcoal was the fuel used to smelt and purify iron before the 18th century. Charcoal was replaced by coke, a refined form of coal, in one of the most famous innovations of the Industrial Revolution. This technique was put into practice by Abraham Darby at the Coalbrookdale Iron Company in 1709. Coke iron, however, was not cost-effective in the manufacture of rolled iron products (bars, plates, rails) until after 1750, so its early use was limited to a specialized casting process patented by Darby. Between 1750 and 1790, coke iron replaced charcoal iron in making rolled products. Coke iron was still too expensive to oust charcoal smelting on the continent, however, for countries like

France were endowed with extensive forests providing cheap charcoal and suffered from scarce and expensive coal. It took a further 50 years of improvement in blast furnace design to raise the productivity of coke furnaces sufficiently for them to out-compete charcoal in continental Europe. That transition occurred rapidly in the 1860s as French and German firms built blast furnaces of the most advanced design. They leapt, in other words, to the cutting edge of iron technology since that was the only form of the technology that was competitive there.

Likewise, the continent did not lag behind Britain in the new industries of the mid-19th century. Western Europe built railways, and Europe's locomotives were as advanced as Britain's. The same was true of steel. Before 1850, steel was an expensive – and minor – product of the iron industry, which mainly produced plates and rails from wrought iron refined from pig iron in the puddling furnace. The technical problem in steel production was to melt pure pig iron, so that the addition of other elements including carbon could be precisely controlled. A temperature in excess of 1500° C was required. The first solution was the converter, invented independently around 1850 by Henry Bessemer and William Kelly. An alternative solution was pioneered by Sir Carl Wilhelm Siemens, who built a regenerative furnace in the 1850s that could reach very high temperatures. In 1865, Pierre-Emile Martin used the Siemens furnace to melt pig iron to make steel. The so-called open hearth furnace proved superior to the Bessemer converter in the production of plates, sheets, and structural shapes, and became the dominant technology until it was superseded by the basic oxygen process in the 1960s. The important point is that the four inventors of mass-produced steel were an Englishman, an American, a German living in England, and a Frenchman. There was no international lag there.

While Western Europe had overcome its most glaring technological deficiencies by 1870, production levels on the continent were still far behind those of Britain. This changed by the First World War, however, as both Western Europe and the USA overtook Britain in manufacturing. In 1880, Britain produced 23% of the world's manufactures, while France, Germany, and Belgium together produced only 18%. By 1913, the three continental countries had out-paced Britain as their share rose to 23% and Britain's share dropped to 14%. At the same time, the North American share grew from 15% to 33% of world manufacturing. Britain did best in the cotton textile industry, processing 869,000 tons of raw cotton per year in 1905–13, against the USA which reached 1,110,000 tons, Germany 435,000, and France 231,000. British performance was far weaker in heavy industry. In 1850–4, Britain smelted 3 million tons of pig iron versus 245,000 in Germany and about 500,000 in the USA. By 1910–13, Britain was producing 10 million tons, while Germany smelted 15 million, and the USA 24 million.

The changes in manufacturing production had important political implications. In the middle of the 19th century, Britain was the 'workshop of the world', producing most of the world's exported manufactures. The USA and Germany, in particular, increased their production of manufactures by increasing their exports, and the changes in trade performance were widely discussed. Britain continued to hold its own in selling to its empire, and the value of empire demonstrated in that way led to a scramble for colonies among the industrial economies. Germany's overtaking of Britain in steel production had implications for armaments manufacture. The Anglo-German trade rivalry stoked international tensions in the approach to the First World War.



Not only did continental Europe and North America overtake Britain in industrial output between 1870 and 1913, but they manifestly joined it in technological competence. The USA, indeed, surpassed Britain, becoming the world's technological leader. In most industries, however, important discoveries were made in all of the leading industrial economies. From the global perspective, what is striking is the difference between the rich countries, who, as a group, pushed technology forward, and the rest of the world, which seemingly made no innovations at all.

An important feature of the late 19th century was the development of entirely new industries – automobiles, petroleum, electricity, chemicals. All of the rich countries were involved in creating these industries. The first vehicle powered by a gasoline engine was built by Siegfried Marcus, an Austrian, in 1870. He also invented a magneto ignition system and rotating brush carburettor that have become standards. Karl Benz built the first practical automobile in 1885, closely followed by Gottlieb Daimler and Wilhelm Maybach. They were Germans. William Lanchester built the first British auto in 1895 and invented the disc brake and electric starter. The first company organized expressly to manufacture autos was Panhard et Levassor in France in 1889. They also invented the four-cylinder engine. Renault introduced drum brakes in 1902. In 1903, Jacobus Spijker of the Netherlands built the first four-wheel-drive racing vehicle. Automobiles required a range of innovations covering engines, starting systems, brakes, transmissions, suspensions, electrics, and so forth. The modern auto is the result of inventions made by people in all of the leading industrial countries. By 1900, all of the industrial countries had firms manufacturing autos. Innovation was a collective activity among them.



Another feature of the new industries was that many were related to developments in the natural sciences. Countries with strong university programmes in these areas reaped economic benefits. Germany is the pre-eminent example before the 1930s. Its physicists and chemists won many Nobel Prizes. Key technical personnel in industry were trained in universities, and their academic staff made important discoveries that improved industrial processes and led to new products. Fritz Haber's discovery of the process to convert atmospheric nitrogen to ammonia, made when he was at the University of Karlsruhe and for which he received a Nobel Prize, is one of the most famous, but far from unique.

Hitler, the Second World War, and post-war division derailed German science. The lead in university research passed to the USA, which had been developing a very large higher education sector. University research in the USA floated on a sea of government money. This was directed towards the military during the Cold War, but many of the projects brought benefits to the economy as a whole. Funding was also directed towards medicine, space exploration, and even the humanities and social sciences. This funding underpinned America's global leadership.

## The macro-economic character of technological progress



Most R&D has been carried out in today's rich countries. They have developed technologies that they anticipated would be profitable. Therefore, the new products and processes that they pioneered were addressed to their needs and suited to their circumstances; in particular, the high wages of rich countries induced them to invent products that economized on labour by increasing the use of capital. This led to an ascending spiral of progress: high wages induced more capital-intensive production that, in turn, led to higher wages. This spiral underlies the rising incomes of rich countries.

A consequence of Western Europe and the USA doing all of the world's R&D is that there is a world 'production function' that defines the technological options of all countries. A 'production function' is the mathematical relationship that indicates how much GDP a country can produce with its labour and capital. Figure 8 shows the world production function by plotting GDP per worker against capital per worker for 57 countries in 1965 and 1990. The points bracket the function. It has the feature that more capital per worker translates into more output per worker. Moreover, the

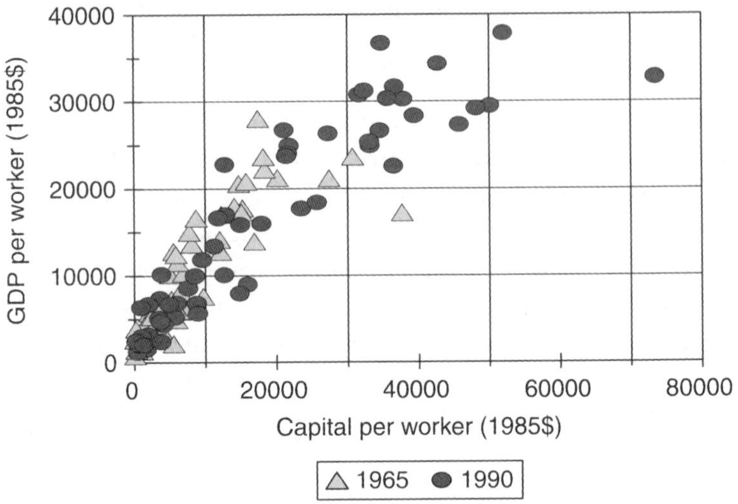


**8. World production function**



relationship flattens out at high levels of capital per worker because of the law of diminishing returns: more and more capital yields less and less additional output. Finally, different icons are used for the 1965 and the 1990 data. A country with $10,000 of capital per worker produced no more output in 1990 than it did in 1965. It experienced no technical progress, in other words. The change in the world's technology consisted in getting more output per worker by pushing capital per worker to levels higher than those reached before. The beneficiaries of these improvements were the rich countries operating with highly capital-intensive technologies in 1965. These were also the countries that invented the new technologies of 1990. These improvements did not automatically trickle down to poorer countries.

For some of these countries, we can measure output per worker and capital per worker back to the Industrial Revolution. With these data, we can compare what has happened *over time* to what happens *across space*. For instance, the line in Figure 9 labelled 'USA' connects the points representing capital per worker and output per worker for the USA from 1820 to 1990. The trajectory of the USA's development follows the same pattern as rich and poor countries in 1965 and 1990. It is the same story for all other rich countries: growth over time looks like differences across space today. Figure 10 shows this for Italy, and Figure 11 for Germany. There are some idiosyncrasies in these histories – the USA, as befits the world's technological leader, has usually got a bit more output from its capital and labour than other countries, while Germany, perhaps because of the importance of investment banks, has accumulated more capital per worker – but the fundamental dynamics are the same. The correspondence between growth over time and differences across space is a direct consequence of the fact that the technological possibilities in the world today were created by the rich countries as they developed.

The reason that poor countries are poor is because they use technology that was developed by rich countries in the past. The most successful industry of many developing countries is the manufacture of clothing. The key technology is the sewing machine. The treadle sewing machine was first produced commercially in the 1850s, and the electric sewing machine was



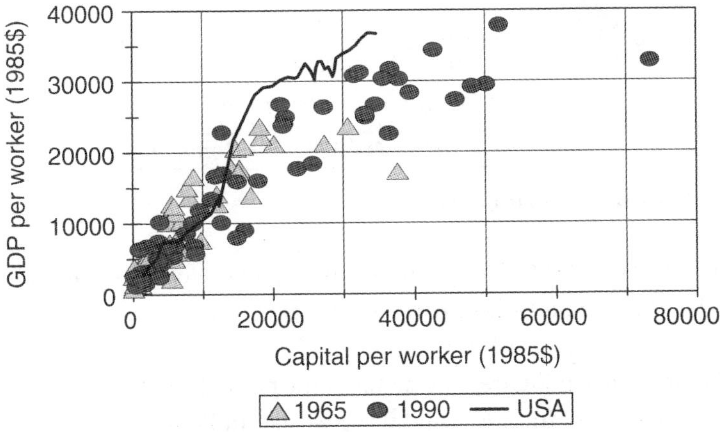


**9. US growth trajectory**

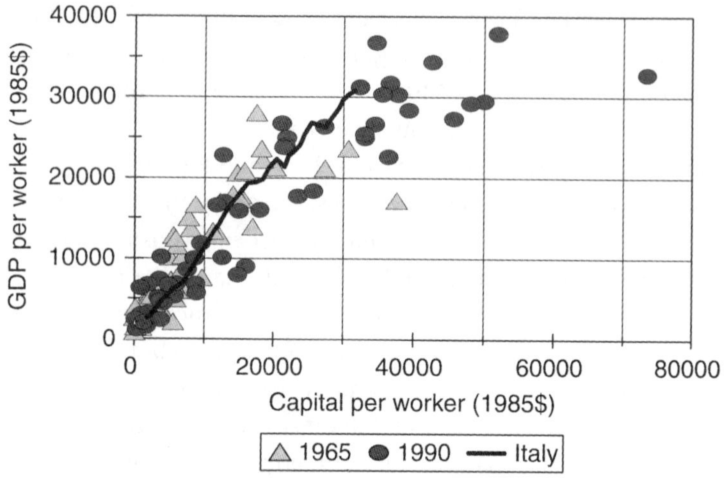


**10. Italian growth trajectory**

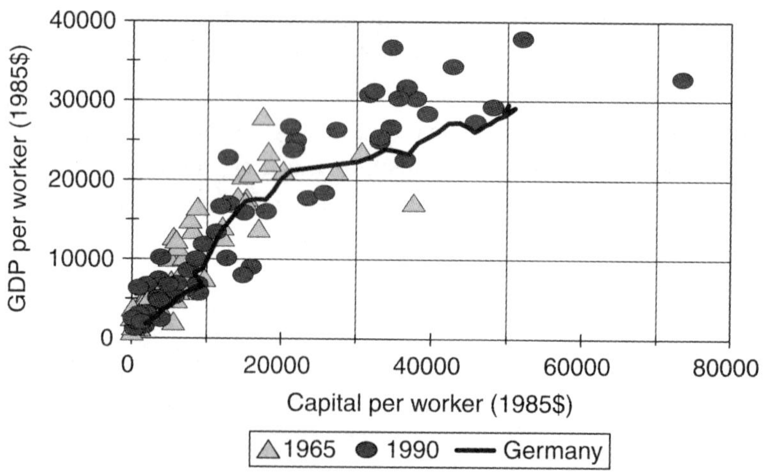


**11. German growth trajectory**

introduced in 1889. Export success in most developing countries today is based on 19th-century technology.

The statistics in Figure 8 make the same point. Why is Peru relatively poor? In 1990, capital per worker in Peru was $8,796 and output per worker was $6,847. These figures are almost identical to Germany's in 1913: $8,769 and $6,425, respectively. Less capital today throws you further back in time. In 1990, for instance, Zimbabwe had $3,823 of capital per worker, and each worker produced $2,537 per year. Not bad for 1820. Malawi had $428 of capital, and GDP per worker was $1,217 – about the same as India early in the 19th century, and considerably below the levels realized in the UK, USA, and Western Europe at the same time. Even in 1990, capital per worker in India had increased only to $1,946 and output per worker had reached $3,235 – putting India on a par with Britain in 1820.

The obvious question is why Peru, Zimbabwe, Malawi, and India do not adopt the technology of the Western countries and become rich themselves. The answer is that it would not pay. Western technology in the 21st century uses vast amounts of capital per worker. It only pays to substitute that much capital for labour when wages are high relative to capital costs. This is shown in all Figures by the flattening out of the relationship between output per worker and capital per worker. When capital per worker is high, it takes a lot more capital per worker to increase output per worker by $1,000 than is required when capital per worker is low. Labour has to be very expensive to make it worthwhile to build all that extra capital. The Western countries have experienced a development trajectory in which higher wages led to the invention of labour-saving technology, whose use drove up labour productivity and wages with it. The cycle repeats. Today's poor countries missed the elevator. They have low wages and high capital costs, so they make do with archaic technology and low incomes.

Industrial history provides examples of these principles. In the last chapter, we discussed the invention of the power loom and the way it was brought into use in the USA – a very high-wage country – and then in Britain, once it was perfected. The power loom was never cost-effective in low-wage countries, where people continued to weave with hand looms. Their situation became even more difficult later in the 19th century when the USA became the economic leader with the highest wage economy. American technology reflected that circumstance. In the 1890s, an English immigrant named James Henry Northrop made a series of inventions that resulted in a fully automatic loom. It greatly increased labour productivity but required substantial investment. These looms were profitable to install in America where wages were very high, but they were too expensive to use in Britain – even though Britain was a high-wage economy by world standards. The Northrop loom was even less appropriate in poor countries. The process of technical change, in which inventors in the leading economies sought to save high-wage labour, resulted in machinery that further increased the competitive advantage of rich countries without conferring any advantage on the poor countries of the world.

# Chapter 5
# The great empires

To the east of Europe were empires. The Ottoman Turks conquered Constantinople in 1453, and their rule extended from the Balkans, to the Middle East and North Africa. The writ of the Russian Tsar ran from Poland to Vladivostok. The Persian Empire, under different dynasties, lasted for thousands of years. Much of India was governed by the Mughal emperors in the 17th and 18th centuries. Japan had an emperor from the 3rd century CE onwards, and parts of South Asia such as Cambodia and Thailand had advanced states from an early date. China was the greatest empire of all and had existed for thousands of years.

Europeans have been aware of the riches of Asia for millennia, and that was one reason they tried to sail there. Marco Polo's account of his 13th-century journey to China was popular, and Columbus annotated his personal copy. Jean-Baptiste Du Halde's *Description de la Chine* (1736), based on Jesuit missionary accounts, painted a glowing picture of Chinese civilization. It was widely read and debated.

Not everyone accepted that the East was prosperous, however. Leading the doubters were the classical economists Adam Smith, Robert Malthus, and Karl Marx. They agreed that Europe was richer and had better prospects for growth. Each explained China's hypothesized backwardness with his own pet theory – for

Smith, the problem was the state prohibition on foreign trade and a suspected insecurity of private property; for Malthus, it was universal marriage that resulted in high fertility and consequently low incomes; for Marx, it was a pre-capitalist social structure that failed to sustain individual initiative.

These views became widely accepted, but have been challenged in recent years by the California School of economic history – so called because its proponents are professors at California universities. According to the California School, China's legal system was comparable to Europe's and property was secure, the Chinese family system kept the fertility rate low so that the population grew no more rapidly in China than in Europe, markets for commodities and for land, labour, and capital were as evolved as those in Europe. As a result, productivity and living standards were similar at both ends of Eurasia. The reason that the Industrial Revolution happened in Europe does not, therefore, lie in institutional or cultural differences but rather in the continent's accessible coal reserves and gains from globalization.



This re-interpretation has been widely debated for both China and for other empires. Most doubtful is the suggestion that the advanced parts of China like the Yangzi Delta had incomes as high as those of England and the Netherlands (Figure 3). On the other hand, the positive assessment of Chinese markets and institutions gains credence since reassessments of other empires (such as that of Rome) have come to similar conclusions, and the California School is right that the Industrial Revolution happened in Britain because of coal and commerce. What is notable about Asian history is the absence of such triggers.

## Globalization and de-industrialization

Few of the great empires had a good 19th century. India formally became a British colony after the Mutiny of 1857. The Chinese, Ottoman, and Russian emperors were overthrown by the 1920s.

The great empires started the 19th century with the largest manufacturing industries in the world and ended the century with these industries destroyed and without modern factory industries to replace them. The only – and partial – exceptions were Russia and Japan.

Three factors drove economic success and failure between Waterloo and the Second World War – technology, globalization, and state policy.

The Industrial Revolution in the West drove Asian manufacturers out of business for two reasons. First, manufacturing became more productive in Europe, cutting costs there. Industrial technology, however, was not cost-effective in other parts of the world where wages were lower. There was no point, for instance, in the Indians trying to compete against English textiles by using spinning machines since they increased the capital costs of spinning *in India* more than they lowered the labour costs. Asian producers either had to hope that the British would improve spinning machines sufficiently to make them cost-effective in Asia (which eventually did happen) or redesign the machines to adapt them to their own circumstances (which is what Japan did).



Second, steamships and railways made international competition more intense. As transportation costs fell, the world economy became more and more tightly integrated, and Western firms using power-driven machinery were able to out-compete producers using handicraft methods from Casablanca to Canton – despite the great difference in wages. As manufacturing disappeared in Asia and the Middle East, their labour forces were redeployed into agriculture, and these continents became exporters of wheat, cotton, rice, and other primary products. They became, in other words, modern underdeveloped countries.

These developments were not due to a conspiracy among the rich nor simply to colonialism (although it played a role). They were the result of one of the fundamental principles of economics – comparative advantage. According to this theory, countries that trade with each other specialize in the production of commodities that they can produce relatively efficiently. They export those goods and import the ones that they produce relatively inefficiently. Suppose India, for instance, were cut off from the rest of the world. The only way to increase its consumption of cotton cloth would be by reducing employment in farming and shifting the workers to spinning and weaving. The efficiency of labour in these activities would determine how much wheat had to be given up to get another metre of cloth. If it became possible to trade internationally, and if the price of cloth relative to wheat in the world market was less than the ratio implied by domestic production techniques, then Indians would have found it advantageous to export wheat and import cloth rather than producing the cloth themselves. They would, in other words, have become farmers rather than manufacturers. This reconfiguration brought short-run prosperity at the cost of long-run development.



Before Vasco da Gama reached Calicut, market connections between Europe and Asia were tenuous. Each continent was effectively 'cut off from the rest of the world'. This isolation evaporated with the development of the square-rigged sailing ship, global navigation, the steamship, the Suez Canal, the railway, the telegraph, the Panama Canal, the automobile, the aeroplane, the container ship, the telephone, the motorway, the Internet. All of these have reduced the costs of international transactions, integrated markets, and brought countries into more intense competition with each other. The principle of comparative advantage has come more powerfully into play, and the differences in the relative efficiency of production have become of greater and greater moment in determining the wealth of nations. The result has been the 'underdevelopment' of the Third World.

Government policy was the third factor affecting economic performance after Waterloo. The USA and Western Europe met the challenge of cheap British imports with the standard development strategy of internal improvements, external tariffs, investment banks, and universal education. Colonies were not in a position to entertain such a strategy since their economic policies were subordinated to the interests of the colonial power. Independent states had the option of pursuing national development, although not all of them made the effort or succeeded in it.

## Cotton textiles

We can see these themes in action in the history of cotton textile production in India and Britain. The productivity of cotton production in Britain rose during the Industrial Revolution as machinery was perfected. An increase in British manufacturing productivity that was not matched by an equal increase in India was bound to increase the competitiveness of English cotton manufacturers while reducing the competitiveness of Indian manufacturers, according to the principle of comparative advantage. Conversely, India's comparative advantage in the production of agricultural goods should have increased, while England's declined. Comparative advantage implies that the unbalanced productivity growth of the Industrial Revolution should have furthered industrial development in England, while de-industrializing India. And that is what happened.



The shift of comparative advantage occurred in an age of falling transport costs, which intensified the ramifications. Transport costs declined as the efficiency of ships improved and because of increased competition on the sea routes from Europe to India. In the 18th century, this trade was dominated by the English and Dutch East Indies companies. While their appearance in the early 17th century had shattered Portuguese control of the pepper trade and led to a fall in its price in Europe, the British Navigation Acts kept the Dutch out of the English market and checked further competition. The Fourth Anglo-Dutch War (1780–4) was the final blow: the Dutch company was so weakened that its charter was allowed to expire in 1800. Finally, the English company lost its trading monopoly in 1813. The resulting increase in competition led to falling transport costs between India and Europe.

The effect of unbalanced productivity growth and declining shipping costs shows up in the histories of cotton prices in England and India. In 1812, a group of English cotton manufacturers met to oppose the extension of the East India Company's trade monopoly. They prepared a memorandum that showed 40-count yarn cost 43 pence per pound to spin in India but only 30 pence in England. The conclusion was that India was a great potential market for British products if only competition were allowed. They were right. It is remarkable, however, that they could not have made this argument even ten years earlier, since at that time British 40-count yarn cost 60 pence per pound. The technology of 1802 was not sufficiently productive to undercut India. The machines of 1812 could do that. The machines continued to be improved, and by 1826, the price of 40-count yarn had dropped to 16 pence. At that price, not even the poorest woman in India found it worthwhile to spin, and Indian production of cotton yarn evaporated until mechanized factories were set up in the 1870s.



The story was repeated with weaving, but the results were not quite as catastrophic for India. Technological progress drove down the price of English calico, as discussed in Chapter 4. From the mid-1780s, English cloth was always cheaper in England than Indian cloth. Their prices could not drift too far apart, however, since buyers regarded them as good substitutes for each other. Hence, the drop in the English price after 1790 dragged the Indian price down with it (Figure 12).

There is a gap in our Indian price series between 1805 and 1818, but in that interval, two momentous changes occurred. First, the difference between prices in India and England became very

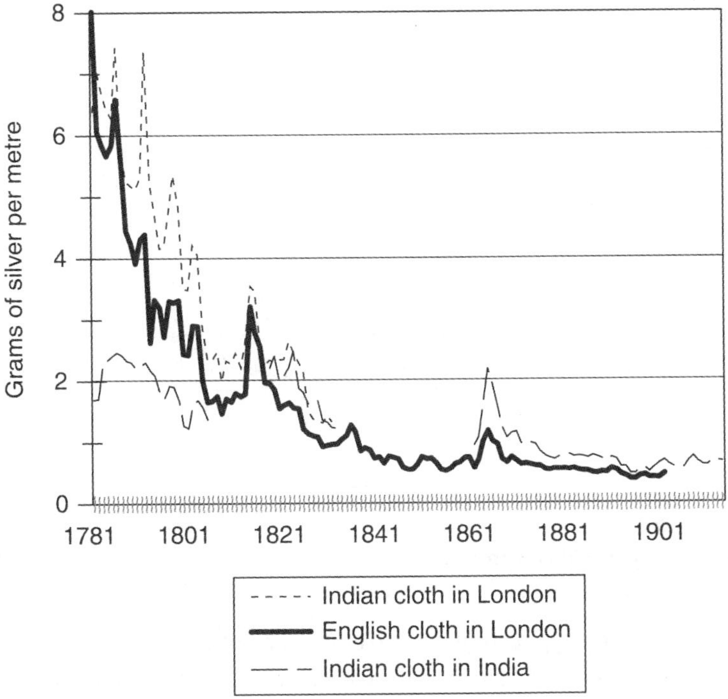


**12. Real price of cotton**

small. The markets were integrated, so that developments in one affected the other. Second, English prices fell below Indian prices. Cloth exports from India to England dried up since there was no longer money to be made in that direction. Instead, England exported to India.

The impact on India was large. The country shifted from being a major exporter to a major importer. The spinning industry was wholly destroyed, and India imported all its cotton yarn. Weaving output also declined, although hand-loom weaving survived on a smaller and less remunerative scale. In Bihar, the share of the work force in manufacturing dropped from 22% around 1810 to 9% in 1901. This was de-industrialization big time!

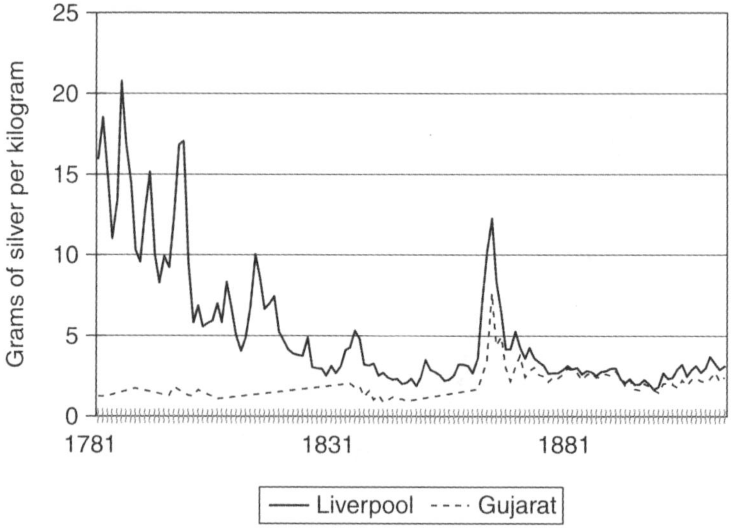


**13. Real price of raw cotton**



Every country has a comparative advantage in something. As India lost its advantage in manufacturing, it gained an advantage in agriculture – raw cotton, in particular. Figure 13 shows the real price of raw cotton in Gujarat and in Liverpool from 1781 to 1913. In the 18th century, cotton was much cheaper in India. Cotton prices fell in Britain, as cotton cultivation in the southern USA expanded. By the 1830s, the English and Indian markets were integrated. While integration in the yarn and cloth markets resulted in declining prices that forced Indian manufacturers out of business, the reverse was true in agriculture. The price of raw cotton rose gradually, leading to an expansion of cultivation and exports of raw cotton to supply the British textile industry.

In a sharp exchange before the British Parliament's Select Committee on East India Produce in 1840, Mr John Brocklehurst, MP for Macclesfield, put it to the witness Robert Montgomery Martin that 'the destruction of weaving in India had already taken place', so that 'India is an agricultural rather than a manufacturing country, and that the parties formerly employed in manufactures are now absorbed in agriculture'. Martin, who was a critic of the British Empire, replied:

> I do not agree that India is an agricultural country; India is as much a manufacturing country as an agricultural, and he who would seek to reduce her to the position of an agricultural country seeks to lower her in the scale of civilization ... her manufactures of various descriptions have existed for ages, and have never been able to be competed with by any nation wherever fair play has been given to them.

However laudable were Martin's sentiments, the market forces were on Brocklehurst's side, and British industry out-competed Indian manufacturing.

The story of Indian textiles was the story of much of the Third World in the 19th century. Biased technical change in combination with globalization promoted the industrialization of Western countries while simultaneously de-industrializing the ancient manufacturing economies of Asia. Even when nations were independent – the Ottoman Empire is an example – technical change and falling transport costs turned them into modern underdeveloped countries. In the mid-20th century, the problem of Asian economic development was conceived as a problem of modernizing 'traditional societies'. In fact, their circumstances were anything but traditional. Underdevelopment was the product of 19th-century globalization and Western industrial development.



## Modern industry in India

Was India destined to remain a less developed country that exported primary products and imported manufactures? Or would the elimination of handicraft production be followed by industrial development as modern factories were built to take advantage of India's low-wage labour force? Indian history is an especially important experiment in answering these questions, for India had the benefit of British rule, British law, and British free trade. Did they help it or hurt it?

India did experience some industrial development. The notable successes were the jute and cotton industries. Both took advantage of cheap Indian labour. British investors financed the growth of jute mills in Bengal, and by the First World War, the industry was the largest in the world, and its exports had driven British competitors out of most markets. The cotton industry flourished in Bombay, and by 1913, it was processing 360,000 tons of raw cotton per year – more than France but less than Germany. These successes had only a negligible impact on the national economy, however. Employment in cotton and jute mills amounted to half a million people in 1911, or well under 1% of the labour force. The economy remained overwhelmingly agricultural.



Industrial development required moving the economy away from the pattern dictated by comparative advantage. The nationalist view is that India needed the standard development policies that helped Western Europe and the USA catch up to Britain – that is, tariffs, investment banks, internal improvements, and universal schools.

What is most striking about colonial rule is how little this programme was pursued. In the 19th century, only 1% of the Indian population was in school, and the literacy rate of the adult population was 6%. Tariffs were low and only for revenue purposes. There was no banking policy to finance industry.

The initiatives undertaken by the Indian government highlight the limitations of its policy. Regions like the Punjab were irrigated to increase agricultural exports. Railways were promoted after the Mutiny in 1857 to move troops around the country and to connect interior agricultural districts to the coast to facilitate exporting primary products. In the event, 61,000 kilometres of track were laid before the First World War, giving India one of the largest rail networks in the world. The railways did create a national market, since goods could be shipped across India at low cost.

Building India's railways must, however, be regarded as a missed opportunity. Railways were huge projects that required modern inputs like steel rails and locomotives. Most countries ensured that railroad building would enlarge or even create these industries by using tariffs and procurement requirements to channel the orders to local firms. Instead, the colonial government made sure that the orders went to British firms. Exports of British engineering goods to India surged. There was, however, no spin-off to India, and the founding of the country's iron and engineering industries waited until the 20th century.

Even today, agricultural employment predominates in India, Pakistan, and Bangladesh, and this is the case in other poor countries. Some countries that were poor in the 19th century, however, did much better in the 20th by following the standard strategy and also by going beyond it to effect a Big Push, as we shall see.

# Chapter 6
# The Americas

The incorporation of the Americas into the global economy has had enormous ramifications for the Old World and the New. The native American population collapsed, and indigenous civilizations were replaced by European. Northern Europe was propelled towards industrialization, and the Americas themselves exemplify the worldwide split between a rich North and a poor South.

The different development trajectories of North and South America run back to the colonial period and are rooted in geography and demography. South America contained most of the indigenous population and had the greatest wealth. It was also further from Europe. These differences cumulated into the difference in income that we see today.

Geography mattered because it affected the ability to trade with Europe. Trade could be good or bad for economic growth. On the one hand, cheap British manufactures inhibited industrialization; on the other, exporting local agricultural products powerfully promoted settlement and farming generally, and these could be springboards to later industrialization. North America was favoured in this regard. First, it was closer to Europe, which was the main market for colonial exports. With shipping costs high, North Americans could profitably produce and export a wider range of products than South Americans. This advantage was reinforced by the interior geography of the continents. The eastern seaboard of North America was broad enough and fertile enough to support a significant economy, and the interior of the continent could be reached by the St Lawrence, Mohawk-Hudson, and Mississippi Rivers. In contrast, most economic activity in Latin America was in the interior of Mexico and the Andes. Rivers did not connect these regions to the coast, so the cost of exporting was high.

Demography was also important. The temperate climate of most of the USA, Canada, and much of South America presented little disease threat to Europeans, so they flourished in those regions. In contrast, tropical diseases led to high European mortality in the Caribbean and Amazon and depressed the growth of the European population.



The native population was distributed unevenly across the Americas. Most natives lived in Mexico (21 million) or the Andes (12 million); only about 5 million lived in the USA, with only 250,000 in the original 13 colonies. The difference in population reflected geography. Mexico and Peru were the habitats of the natural progenitors of the main native foods – maize, beans, squash, potatoes, and quinoa. These plants were domesticated where they grew in the wild and, consequently, were well adapted to those environments. In addition, farmers there cultivated them earlier than anywhere else. Maize and beans, for instance, were domesticated 4,700 years ago, and so there were 4,200 years for the Mexican population to grow in response before Cortes arrived in 1519. Of course, maize, beans, and squash diffused widely, but their genetics and cultivation had to be adapted to different environments, which slowed their spread. The growing season of maize, for instance, had to be cut from the 120–150 days characteristic of the tropics to about 100 days or less for it to succeed in colder climates, and that task was not accomplished until about 1000 CE. Nowhere in the eastern half of the USA or

Canada was maize widely cultivated before that date, so the population of eastern North America had little time to grow before the Europeans turned up.

The arrival of Europeans was a catastrophe for the natives. A mid-range estimate of their population in 1500 is 57 million; by 1750, it had dropped to perhaps 5 million. Much of the decline was due to the introduction of diseases such as smallpox, measles, influenza, and typhus for which the natives had no immunity. The rest was down to war, enslavement, and ill treatment by the settlers.

The implications of this drop, which was common to all natives, differed in North and South America because the pre-contact populations differed in size. In Mexico, the native population declined by over 90%, reaching a low point of 750,000 in the 1620s. This was still three times the population on the east coast of the USA before European arrival. In the Andes, the native population dropped below 600,000 after an epidemic in 1718–20. The native population in Mexico rebounded after the mid-17th century, reaching 3.5 million in 1800, and the native population of the Andes reached 2 million. Despite the Spanish immigration in the previous three centuries, the natives comprised three-fifths of the population of these regions, and people of mixed race amounted to another fifth. The final fifth were the relatively well-off whites, who ruled these colonies. This racial and economic structure had negative implications for long-run growth.

The situation was very different in North America because there were few natives to begin with. The quarter-million living on the east coast in 1500 were reduced to only 14,697 in 1890, when they were fully enumerated in the US census for the first time. Most of the fall occurred in the 17th century and, indeed, often before European settlement. The Pilgrims' landing in Massachusetts in 1620 was preceded by epidemics in 1617–19. The Pilgrims saw this as God's blessing: 'Thus farre hath the good hand of God favored our beginnings... In sweeping away great multitudes of the natives... a little more before we went thither, that he might make room for us there.' Fifty years of warfare eliminated the rest. High mortality among the natives and low mortality among the settlers meant that the American colonies became a transplantation of England very rapidly. The obvious exceptions to this generalization were the southern US colonies, where the Europeans imported African slaves to do the hard work. But the survival of natives did not affect development in North America as it did south of the Rio Grande.

## Colonial economy of North America

Settlement is the theme of the colonial history of the USA. Some settlers, particularly in New England, were motivated by the desire to create their own religious autocracy rather than submit to the hegemony of another creed. Most settlers, however, were motivated by economic gain, and even the Puritans expected to earn the same standard of living in Massachusetts that they could have realized in England.



Settlement and exporting were closely connected in British North America. The Canadian economist Harold Innis highlighted the relationship with his 'staples thesis', which contended that the growth of a region like Canada was determined by the growth of its exports – cod fish, furs, timber – to Europe. Sales of these products provided the money to buy manufactured goods like cloth, tools, crockery, books, and so on. These were imported from Britain, rather than produced in the colony, since British industries were large and realized economies of scale that meant they could produce more efficiently than small, colonial firms. 'The Farmers deem it better for their profit to put away [i.e. exchange] their cattle and corn for cloathing, then to set upon making of cloth.' Britain's Navigation Acts prevented the Dutch and the French from supplying the colonies' needs.

Staple colonies had three characteristics. First, the price of the staple in the colony was less than its price in Europe by an amount that equalled the transportation cost. Prices in the two markets moved up and down together since they were linked by trade. Second, exports amounted to a large share of colonial income, with the remainder being support services. Third, the returns to settlers and their capital exceeded returns in Europe by a margin covering the costs and risks of moving to the colony.

Pennsylvania illustrates these principles. The colony was founded in 1681 and was suited to the cultivation of wheat, which became its staple. Pennsylvania exports competed with Irish and English produce in the West Indies, Iberia, and the British Isles. As a result, prices in Philadelphia and London moved up and down together. The synchronization is apparent in Figure 14. The Seven Years War (1756–63) and the American Revolution (1776–83)



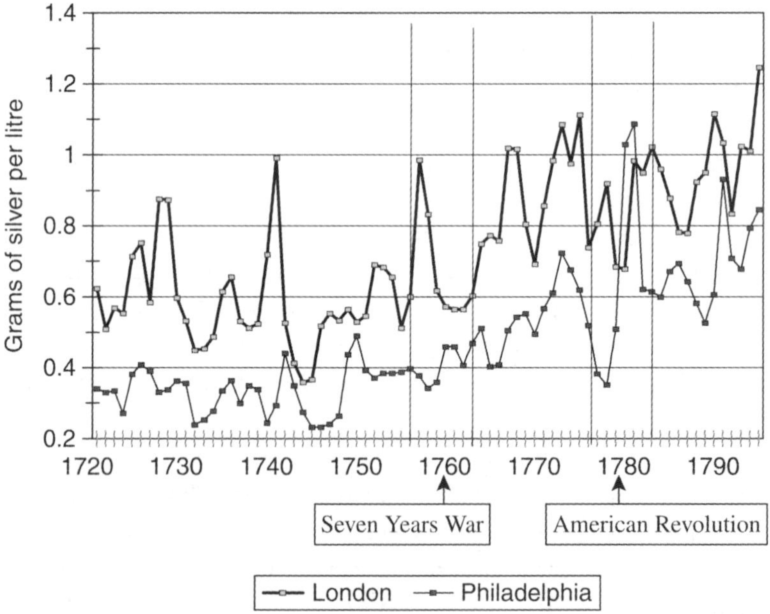


**14. Price of wheat**

were the exceptions that prove the rule, for trade was disrupted in these periods, and the correlation of prices broke down. In addition to wheat and flour, the colony exported timber products, ships, iron, and potash, and earned foreign exchange from its merchant marine. Exports were important to the colony's economy and amounted to about 30% of total output in 1770. The foreign exchange earned on these sales paid for English consumer goods.

As the economy grew, it attracted more labour from Europe. In the 18th century, Philadelphia real wages followed the English trend but at a higher level to compensate the colonists for the cost of relocating to a remote wilderness (Figure 15). England and its North American colonies were prosperous places, with wages four to five times subsistence – in contrast to cities like Florence where wages dropped to bare-bones subsistence at the end of the 18th century.

The economy of New England performed less satisfactorily, as Figure 15 suggests. In the early 18th century, wages in

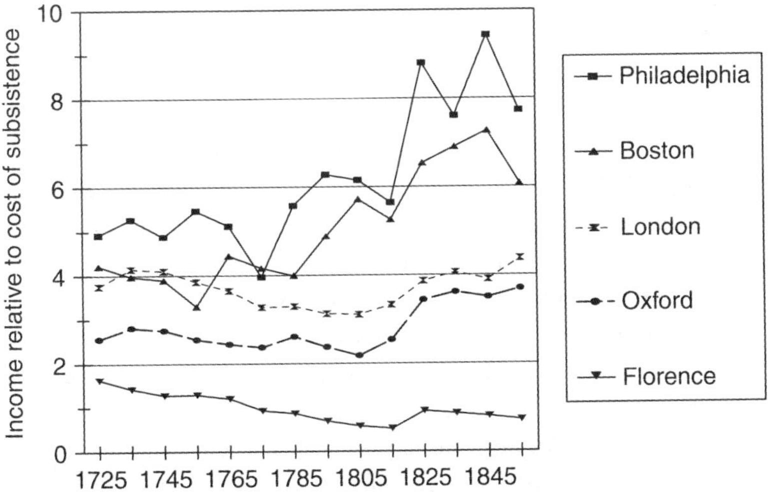


**15. Wages of an unskilled labourer, Europe and USA**

Massachusetts were on a par with London but lower than in Pennsylvania. While Massachusetts holds an iconic place in popular views of American history, its economy was always precarious because it lacked an agricultural staple. An export trade was developed in fish, livestock, whale oil, and wood products including ships. New Englanders also created a large shipping industry that generated substantial foreign earnings and annoyed the English mercantilists since it competed with the Mother Country. These activities did not expand rapidly, so the demand for labour in New England increased less rapidly than the natural increase of the population. As a result, wages sagged, and there was continual out-migration.

While the staples thesis was developed to explain Canada, the best examples are the sugar colonies of the Caribbean. Europeans first encountered sugar on Crusade in Palestine. After their expulsion, production was shifted to Cyprus, and eventually, it was cultivated on islands in the Atlantic. The Portuguese occupation of Sao Tome in 1485 was a turning point, for there they pioneered cultivation on large plantations staffed by African slaves. This system was later introduced to Brazil and the Caribbean where it proved immensely profitable. In the 17th and 18th centuries, Barbados, Jamaica, Cuba, and Saint Domingue (now Haiti) were amongst the wealthiest places in the world.



A Caribbean colony grew sugar and other crops like coffee and exported the produce to Europe. The necessary capital and labour were supplied by European investors and African slaves, who proved to be a cheaper source of labour than European immigrants. Mortality on sugar plantations was very high, and new slaves were so cheap that the slaves were replenished by purchase rather than natural increase. Four million slaves were taken to the British West Indies, for instance, but only 400,000 were present at emancipation in 1832. The volume of exports determined the size of the colonial economy. In Jamaica in 1832, for instance, exports of sugar, coffee, and other tropical produce added up to 41% of the island's income. The rest was support activities for the plantations (the production of food for the slaves, other supplies, shipping, and transport services, the forces of law and order, and housing for the ancillary workers) or the consumption expenditures of the planters on domestic servants and country houses. The planters' expenditures in the colony were only a small part of their incomes, most of which was repatriated to Britain rather than being invested in Jamaica.

Many features of the Caribbean were replicated in the southern colonies of the future USA. The South had the valuable staples – rice and indigo in South Carolina, and tobacco in Virginia and Maryland. These crops were produced on plantations initially staffed by English indentured servants and eventually by African slaves. The South was richer than the northern colonies and attracted more settlers and was the destination of most slaves.



South Carolina, for instance, was first settled in 1670. However, the settlers lacked 'any Commodityes fit for the market of Europe but a few Skins they purchased from the native Indians and a little Cedar with which they helpe to fill the ship that brings the skins for London'. In the next decades, they searched for a staple and eventually stumbled on rice. Exports rose from 69 pounds per head in 1700 to 900 pounds in 1740. Imports of slaves jumped from 275 per year to 2,000 over the same decades. Experimentation with cultivation techniques increased land and labour productivity by half. The social structure of coastal areas where the rice was grown became increasingly like the Caribbean sugar islands. Exports added up to more than 30% of total coastal income. The economy revolved around rice as Jamaica's revolved around sugar. The population became overwhelmingly black.

The white population, which was half the total in the lower South, retreated towards the interior, where family farms predominated. While they grew their own food, they were far from self-sufficient since they supplied the rice plantations with food and used the proceeds to purchase English cloth and other consumer goods. Virginia and Maryland worked similarly with tobacco as the export staple.

The British colonies differed greatly in terms of economic and social inequality. New England and the Middle Atlantic colonies were the most egalitarian. Some slaves were present, but slavery was unimportant in agriculture – not because of moral scruples or technical difficulties but because slaves would not have generated enough income to cover their cost. The abundance of land kept down its price and meant that most income accrued as wages, which were necessarily widely distributed. At the other extreme were the Caribbean colonies, where most of the population were slaves and inequality was extreme. The colonies of the Southern USA were intermediate cases that combined the inequality of the plantation with the egalitarianism of small-scale farmers on the frontier.



The economies of the North American colonies did, however, share one advantage that bode well for their future – namely, the literacy of white settlers was at least as high as in England, which was near the top of the world league table (Table 4). By the Revolution, 70% of free men in Virginia and Pennsylvania could sign their names, compared to 65% in England at the same time. In New England, the rate was close to 90%, which was achieved through state schools and mandatory attendance.

Why was literacy high in the colonies? For the same reason it was high in England: economic advantage. The dependence of the colonists' standard of living on trade and foreign markets meant that reading, writing, and calculation brought rewards. The legal system also made literacy valuable since contracts and land titles were written documents. The Puritans' desire to read the Bible may have played a role in pushing Massachusetts literacy above that in England or Pennsylvania, but the dependence of their economy on trade and shipping gave them a powerful economic motive for schooling.

## Colonial economy of Latin America

Different regions of Latin America followed different development trajectories from the future USA, and none of them did as well. We need to distinguish (1) the Caribbean and Brazil, (2) the southern cone (Argentina, Chile, Uruguay), and (3) Mexico and the Andes.

We have already discussed the Caribbean economies, and similar developments occurred in Brazil, only on an expanded scale reflecting its greater size. It was close enough to Europe to export sugar, which the Portuguese introduced from Sao Tome in the early 16th century. Initially, the plantations were operated with native American slaves, but Africans were soon substituted, and the first staple boom was underway. Between 1580 and 1660, Portugal and Spain were united. The Dutch war against Spain was extended to Portugal, and from 1630 to 1654, the Dutch occupied Pernambuco, the sugar-growing province of Brazil. When they left, they took the knowledge of sugar production with them, and its cultivation was introduced into the Caribbean. Caribbean producers were closer to Europe and could undercut their rivals in Brazil: the price of sugar in Amsterdam dropped from three-quarters of a guilder per pound in 1589 to one-quarter of a guilder in 1688. Brazilian plantations could not compete at that price, and the Brazilian sugar boom was over. The country's economic history for the next three centuries was one staple boom after the other: gold (early 18th century), coffee (1840–1930), rubber (1879–1912). In each case, a product was shipped to Europe, and slaves or settlers were brought in to cultivate it. Like sugar in the Caribbean – but unlike the USA – Brazil's staple booms never turned into modern economic growth: why not?

The southern cone of Latin America was like North America in that it had a small native population that was killed off by disease, warfare, and European mistreatment. The Pampas could produce beef and wheat at least as well as Pennsylvania, but Argentina was too far from Europe for that to be feasible in the colonial period. All that Argentina could muster was a small export trade in hides. Chile was even more remote. The economic history of these countries began in earnest only in the middle of the 19th century, when ships were sufficiently improved for their exports to compete in Europe.

The most important Spanish colonies were Mexico and the Andes. Their histories were determined by conquest. While the North American settlers encountered natives practising slash-and-burn cultivation in a sparsely settled landscape, the Spanish found dense populations, great cities, productive agriculture, political and religious organization as hierarchical as their own, and hoards of gold and silver. The *conquistadores* overthrew the Aztec and Inca rulers and put themselves in their place. The gold and silver were looted. The native religions were suppressed, their texts burnt, and Catholicism established in their stead. The natives were reduced to a subservient race whose purpose was to support the conquerors. Hundreds of thousands of Spaniards went to America to seek their fortunes.



The Aztecs and Incas had exploited their subjects with demands of tribute and labour, and the Spanish did the same. Native wages were extraordinarily low: in the 1530s, a fully employed Mexican native would have earned only one-quarter of the cost of a subsistence basket of goods (Figure 16). This was not enough for a family to survive. The abuses were so severe that in 1542 the Spanish Crown prohibited aboriginal slavery and limited the power of the *conquistadores*.

Meanwhile, the native population collapsed, but enough survived to make their continued exploitation worthwhile. Forced labour was one strategy. In the 1570s, the *mita*, which had been an Inca system of labour conscription, was revived to provide workers for the silver mines at Potosi. Mexico followed Aztec precedents with its own form of forced labour, the *repartimento*. The Crown also

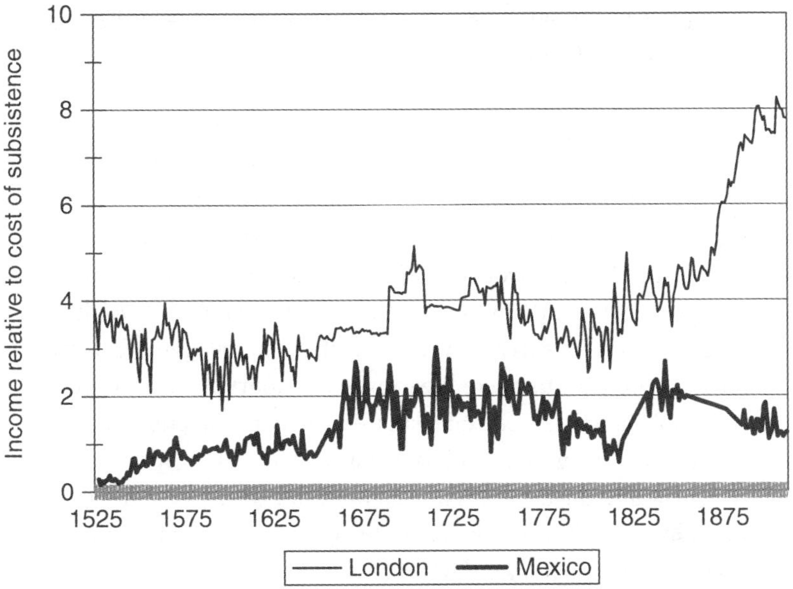


**16. Wages of an unskilled labourer, Mexico and London**



granted unoccupied land to Spaniards as estates called haciendas. By the early 17th century, more than half of the agricultural land in the valley of Mexico had been acquired by rich Spaniards in this way. The rest of the land was owned communally by native bands, who practised shifting cultivation. A large native population occupying land under communal tenure had no parallel in the North American colonies.

Another important difference from North America was geography, which prevented Peru and Mexico from exporting agricultural staples. It is not surprising that Peru was too far from Europe for this to happen. Indeed, the markets on the west coast of America were better integrated with Asia than with Europe. The Spanish ran galleons between Acapulco and Manila, swapping silver coins for Chinese silk and tea. In the late 18th century, 'numerous French, English, and American vessels' bought seal skins from the natives of present-day British Columbia and sold them in China.

'The price of the skins, as they rose on the coast of America, fell enormously in China.'

Mexico is more puzzling. Vera Cruz, its port on the Caribbean, was no further from Europe than New Orleans. The problem for Mexico, however, was the high cost of moving goods between the sea and the interior plateau, which was thousands of metres in elevation. The road from Vera Cruz to Mexico City was 'improved' several times – in the mid-18th century and again in 1804. Even then, goods were carried by mules rather than wagons. This was far too expensive to make the import or export of farm products profitable, and it conferred a smaller level of protection on local manufacturing as well. Isolation was reinforced by Spanish laws that prohibited trade with any country but Spain and which were intended, like their English counterparts, to reserve the colonial market to Spanish manufacturers.



Almost the only product that Mexico and the Andes could export was silver. As soon as the Spanish had conquered the natives, they searched for precious metals. The biggest discoveries were the Potosi mine in Bolivia (1545) and the Mexican mines in Zacatecas (1545), Guanajuato (1550), and Sombrerete (1558).

Silver had significant disadvantages as the principal export, and they prevented Mexico and the Andes from emulating North American development. First, silver was inflationary. The economies of Peru and Mexico were based on coining money, and the increase in their money supplies pushed prices and wages above world levels. Wheat in Mexico, for instance, was four to ten times as expensive as in Amsterdam. Wages in Mexico were twice those in Italy or India, and wages in the Andes were double Mexican levels. These differentials were sustainable only because of the high cost of transport, Spain's trade restrictions, which kept out cheap imports (although smuggling was an endless problem), and the high cost of Spanish manufacturing itself, which was also inflated by New World silver. Second, silver did not generate many jobs. Mexican silver mines employed 9,143 men in 1597, and Potosi employed 11,000–12,000 in 1603. Employment in the latter declined to 4,959 around 1790. These numbers were negligible compared to the labour forces *in toto* and were much smaller than the numbers involved in producing and supplying the North American farm exports. Third, much of the income generated by silver mining accrued to a small circle of rich owners rather than being disbursed over a broad swathe of the population. Consequently, silver contributed to exceptionally high inequality in Latin America.

Mexico was not a staple economy on the North American model. In 1800, exports amounted to only 4% of GDP. Most of the Mexican economy had nothing to do with exports. Therefore, the distribution of income in Mexico followed laws that were different from the British colonies. In North America, labour and capital were drawn into the colony in response to export opportunities, and their returns were set in England, where the colony had to compete for settlers and investment. In Mexico, wages were determined by internal factors – by coercion of the natives, by the balance of land and labour, and by the efficiency of the economy. The first two were most important in the pre-1650 period of population collapse, while the third was decisive in the subsequent period of population growth.



Before 1650, Mexico exhibited a pattern that is common in many pre-industrial economies: population and wages were inversely related. When the Spanish arrived in the 1520s, the population was very high, and wages were low (Figure 16). Indeed, the power of the *conquistadores* pushed wages even lower than high population implied. As the native population collapsed, the real wage rose (despite attempts to coerce labour) and reached a value of about one in the mid-17th century. At this wage, a full-time worker could support a family at a minimal level of comfort.

After 1650, the Mexican population grew from 1–1.5 million to 6 million in 1800. Over the same period – and this is of great importance – the inverse relationship between population and the wage broke down: the wage rose to twice subsistence even though the population was expanding. The labour supply and the wage could both increase only if the demand for labour was growing faster than the supply. The rise in labour demand reflected rising productivity across the economy. Agriculture was transformed by the integration of European crops and animals (wheat, sheep, cattle) with the indigenous crops (maize, beans, squash, tomatoes, chillies). Transportation was revolutionized with European draught animals (horses and mules). Manufacturing gained impetus through the fabrication of new products (woollen cloth) and the concentration of production in specialized regions that promoted the division of labour. These were the characteristics of English industry that made it more productive than American and precluded manufacturing in the colonies. In contrast, the isolation of Mexico and the Andes and the large size of their populations made manufacturing development feasible. The expansion of the Latin American economy, of course, took place under the sway of Spanish rule and shows that Spain's policies, however illiberal, were not sufficiently detrimental to prevent economic expansion.



While the Mexican economy grew in the colonial period, the society was remarkably unequal. The population was divided into legally defined racial categories, and the divisions corresponded to economic cleavages. One reconstruction shows the Spanish upper class (10% of the population) getting 61% of the total income, while the native peasants (60% of the people) received only 17%. Mexican inequality was greatly in excess of that in the New England and Middle Atlantic colonies and was probably similar to the Caribbean and plantation regions of the US South, although exact measurement is impossible at present. This much inequality proved bad for growth after independence.

## Independence: USA

The USA declared independence from Britain in 1776, and its system of government was established, with the Constitution adopted in 1787. The economy took off in the antebellum period (1790–1860). The population increased by a factor of eight, and income per head doubled.

One can interpret the antebellum economy as another example of the staples theory.

Tobacco, rice, and indigo lost momentum, but their place was taken by the greatest staple of them all – cotton. Demand for the fibre soared in Britain as the Industrial Revolution unfolded. Cotton was grown in Georgia but was not a high-profit activity until Eli Whitney invented the cotton gin in 1793. Cultivation then spread across the US South. The crop was grown on large slave plantations, and slave imports expanded until Congress prohibited them in 1808. In the next half century, the slave population grew by natural increase, and the growth was validated economically by the rapid expansion of the cotton textile industry. In the 1850s, cotton was highly profitable, and slavery would not have ended without the Civil War (1861–5).



Staples theorists believe that cotton exports drove the whole US economy. According to this view, Midwestern agriculture expanded in order to supply plantations with food – a conclusion that has been much disputed. Cotton was also responsible for the industrialization of the northeast since southern plantations and western farms were the markets for its products.

The industrialization of the USA also depended on four supportive policies that constituted the 'standard model' for economic development in the 19th century. The first was mass education. Great strides in this direction had been taken in the colonial period, and they were extended in the 19th century and were increasingly guided by economic motives. The other three policies were originally proposed by Alexander Hamilton in his *Report on Manufactures* (1792) and consisted of transportation improvements to expand the market, a national bank to stabilize the currency and insure a supply of credit, and a tariff to protect industry. Without the tariff, the southern and western purchases of manufactures would not have led to US industrialization since Britain would have satisfied the demand, as it did in the colonial period.

Henry Clay, a US senator, dubbed Hamilton's proposals 'the American system', but they were applied by many countries after they were popularized by Friedrich List. The constitution itself was a first step towards implementation since it abolished state tariffs and created the legal basis for a national market. The remaining steps were taken with the construction of the Cumberland road linking the Potomac River to the Ohio River in 1811–18 and the Erie Canal connecting the Hudson River to Lake Erie (1817–25), the chartering of the First and then the Second Banks of the United States in 1791 and 1816, and a series of tariffs beginning in 1816.



Before 1816, the USA had only a low tariff, but the Napoleonic Wars targeted American shipping and led to US protectionist measures, trade embargoes, and a war with Britain in 1812. Manufacturing expanded behind these barriers. After Napoleon's defeat at Waterloo in 1815, the USA enacted the Tariff of 1816 to protect manufacturing, with a duty of 20% on most goods and 25% on textiles. Rates were raised in 1824 and 1828, but high tariffs were controversial and were lowered again in 1846.

Protectionism became a characteristically American policy as Northern interests took charge of the country. The Civil War increased the need for federal revenue, and tariffs were raised with the Morrill Tariff of 1861. Over the next century, tariff rates rose again and again, culminating in the Smoot-Hawley Tariff of 1930. The UK, which had followed free trade since repeal of the Corn Laws in 1846 and the Navigation Acts three years later, enacted a tariff in 1932. Most other countries responded to the world Depression in the same way. It has only been since the Second

World War that the USA has sought to unwind the system of protection, finding that its interests were better served by penetrating other countries' markets than by protecting its own.

US cotton manufacturing grew rapidly behind the tariff wall. In the 1850s, the British industry was the largest in the world, consuming 290,000 tons of raw cotton per year, but the USA was number two (111,000 tons) and considerably ahead of France, which was in third place with 65,000 tons. Alexander Hamilton and Henry Clay would have been pleased that the impetus imparted to the economy by cotton exports had produced such progress.

This conclusion, however, attaches too much importance to staple exports. First, although cotton (and later wheat) were major foreign earners, total exports were only 5–7% of GDP in 1800–60. This was far less than the 30% realized in Pennsylvania and coastal South Carolina, to say nothing of the 41% reached in Jamaica. Cotton and wheat exports were not substantial enough to drive the antebellum economy. Second, the labour market performed better than the staples theory predicts. In the 18th century, the real wage in Pennsylvania was marginally greater than real wages in England, which is what one would expect if the USA was growing and drawing immigrants from Europe (Figure 15). With American independence and European warfare, the Atlantic labour market disintegrated, and the USA real wage grew continuously while British wages stagnated during the Industrial Revolution. By the 1830s, real wages in the USA were double those in Britain. Immigration should have kept wages lower if the staples model was in play.



The rise in GDP and wages indicates that the USA had developed the capacity to generate rising productivity through its own efforts. A major question in staples theory is how and when an economy develops beyond dependence on its staple. Evidently, the USA made the transition in the first half of the 19th century.

A venerable explanation is Habakkuk's hypothesis that the abundance of free land on the frontier generated high real wages – why should anyone work for a low wage in New York or Philadelphia if he could move west and start a farm? – and these, in turn, induced businesses to invent labour-saving technology that pushed up GDP per head and ultimately raised wages even further. The USA, along with Britain and the Netherlands, was one of the handful of economies that consistently pioneered high-productivity, capital-intensive technology in the last two centuries, as discussed in Chapter 4.

Indeed, one can see these forces at work in the cotton textile industry. Its success required the tariff, but the tariff was not enough. The success of cotton textiles depended on technological breakthroughs that produced a particularly labour-saving technology. The high cost of labour led American firms to experiment with machines beginning in the 1770s, but commercial success required workers and managers experienced in the technology. In 1793, the first commercially successful mill was built and managed by Samuel Slater, who had worked in an English factory. The next breakthrough was the construction of an integrated spinning and power weaving mill by the Boston Manufacturing Company in Waltham, Massachusetts, in 1813. Francis Cabot Lowell founded the firm after visiting Britain and seeing power looms, which he sketched from memory. Production models were made by Lowell's engineer, Paul Moody. One of the most remarkable features of the Lowell–Moody system was the degree to which British technology was redesigned to make it suitable to American conditions. By the 1820s, the real wage in America was higher than in Britain, and, as a result, the Americans took up the power loom more rapidly than the British. America was taking the world lead in industrial technology.

American advances were not confined to cotton textiles. In 1782, Oliver Evans built the first automatic flour mill. Before the 19th century, the trigger mechanisms of pistols and rifles were bespoke, and the gunsmith had to fit each component to its companion in order for the mechanism to work smoothly. The Frenchman Honore Blanc and the American Eli Whitney were the first to conceive and experiment with interchangeable parts, but they could not be made on a mass scale until the milling machine was invented around 1816. American government arsenals in Springfield and Harper's Ferry in the 1820s fabricated interchangeable parts for muskets. American firearms exhibited in the Crystal Palace Exhibition of 1851 so impressed the British that they sent a delegation to study the 'American system'. Interchangeability spread to private arms producers like Colt, then to watch manufacturers in the mid-19th century, and, next, to bicycles, sewing machines, farm machinery, and, finally, automobiles, where they were a building block of Ford's assembly-line system. The success of the American economy depended on the application of inventive engineering across the full spectrum of industries. The incentive to mechanize was provided by the high cost of labour. The successful response required a large pool of potential inventors. The interplay between challenge and response made the USA the world's productivity leader by the First World War.



## Independence: Latin America

The Spanish Empire lasted 300 years as an alliance between the monarchy and the white colonial elites. Spain's Bourbon kings tried to create a modern fiscal-military state in the 18th century, but their demands for revenue were resisted in the colonies. Resistance to Madrid, however, was always tempered by the racial and economic divisions in colonial society. The wide-ranging attacks on whites and their property in the Tupac Amaru revolt in Peru in 1780 was only one of many unpleasant reminders of the dangers at the base of the social pyramid. Spanish America had *de facto* independence thrust upon it by Napeoleon's invasion of Spain in 1808. Re-establishment of the empire proved impossible. In Mexico, for instance, Miguel Hidalgo led a revolt of natives in

1810 against the ruling *peninsulares* (Spanish-born whites). While this appealed to creoles (Mexican-born whites) at the outset, native violence against whites in general prevented a united movement against Spain, and the revolt was put down. Independence was achieved in 1821 by a creole coup anxious to preserve its privileges, which it saw threatened by rising liberalism in Spain.

Independence brought decades of economic stagnation rooted in the dilemmas of the colonial society. Greater international competition was already undermining Mexico's manufacturing sector in the late 18th century. The result was de-industrialization, as in India. Alexander von Humboldt explained how 'The town of Puebla was formerly celebrated for its fine manufactories of delf ware (*loza*) and hats.' At the 'commencement of the eighteenth century', exports from 'these two branches of industry enlivened the commerce between Acapulco and Peru'. European imports destroyed this trade, however.



> At present there is little or no communication between Puebla and Lima, and the delf manufactories have fallen so much off, on account of the low price of the stone ware and porcelain of Europe imported at Vera Cruz, that of 46 manufactories which were still existing in 1793, there were in 1802 only sixteen remaining of delf ware, and two of glass.

Real wages slumped from twice subsistence in 1780 to bare-bones subsistence in the 1830s.

The textile industries were also hurt by British imports. Most Mexican cloth was wool, and cottons were imported from Catalonia. When Britain's blockades of Spain in the 1790s cut off imports, cotton cloth production took off in Puebla. The boom was brief, for Spanish imports resumed after 1804, and the country was engulfed with cheap British cloth after independence. The Mexican cotton industry foundered. The response was a version of Henry

Clay's American system and List's proposals for Germany. Lucas Alaman, the Minister of Interior and Foreign Affairs, introduced a tariff on cotton textile imports and channelled some of the proceeds to the Banco de Av o, which financed equipment purchases for new factories. A national market, however, was not created, for state tariffs remained and little was done to improve transportation. Mass education was also ignored.

The results were likewise mixed. On the one hand, about 35 cotton spinning mills were established between 1835 and 1843. Real wages also recovered after 1840. On the other hand, there was no stimulation to an engineering industry since the machines were imported, as were the engineers who installed them and supervised their operation. Moreover, these mills led nowhere. The industry stagnated in the middle of the 19th century, and developments in other industries were meagre. This was no general advance as in the USA.

The next burst of economic growth was during the Porfiriato period under the dictatorship of Porfirio Diaz between 1877 and 1911. He applied the 19th-century development strategy more vigorously than Alaman. A national market was created through an extensive programme of railway building and the abolition of taxes for goods crossing state boundaries. Tariffs were used to support Mexican industries. A policy innovation was to rely on foreign investment, rather than national investment banks, for capital. Foreign investment also became the medium for introducing advanced technology.

Economic development in the Porfiriato was a mixed success. On the one hand, some impressive industrial growth was achieved. GDP per capita rose from $674 in 1870 to $1,707 in 1911. On the other, there was little local contribution to technological progress since foreign engineers simply installed foreign-designed factories, and that absence ultimately meant that development did not spread beyond the state-promoted industries. Moreover, the gains from growth were not distributed widely. Real wages trended downward under Diaz's rule. Revolution broke out in 1911.

## Education and invention

Why did the American economy grow so much more rapidly than the Mexican? An influential interpretation attributes US success to the 'high quality' of its institutions and Mexico's performance to the 'low quality' of its. But which institutions? The US advantages ran from an English system of property rights and courts, legislative (and judicial) checks on the executive, egalitarianism (but not in the South), democracy, and *laissez-faire* policies (but not the tariffs). Mexican disadvantages included the natives' communal ownership of land, extreme social and racial inequality, and a political system that perpetuated the worst features of the colonial heritage – a set of courts with conflicting jurisdictions, a state that excessively regulated business, and an inefficient tax system (although one might question their importance in view of the growth achieved in the colonial period).



Economic policies had greater impact on the economy than these institutions. The USA pioneered the standard 19th-century development strategy at the beginning of the century. A national market was created by the Constitution, which abolished state tariffs, and by transportation improvements that were extended as new technologies (steam boats, railways) were invented, a protective tariff was erected in 1816, a national banking system was created to stabilize the currency, and mass education began in the colonial period. Mexico implemented these policies gradually – tariffs and banks in the 1830s, a national market only after 1880, and mass education late in the 20th century. The differences in educational policy go a long way to explaining the different development trajectories.

The different technological trajectories reflect differences in the supply and demand of technology. As early as 1800, real wages in the USA were considerably greater than English wages. This premium created a demand for labour-saving machinery. As invention occurred and productivity rose, wages increased further, and the process became self-reinforcing. In Mexico, on the other hand, wages were much lower, so this incentive was lacking.

The supply of technology was also much greater in the USA than in Mexico. This was not a question of religious differences or of medieval or irrational features of Hispanic culture. We have this on the authority of the great geographer and pillar of German science, Alexander von Humboldt, who lived in Mexico during 1803. He was impressed by Mexican science.

> No city of the new continent, without even excepting those of the United States, can display such great and solid scientific establishments as the capital of Mexico.



He instanced its university, school of mines, art institutes, botanical garden, and savants. The scientific culture was spread to the populace through public lectures, and scientific learning extended far into the provinces.

> A European traveller cannot undoubtedly but be surprised to meet in the interior of the country, on the very borders of California, with young Mexicans who reason on the decomposition of water in the process of amalgamation with free air.

It was not the absence of the Enlightenment that held Mexico back, but a general shortage of skills in the work force. Literacy is an indicator. In the USA, over 70% of adult white males were literate at the end of the 18th century, and close to 100% by 1850. The black slaves (14% of the population), on the other hand, were almost entirely illiterate, so overall literacy for men was about 86%. In Mexico, the white population was also highly literate, and the rest were not: 'the cast of whites is the only one in which we find... anything like intellectual cultivation'. In Mexico, whites comprised only 20% of the population, so the overall literacy rate was of that order.

The technological significance of this difference is clear in the biographies of inventors in the USA and Britain. Virtually all inventors were literate. Illiterate people would have found it difficult to invent since they would have had no access to technical literature. In addition, inventors operated businesses in which they corresponded, entered contracts, obtained patents, and negotiated with clients. To be part of that world, one had to be able to read and write. In the USA, most of the white males were potential members. In Mexico, about 80% of the population was excluded. The scope for a creative engineering response was correspondingly reduced.



The immediate reason for the difference between the two countries is obvious: the USA had more schools than Mexico. New England had achieved close to complete literacy for its male population in the colonial period, with state-financed schools and compulsory attendance. Horace Mann led the renewal of Massachusetts education, and in 1852 a system modelled on Prussia's was adopted. The 'common school movement' spread to other northern states where it met the needs of industry. Mass education became as American as high tariffs. In 1862, the Vermont congressman Justin Smith Morrill, who had sponsored the protective tariff bill the previous year, introduced a bill to grant federal land to states to establish universities. Over 70 so-called 'land grant colleges' were created. Between 1910 and 1940, the 'high school movement' saw the creation of state secondary schools across the country. Since the Second World War, there has been further expansion of high schools and universities.

There was no comparable expansion in education in Mexico before the 20th century. The Revolution led to more schooling, but in 1946 over half of the adults were still illiterate. There has been a great extension of education at all levels in the past half century. For Mexico, however, it came two centuries too late.

Why did the USA and Mexico follow different trajectories? The demand for literacy and numeracy was greater in the colonial USA than in Mexico because the North American colonies were staple economies and the settlers expected to achieve a European standard of living by selling a large proportion of their produce to buy English consumer goods. This commercial activity was facilitated by the ability to read and write. In Mexico, in contrast, the native population was much less commercially active and so found these skills to be less useful.

Governments were also keener to build schools in the USA than in Latin America. The egalitarian economies of New England and the Middle Atlantic states underpinned democratic polities that provided public services like education that were widely demanded. Mexico, in contrast, was run by a white elite whose interests were not served by schooling the masses. So they remained uneducated. Inequality was high, and governments also represented narrow elites in the Andes and in the colonies built on slave labour such as the Caribbean and Brazil, with the same result – little schooling across Latin America.



The USA provides a revealing comparison, for its most prosperous region in the colonial period was also built on slave labour. Why did it not suffer the fate of Jamaica or Brazil? After the abolition of slavery and the end of reconstruction, the states of the South were also highly unequal and governed by an elite that had little interest in educating the African American population. Access to schooling and its quality were low until the end of segregation in the 1960s. This was a major reason why the South became the poorest region of the country. The major difference between the USA and Latin America was the share of the population that was socially excluded. In the USA, African Americans made up one-seventh of the total, while the natives and blacks in Latin

American comprised two-thirds of the total. Had the USA treated 70% of its population as it treated its African Americans, the result would not simply have been injustice on an expanded scale. Rather, it would have been national failure, for the USA could never have become an economic powerhouse with such limited provision of education.

# Chapter 7
# Africa

African poverty is not new. Sub-Saharan Africa was the poorest region of the world in 1500, and it remains so – despite the increase in income per head that has occurred. The aim of this chapter is to identify the structures and the contingent events that have kept Africa poor for so long.

The 'short list' of candidates is long. Colonial ideology persists in some Western circles, where the poverty of Africans is attributed to their imagined laziness or lack of intelligence. Subtler versions include the view that Africans are bound by tradition or non-commercial values. None of these claims, however, stands up to historical examination.

Institutional explanations for African poverty are also favourites. The slave trade is popular, and, indeed, the poorest countries in Africa today are the ones that exported the most slaves. However, even the countries that resisted the slavers vigorously are still very poor by today's standards, so something else was going on. Colonialism is another favourite explanation since, in many places, its aim was to transfer wealth from Africans to Europeans. While some development occurred under colonial rule, European administration did not kick-start modern economic growth. Dependency theorists say the reason was too much globalization, for they maintain that Africa's concentration on exporting primary products has worked to the continent's disadvantage in the long run. Finally, many recent commentators have emphasized the corruption, interventionism, and authoritarianism of African governments. If failed states were only replaced by Western-run administrations, the economies would take off – but only, of course, if the foreigners got it right the second time around.

To understand why Africa is poor today, we must understand why it was poor in 1500. The answer turns on geography, demography, and the origin of agriculture. The social and economic structure of 1500 then determined how the continent responded to globalization and imperialism, and those responses have kept it poor since.



## Africa and the great divergence debate

Sub-Saharan Africa was poor in 1500 because it was not an advanced agrarian civilization. There were only a few – Western Europe, the Middle East, Persia, parts of India, China, and Japan. They were the countries that were in a position to have an industrial revolution. The rest of the world, including Africa, was not, and that is why Africa is left out of the great divergence debate.

The agrarian civilizations had many advantages that set them apart from Africa – productive agriculture, diversified manufacturing, and the institutional and cultural resources necessary for modern economic growth. These included private property in land and landless labourers as well as the cultural correlates needed to organize property and commerce – writing, land surveying, geometry, arithmetic, standardized weights and measures, coins, and a legal system based on written documents and officials who could manage those texts. These cultural elements were necessary for the advancement of trade, for the development of learning, mathematics, and science, and for the invention and diffusion of modern technology. Sub-Saharan Africa lacked these preconditions, as did much of Southeast Asia, Australia, New Zealand, northern Eurasia, Polynesia, and the lightly populated parts of the Americas.

Africa's historical trajectory was influenced by the nature of early agriculture and its relationship to demography. Around 3000 BCE, sheep and cattle were introduced from the Middle East to graze on the Sahara (which was wetter than today), and wheat and barley were grown in the Nile Valley and on the Ethiopian plateau. Later, Ethiopians expanded the plant repertoire by domesticating teff, finger millet, sesame, mustard, ensete, and coffee. Mixed husbandry evolved in which the cropped fields were tilled with ox-drawn ploughs and manured by sheep and cattle. There were also investments in terracing and irrigation. Ethiopia was the only part of sub-Saharan Africa to develop an advanced agrarian civilization. Around 2000–1500 BCE, millet and sorghum were domesticated in the vicinity of Lake Chad. The cultivators also kept sheep, but mixed farming along Ethiopian lines was not practised. Even today, sorghum and millet are cultivated in shifting systems with hoes rather than oxen and ploughs. Finally, yams and palm oil formed the basis of agriculture in the rainforest. Yams were domesticated in Nigeria, where they thrive today. Livestock husbandry was absent since horses, cattle, and sheep died of the sleeping sickness carried by the tsetse fly native to the rainforest.



The farming system of West Africa was responsive to new opportunities as they arose. Between the 1st and 8th centuries CE, new crops were introduced from Asia including bananas, plantains, Asian yams, coco yams (taro), and beans. The repertoire was significantly broadened again in the 16th century with the introduction of maize, manioc (cassava), groundnuts, and tobacco from the Americas. These quickly became 'traditional' crops, showing the vacuousness of 'unchanging tradition' as an explanation of African poverty.

The domestication of crops resulted in permanent farming villages and a rise in the birth rate in Africa as it did everywhere in the world. In the Ethiopian highlands, where tropical diseases were absent, the population grew rapidly. As land became scarce, the state and the aristocracy could support themselves by leasing or taxing it. Communal property was privatized, and landless labourers emerged as people who lost their right to farm wherever they wanted. The Kingdom of D'mt in northern Ethiopia and Eritrea was founded in the 8th century BCE. Its agriculture was based on the plough and irrigation, iron was known, and its language was written. D'mt was succeeded by the grander Kingdom of Aksum.

The growth in population in West Africa was restrained because tropical diseases kept mortality high. The most lethal form of malaria and its associated mosquito (*Plasmodium falciparum* and *Anopheles gambiae*) appeared about the same time that yam cultivators were first clearing the rainforest. These clearings probably contributed to the evolution of the disease. Other tropical diseases such as sleeping sickness also played a role.



West Africa remained a land-abundant farming region, and shifting cultivation was the appropriate response to that circumstance. An example is the group known as the Yako. They lived in the rainforest of eastern Nigeria and subsisted on yams. In the 1930s, the Yako village of Umor claimed 40 square miles suitable for cultivation. Only about 3 square miles were planted each year, however. After harvesting, the land was allowed to revert to bush for six years and new land was cleared for planting. Allowing for fallowing, only 21 of the 40 square miles of farmable land were in use. The remainder was available for children or anyone needing land. Consequently, there was no class of landless labourers in the village, nor was there a demand for land to buy or rent since anyone could clear a plot without depriving anyone else.

Table 5. Yak income, 1930s

**Panel A: Food production and consumption**

The family consists of one man, two women, and 4–5 children (4.75 adult equivalents)

The family cultivates 1.4 acres of yams intercropped with pumpkins and okra. Palm oil and palm wine are harvested from wild stands.

food consumption per adult equivalent

| | Kg/year | Kcal/day | grams protein/day |
|---|---|---|---|
| yams | 489.2 | 1582 | 20.5 |
| cowpeas | 12.4 | 114 | 8.0 |
| meat | 4.4 | 30 | 2.4 |
| pumpkins | 9.6 | 7 | .2 |
| okra | 9.6 | 8 | .5 |
| palm oil | 2.1 | 50 | 0 |
| palm wine | 174.7 | 150 | 1.0 |
| total | | 1941 | 32.6 |

Cultivating the yam patch takes 307 days.
The palm products require 93 days.
The meat is purchased.

**Panel B: Palm products produced for sale**

| | |
|---|---|
| palm oil | 12 tins @ 36 pounds |
| palm kernels | 747 pounds |
| palm wine | 93 half-gallon bottles |

Palm products sold require 155 days of work

Cultivating yams and harvesting oil and wine from palms did not require much work and provided enough food for subsistence. Table 5, Panel A, shows a reconstruction of the food production of a typical Yako family in Umor. The family consisted of a man, two wives, and four or five children. Each year, they planted 1.4 acres with yams and some coco yams, with cow peas, pumpkins, okra, and other vegetables planted among them. The diet was overwhelmingly vegetable – a small amount of bush meat was hunted and a bit of purchased meat flavoured the yams. In addition, the family consumed palm oil and half a gallon of palm wine per day. The energy intake amounted to 1,941 calories per adult-male equivalent per day. These people were at bare-bones subsistence. Cultivating their garden and harvesting the palms took the three adults a total of 400 days per year. The consumption pattern of Africans was probably similar before the arrival of the Europeans.



The low population density and high transportation costs limited the possibilities for specialized manufacturers supporting large markets. There was an iron industry, which was established in West Africa around 1200 BCE, but total production was low. Cotton was grown in the savannah and woven into cloth on hand looms. The industry was centred around Kano, but, as with iron, production was at a low level. Instead of buying manufactures, most people made their own simple implements and bark clothing. Consequently, the range of available consumer goods was limited. People grew enough food to meet their own needs but nothing more, since there was nothing to buy with the surplus. Cultivation took only part of the year, and for the rest they enjoyed leisure.

Two styles of politics were attractive with this production system. The first was the band or tribe – a confederation of the cultivators in an area. It could organize the allocation of land and resolve disputes about its use, and the men constituted a militia that defended the territory from other groups. Leaders were styled 'chiefs' and held their posts through persuasion. This political system was relatively egalitarian.

Shifting cultivation included one feature that gave rise to hierarchical social organization, and that feature was the large amount of leisure enjoyed by cultivators. If they were compelled to work more, they would grow food beyond their subsistence requirements, and that surplus could support complete idleness for some or (at the political level) a military establishment. The attractions of idleness and power made slavery compelling. The difficulty was that an empty landscape presented slaves with opportunities to run away and support themselves. The French Congo furnishes 20th-century examples: villagers fled into the bush and lived for years as foragers to avoid military conscription or forced labour on rubber plantations. African chiefs eliminated this option by slave-raiding in other regions, so captives did not know the local language or how to survive in the local ecology. Of course, their children knew these things, so slavery often lasted only one generation, and the children of slaves were admitted as members of the tribe. Slavery was common in Africa before the Europeans arrived and was the basis of many states.



While Africa had states, they were different from states in advanced agricultural economies. Agrarian states could support themselves through taxing land or renting out state property. That was not possible in Africa since land was so abundant as to be worthless. As a result, African states lacked the legal and cultural institutions that advanced agricultural societies used to organize private property such as surveying, arithmetic, geometry, and writing. The exceptions that prove the rule were the West African empires of the Savannah like Ghana, Mali, and Songhai. Farmland was communally owned, and slavery was widespread. State revenue, however, came mainly from taxing trans-Saharan trade and gold production (not agriculture). Islam was adopted in these empires, and contributed writing and property law to solve their administrative problems.

## The slave trade

The arrival of Europeans led to profound changes in societies practising shifting cultivation, for the Europeans introduced a far broader range of goods than the natives possessed. It never took long for aboriginal Americans, Polynesians, or Africans to realize that cotton made better clothing than bark or that guns were more deadly than spears. In 1895, Mary Kingsley trekked through Gabon and reported that most Africans,

> young and old, men and women, regard trade as the great affair of life, take to it as soon as they can toddle, and don't even leave it off at death, according to their own accounts of the way the spirits of distinguished traders will dabble and interfere in market matters.



Africa was not unique in this regard. Before the French arrived, the Huron of Canada cooked in a hollowed-out stump filled with water brought to the boil with hot stones. The natives were so impressed by the kettles of the French fur traders that they imagined that the man who made the biggest pots must be the King of France. To buy the European kettles, axes, and cloth, the natives needed something to sell in return, and when they found their staple, they increased their working year to produce it for export. In North America, the product was fur. In *c.*1680, a Micmac joked with a French Franciscan:

> In truth, my brother, the Beaver does everything to perfection. He makes for us kettles, axes, swords, knives, and gives us drink and food without the trouble of cultivating the ground.

West Africa exported gold to the Mediterranean and Arab worlds, but a far more important export emerged in the 16th century – slaves. The sugar economy of the Americas generated a great demand for labour that could be satisfied most cheaply by buying workers. In 1526, Alfonso I, the African King of Kongo who sought to convert his people to Christianity, complained to the Portuguese King Joao III that 'many of our subjects eagerly lust after Portuguese merchandise that your subjects have brought to our domains. To satisfy this inordinate appetite, they seize many of our free black subjects ... [and] sell them' to slave traders on the coast. In the 17th century, kingdoms like Dahomey and the Ashanti, which had long been based on slavery, responded to the external demand for slaves with warfare and raiding. The captives were marched to the coast where they were sold to European ships. The African kings used the proceeds to buy firearms (which increased their power and helped their slave-raiding), textiles, and alcohol. Between 1500 and 1850, 10 to 12 million slaves were transported to the New World. Millions more were taken across the Sahara, or over the Red Sea and Indian Ocean for sale in Asia.

## Legitimate commerce

In the 18th century, enlightened and religious opinion turned against slavery, and the trade was abolished in the British Empire in 1807. Slaves were replaced with new exports – the so-called 'legitimate commerce'. The first new product was palm oil, which was in demand as a lubricant for machinery and railway equipment as well as to make soap and candles. In 1842, Francis Swanzy, an English magistrate on the Gold Coast, told a British parliamentary committee how the new export trades increased the work effort of Africans by providing them with the opportunity to purchase consumer goods:



> The wants of the people are daily increasing. Go into the native's house and you will find articles of European furniture; in his house European implements of agriculture; they wear more clothes; in fact, their situation is greatly improving, their wants increasing, and they cannot supply those wants basking idly in the sun; they must work.

Cotton cloth amounted to over half of Britain's exports to West Africa, and metals and metal products including firearms accounted for much of the rest. Asked how they could afford British products, Swanzy replied:

> They go into the bush and dig for gold; a great many make palm-oil. There was 20 years ago, scarcely any exported; now there is a great deal exported; ground nuts also are exported.

The oil was transported to the coast along the same commercial networks that had previously moved slaves. Nigeria was the largest exporter, but production spread throughout West Africa. The commercial possibilities were enlarged further in the middle of the 19th century, when it was discovered that the kernel of the palm fruit yielded an oil well suited to margarine. Palm oil could be raised on plantations, but it remained the domain of individuals harvesting wild stands. In Nigeria in the early 20th century, for instance, 2.4 million hectares of wild groves were harvested, as opposed to 72,000 hectares in estate plantations and 97,000 hectares planted by smallholders. The typical Yako family discussed previously worked an extra 155 days per year to produce 12 four-gallon tins (each weighing 36 pounds) of palm oil, over 700 pounds of palm kernels, and 93 half-gallon bottles of palm wine sold locally. Their biggest purchases were cloth and clothing, but they also bought cutlery, utensils, cosmetics, ornaments (all imported), and meat.



Since the reason Africans produced palm oil was to buy European goods, their incentive depended on how much cloth they could get for each can of oil that they sold. Figure 17 shows the price of palm oil relative to cotton cloth at West African ports from 1817 to the present. In the case of palm oil, there was a sharp rise in the price of oil relative to cloth from 1817 to the middle of the 19th century. Africans could get more and more cloth for their oil over this period, and that induced them to increase production. British imports rose from a few tons per year in 1800 to 25,000 in the middle of the 19th century to almost 100,000 tons around the First World War.

Palm products were not the only West African exports. Cocoa was another great success. The bean was indigenous to the Americas and introduced into Africa in the 19th century. In Britain, the price of cocoa doubled with respect to the price of cotton cloth between

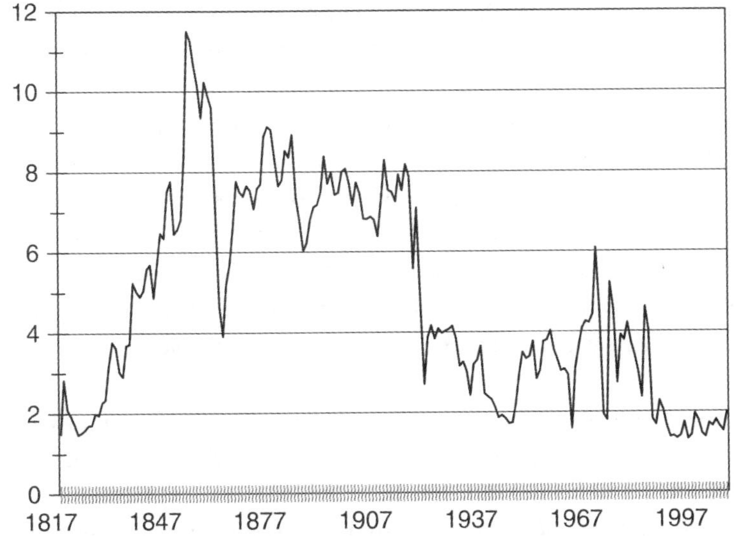


**17. Price of palm oil relative to price of cotton cloth**

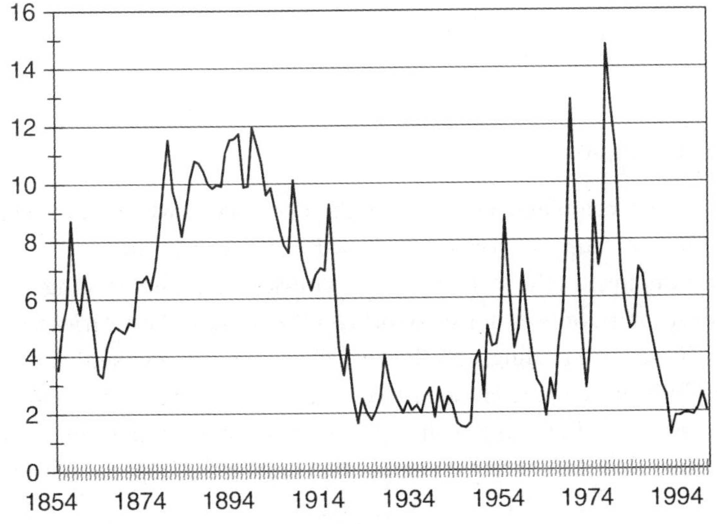


**18. Price of cocoa relative to price of cotton cloth**

the 1840s and the 1880s (Figure 18), and that increase prompted Africans (not Europeans!) to experiment with its production, which began on a large scale in Ghana in the 1890s. Since cocoa was not indigenous, forest had to be cleared and trees planted. This posed a challenge to communal property systems, which let any tribal member occupy empty land. The Africans modified their system of property to facilitate cocoa growing. One solution was to separate ownership of the trees from ownership of the land, so that the planter of the tree secured a return on his investment whoever was growing yams or manioc in the surrounding fields.

A more radical solution was effected by the Krobo. Groups of Krobo collectively purchased land from other tribes and then divided it amongst themselves in individual tenure. Once they had developed their plots, they repeated the process, moving westward across Ghana eventually into the Cote d'Ivoire. As a result, many Krobo own plots scattered across these countries. Some plots they farm, and some they lease out. Migration and homesteading required a high level of investment that was financed with savings from cocoa trees already in production. The Krobo look like Weber's Protestant ethic in operation.



## Colonialism

European colonialism began with the Portuguese, who established settlements in what are now Guinea-Bissau, Angola, and Mozambique in the 15th and 16th centuries. The other leading European powers established forts on the coast of West Africa to facilitate slave trading, and the Dutch established their settlement on the Cape of Good Hope in 1652. European colonialism became more earnest in the 19th century, but it was not until the end of the century that the continent was divided among the imperial powers.

Colonies were acquired for economic as well as strategic reasons. The hope was that they would supply tropical products to the imperial power and be a market for its manufactures, as well as providing places for its citizens to settle and profitable investments for its bourgeoisie. In addition, empires were regarded as civilizing missions that would spread Christianity and raise native culture to the standard of Europe. These aims were expected to be accomplished at no cost to the imperial power, since colonial governments were supposed to finance their expenditures with their own revenues.

Colonialism proved even more detrimental to economic development in Africa than in other parts of the world. African colonialism created remarkably bad institutions. The early African colonies, like their predecessors in North America, were organized through 'direct rule', in which the colonial government applied metropolitan law throughout its territory to settlers and natives, although the latter were often non-enfranchised. By the late 19th century, however, direct rule was replaced by 'indirect rule'. The aim was to make foreign occupation palatable to the indigenous population by recognizing every ethnic distinction and by offering power and wealth to compliant leaders in exchange for supporting the foreigners. In this system, the colonial state applied metropolitan law to settlers and in cities. Control of the natives in the countryside was devolved to 'chiefs' who applied the 'customs' of their 'tribe'. The terms are in quotes to emphasize that they were legal concepts of the colonial state with little necessary connection to the pre-colonial reality. All African polities, from kingdoms like the Ashanti to the least structured band, were conceived as equivalent entities with uniform customs, despite the fact that the complex polities included conquered peoples with disparate customs. Chiefs were created in places like northern Ghana and eastern Nigeria where they had never ruled before. Many of the polities had been fluid, and the right of people to leave oppressive regimes was a check on tyrannical rulers. This right was removed when people were assigned to tribes they could no longer leave. Custom was redefined to suit colonial purposes. 'Barbaric' customs like slavery were eliminated (although it continued in practice), while useful customs like a chief's right to demand unpaid labour were retained. In that way, forced labour became a normal feature of colonial life. Communal landownership usually became a custom, so people could acquire farm land only by being members of a tribe – and at the discretion of the chief, to whom they were subservient. Traditional processes were used where possible to ennoble chiefs, but, in the final analysis, they were appointed by the occupying power. Chiefs were given more authority than rulers had before colonialism. The new-style chiefs became the foremen of empire, levying taxes, compelling labour, and using their powers to amass personal fortunes. Colonialism created a system of rent-seeking petty despots to rule the countryside.

The policies pursued by African colonies were at least as detrimental to growth as those followed in India and elsewhere. Colonial governments adopted only one element of the standard 19th-century development model – transportation improvements. By the First World War, 35,000 kilometres of railway were opened in sub-Saharan Africa. These were financed by private investment (often with public guarantees) and were intended to facilitate exporting primary products by linking the interior to ports. Tariffs were not used to promote manufacture but were kept at low levels for revenue purposes only. The colonial economies were, therefore, fully integrated into the world market. As ocean freight rates declined and overland transport costs fell, the prices of European manufactures declined in Africa and the prices of primary products increased. The economies reacted accordingly. The production and export of products like palm oil and ground nuts shot up; conversely, the production of cotton textiles in Kano declined. Globalization meant that the economy of Africa became specialized in the production of primary products.

Colonial governments did not attempt to educate the African population. The task was left to Christian missions, Muslim madrasahs, and other independent initiatives. Some progress was made, particularly among groups like the Krobo, whose commercial activities gave them an incentive to acquire literacy and whose success gave them the income to purchase schooling. Literacy rates remained very low until after independence. Colonial governments also made no effort to establish local banks to finance investment. Some colonies did promote foreign investment, but it was at the expense of Africans, for the foreigners were granted ownership of the continent's resources. There were considerable differences between colonies in this regard.

At one extreme were the British colonies in West Africa. They were the birthplace of indirect rule, and exemplified it most perfectly. Most of the country was under the control of the chiefs. The acquisition of land by Europeans was discouraged: William Lever, for instance, was denied large land concessions to establish oil palm plantations in Nigeria in 1907.

The German, Belgian, and French colonies in West Africa adopted land and labour policies that were less favourable to native interests. Land was expropriated by colonial governments and given to European investors for plantation and mining development. The Belgians permitted Unilever to establish oil palm plantations in the Congo, for instance. Africans were conscripted to work on plantations and build railways.



At the opposite pole from the British West African colonies were the settler colonies. South Africa is the most extreme example, but the history of land expropriation was similar in Zimbabwe and the Kenyan highlands.

The Cape Town colony had about 25,000 Dutch, German, and Huguenot settlers when it was taken over by the British in 1806. The European population grew to 100,000 in 1850 and leapt to one million in 1900 following the discovery of diamonds in 1866 and gold in 1886. The African population probably rose from 1.5 million to 3.5 million between 1800 and 1900. After 1835, the Boers advanced out of the Cape colony into the Transvaal, seizing vast quantities of land from the Africans. The Boers established the

Orange Free State and the South African Republic, which were incorporated into South Africa after they were conquered by the British in the war of 1899–1902. The British were no more sympathetic to African land rights than were the Boers. The culmination of the land seizures was the Natives' Land Act of 1913, which made it illegal for the Africans to buy or lease land outside of the native reserves. These amounted to 7% of the land of South Africa, even though Africans made up two-thirds of the population.

Parallel but less extreme distributions obtained in other settler colonies. In Zimbabwe, for instance, when the Fast Track Land Reform Programme started in 2000, 4,500 white farmers owned 11.2 million hectares of the country's best land, while one million African families lived on 16.4 million hectares of poorer-quality communal land. Under these circumstances, the law of real property is a system that protects privilege rather than a system that encourages everyone to advance their interests by making mutually advantageous trades.



Dispossessing the natives from the land was a policy to secure their labour as well as to acquire their land. The Reverend J. E. Casalis observed in the 1860s that the aim of land seizures was:

> to force the natives … to live within such narrow limits that it becomes impossible to subsist on the produce of agriculture and livestock and to be compelled to offer their services to the farmers in the capacity of domestic servants and labourers.

This objective was extended by the labour-control systems of apartheid, which treated Africans as though they resided in the reserves and were merely guest workers in the country at large.

## Contemporary poverty in historical perspective

Early in the 19th century, West Africa embarked on a trajectory that had much in common with the colonies of North America – the economy was export-oriented, the Africans pushed back the rainforest in response to high prices in global markets, and income was ploughed back into businesses. All this enterprise and progress, however, failed to spark off modern economic growth. Why not?

There are immediate explanations and underlying causes. The immediate explanation is contained in Figures 17 and 18. They show that the real prices of palm oil and cocoa have trended downwards since the early 20th century. Both prices fell during the First World War and reached extremely low values during the 1930s and the Second World War. The price of palm oil (relative to cloth) never recovered its pre-First World War value, and today is lower than it was in the 1930s. Cocoa-producing countries have fared better – but not cocoa growers. World market prices trended erratically upwards after the Second World War and hit peaks higher than those of the



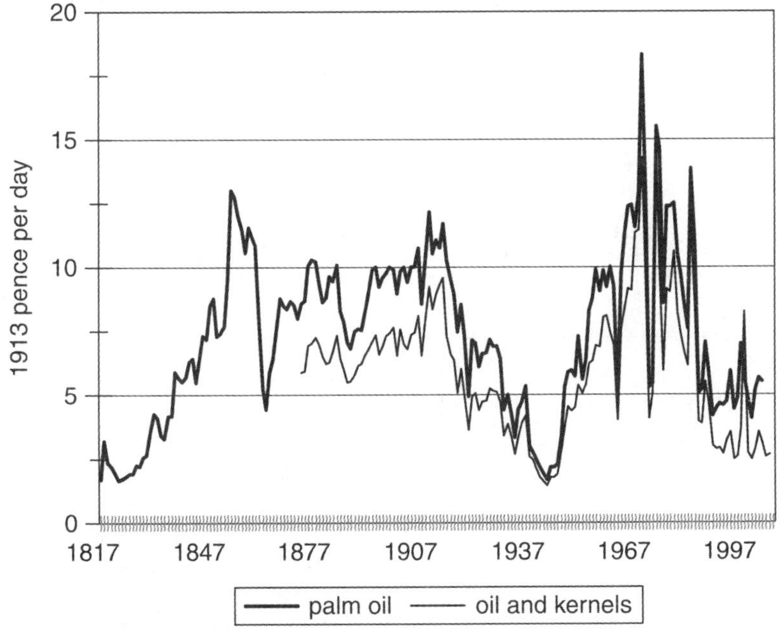


**19. Earnings per day from palm oil**

1890s. In the principal cocoa exporters like Ghana, the increases in income accrued to the state rather than the farmers, however, because the growers were forced to sell their cocoa to a state-owned marketing board that resold the product internationally. Ostensibly, the marketing board protected the growers from fluctuations in the world market by paying steady prices, but in reality the boards acted like Soviet procurement agencies and creamed off the rising surplus from international sales. By keeping prices low, the marketing boards reduced the incentive to expand production, as well as keeping the rural population poor.

The price history translates directly into the real income of the farmers. Figure 19 shows the combined real earnings per day of a hypothetical Yako family harvesting both palm oil and kernels. The figure is constructed on the assumption that their efficiency did not change over the period – the actual state of affairs. The earnings from palm oil followed the same rollercoaster as its price. Since 1980, the real incomes of palm producers have been as low



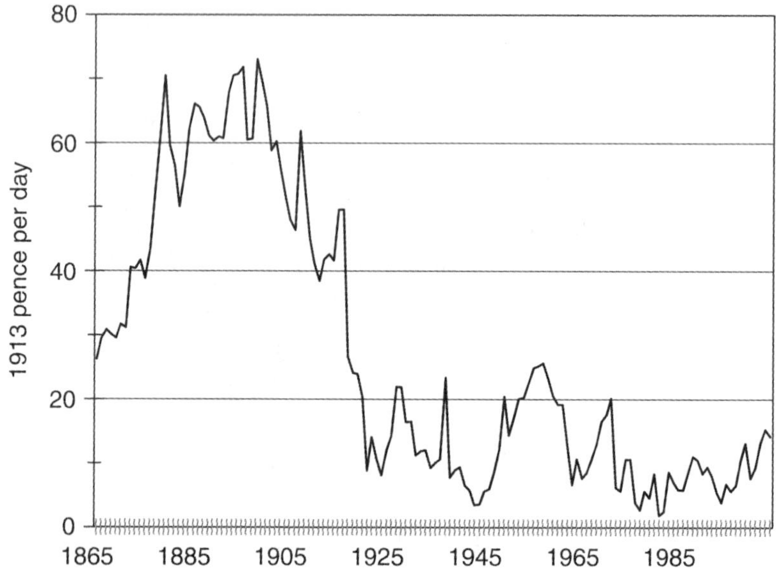


**20. Earnings per day from cocoa**

as they ever were in the 1930s. Cocoa producers have seen a similar long-run drop, but they missed the rising incomes of the 1960s and 1970s since the cocoa marketing board did not pass the high world market prices on to the growers (Figure 20).

Today, cocoa producers earn about 10 pence per day in 1913 purchasing power. This was the wage of a labourer in Accra at that time. Palm oil producers earn half as much. The situation is the same with all of Africa's agricultural exports. Since agriculture employs about 60% of the population, earnings in that sector determine earnings throughout the economy. The reason that Africans are poor is because the continent's agriculture generates a First World War standard of living.

There are two reasons why African agriculture does not do better. The first is the fall in the price of farm exports. There are three reasons for this. One is the invention and cheapening of substitute products. The advent of the petroleum industry in the second half of the 19th century resulted in better and less expensive lubricants than palm oil. Paraffin, another petroleum product, ousted the palm oil derivative stearine from candle-making, and, of course, candles themselves were superseded by kerosene lamps and then by electric lights. The second is competition with Asian producers. Oil palms were cultivated in large plantations in Sumatra and Malaya in the early 20th century, and the plants grew better than in West Africa. Since the Second World War, Malaysian and Indonesian exports have dominated world markets and forced down the prices received by Africans. The third reason for low prices is the expansion of production in Africa itself. This factor is particularly important for cocoa since most production is still African, and there are no good substitutes for cocoa in chocolate manufacturing. Cultivation of cocoa expanded westward across Ghana into the Cote d'Ivoire. The work force was drawn from impoverished regions across West Africa. Output has increased, and prices have fallen. From this perspective, African poverty is a vicious circle in which low wages keep down export prices, and low prices keep down wages.

The second reason that cocoa and palm oil do not generate higher incomes is because productivity is low and stagnant. In part, the story is biological. The Germans and the Belgians undertook basic research on the oil palm, but, ironically, the benefits have been realized in Southeast Asia to the detriment of Africa. Compared to other continents, there has been very little research to improve African crops.

Mechanization is another source of productivity growth. Most of the labour in producing palm oil is expended in processing the fruit once it is picked. The traditional method involves stacking, fermenting, boiling, pounding, treading, soaking, skimming, and pressing. Sticks are used for pounding, the feet for treading, and so forth. Great strides have been made in mechanizing the processing of fruit grown on plantations, but progress has been lethargic in the village sector. Simple machines for pressing the fruit and expelling the oil considerably reduce the need for labour but at the cost of more capital. These machines are not profitable on small farms in West Africa due to the low wage rate. This is an example of the technology trap discussed in Chapter 4 whereby low wages mean that it is not profitable to adopt the mechanized technology required to raise wages. In any event, there is little point in freeing labour from processing palm oil since the non-agricultural population already exceeds the number of jobs outside of agriculture.



This labour market imbalance reflects developments of the last 50 years. One has been the growth in population, which has increased five-fold since 1950. A definitive explanation is impossible in view of the limited African data, but the experience of other tropical regions suggests that the immediate cause was a fall in mortality rates, particularly for infants and the elderly. Very likely, this was due to improvements in public health and the spread of modern medical practices.

The other development has been the failure of Africa to industrialize in this period. There are economic explanations for this as well as broader institutional explanations. All of them make sense in terms of Africa's geography and history.

There are three economic explanations for the lack of industry. The first is comparative advantage. North America exported wheat to Europe since wheat production is land-intensive and the USA had abundant land relative to its population. Africa has an even lower population density than North America, so its comparative advantage lies in commodities that use its land and resources intensively. These are the primary products it exports. In the USA, the counterpart to land abundance was high wages, which would have made manufacturing uncompetitive with imports in the 19th century had there been no tariffs. The situation is different in Africa, however, for wages are low, yet manufacturing firms still do not find it profitable to locate there. The reason is, presumably, that costs would be high since production would be inefficient. One reason for low productivity might be uneducated workers, but education has expanded rapidly in recent decades, so any deficit in that area among young workers has disappeared – without any noticeable benefit.



Another reason for low productivity is the absence of other complementary firms. In rich countries, production takes place in urban networks where firms support each other by providing specialized products and services. These 'external economies of scale' raise productivity and allow firms to pay high wages while remaining competitive. Africa is caught in a vicious circle – a network of firms will never be established since no firm finds it profitable to set up business in the absence of the network! In the 19th century, Africa may have had the beginnings of these networks with its scattered iron works, the textile industry at Kano, and so forth, but globalization, supported by colonialism, drove them out of business.

A final economic argument is technological and applies the analysis of agricultural mechanization to the industrial sector: wages in Africa are too low to make it profitable to use the highly capital-intensive technology of modern industry. Africa is caught in yet one more trap: mechanized industry is the solution to low wages, but low wages make mechanization unprofitable!

The most popular explanations for African poverty, however, are institutional rather than economic: one aspect of 'bad institutions' is endemic warfare, which surely is bad for business. Poverty itself is a cause of warfare since it makes recruiting troops very cheap. Low wages causing war, which, in turn, restrains the economy, leading to low wages – another poverty trap. In addition, the actors and issues in many well-known wars were the creations of colonial indirect rule. Belgium controlled Rwanda by elaborating the difference between Tutsi and Hutu into an imaginary racial division. The Tutsi were conceived as foreign interlopers, who were superior since they were descendants of the biblical character Ham, while the Hutus were regarded as indigenous and inferior. The colonial administration lavished education and opportunities on the Tutsi, so that they could rule the Hutu. However, the Hutu majority finally seized control of the state in the revolution of 1959. When a Tutsi army invaded the country in 1990 and defeated the predominantly Hutu Rwandan army, the Tutsi threatened the gains made by Hutus since 1959, and the stage was set for the genocide.



Another aspect of 'bad institutions' is the corruption and undemocratic character of many states. These deficiencies are also legacies of colonial structures of government. Newly independent African states inherited constitutions that included racial distinctions and embedded the tribal and administrative structures of indirect rule. The states have been successful in eliminating racism but much less successful in eliminating tribalism. In most countries, there are separate systems of administration for urban and rural areas. The former have modern systems of law, and the latter are divided into the 'tribal' areas created during the colonial period and run by chiefs administering colonial customs including communal landownership. Often, the continuation of colonial administration is obscured by adopting uniform legal codes that cobble together the modern and the customary rules in the same document. Much of rural Africa is consequently governed by a layer of non-elected corrupt potentates who can extort income and labour services from the citizenry and extract rents from the national administration.

The goal of economic development has added another dimension to the control of the peasantry. The ideology of the 1960s saw development as a process in which the urban economy grew at the expense of the rural. The colonial state had used the system of indirect rule to govern the countryside for the benefit of the colonial power. The leaders of independent states took their place and used the same techniques to benefit the city at the expense of the countryside. Chiefs were induced to use their 'traditional' ownership of communal land to expropriate it for development projects, threats of eviction were used to compel peasants to cooperate with agricultural innovations, and rural residents were coerced to labour on infrastructure and plantation projects. In addition, the state directly coerced peasants; in particular, farmers were forced to sell crops to government marketing boards, so that food could be sold cheaply to urban workers and export crops could be taxed by paying the peasants low prices for products that were sold in international markets at high prices, as we have seen in the case of cocoa. These efforts brought little industrial development, while reducing agricultural incentives and increasing corruption and authoritarianism.



Radical states followed a seemingly different path but with similar outcomes. These states abolished tribalism as well as racism: in the words of Samora Machel, the first president of Mozambique: 'For the nation to live, the tribe must die.' One-party states were created to suppress divisions and as vanguards of progress. The practice of colonialism, however, was harder to change. Tribal leaders became cadres of the ruling party and carried on as before. In the name of development, the reformed states adopted the dirigisme of colonial administration – forced labour re-emerged in them as well. Africa cannot easily escape its history.

# Chapter 8
# The standard model and late industrialization

By 1850, Europe and North America had pulled ahead of the rest of the world. How the poor countries could catch up was the new problem. Colonies could do little, since their options were restricted by the imperial power. Independent states, however, could apply the standard model – railways, tariffs, banks, and schools – that had worked for the USA and Western Europe. This strategy, however, proved less and less fruitful as time went by.

## Imperial Russia

Russia was for a long time the most backward part of Europe. Peter the Great (1672–1725) tried to turn it into a modern Western power. He built the new port of St Petersburg and founded many factories mainly devoted to the military. There was no catch-up with the West, however. The extent of Russia's backwardness was made clear by the country's defeat by England and France in the Crimean War (1853–6). Modernization was so pressing that Tsar Alexander II abolished serfdom. Reformers hoped this would kick-start economic growth by creating free labour and private property, but there was no quick response.

The post-emancipation government adopted the standard development model with some modification. First, a national market was created through a vast programme of railway construction. By 1913, 71,000 kilometres of track were open and linked Russia to the global economy.

> When the peasants marketed their grain in Nikolayev [in 1903], they asked, 'What is the price in America according to the latest telegram?' And what is still more surprising they know how to convert cents per bushel into kopecks per pood.

Second, tariffs were used to build up industry. By 1910, Russia smelted 4 million tons of pig iron per year. It was not in the first division with the USA, Germany, and the UK, but it was a leader in the second. Russia also developed an important engineering industry. In addition, the state promoted light industry with high tariffs on cotton textiles and moderate tariffs on raw cotton. As a result, the cultivation of cotton expanded in what became Uzbekistan. In the early 20th century, Russian mills processed almost as much cotton as Germany's. Third, the biggest innovation in economic policy lay in finance. Private banks were too weak to play the role they had in Belgium or Germany. Instead, Russia relied on foreign capital. Railways were financed by selling securities abroad, and foreign direct investment became the principal means of bringing advanced technology to the country. Plants were built to West European specifications, however, without any adaptation to Russia's different economic circumstances, with the result that production costs were higher than in Western Europe. Fourth, education was expanded from the 1860s onwards. By the First World War, almost half of the adult population was literate. Even amongst manual workers, the earnings of the literate were higher than those of the illiterate, so schooling was attractive to many people.



The standard model (as amended) boosted the share of heavy industry in Russia from 2% of GDP in 1885 to 8% in 1913, but agriculture remained the biggest sector (its share slipped from 59% to 51%). Agricultural output doubled over this period as the world price of wheat rose, and farming accounted for most of the growth in GDP. Tsarist economic growth was mainly an agricultural boom, souped up with some tariff-induced industrialization. Growth would probably have petered out when the world price of wheat collapsed after the First World War. Another economic model was needed to catch up to the West.

An indicator of the limited impact of the standard model in Russia was the state of the labour market. Despite the growth in GDP, labour demand did not grow enough to fully employ the population, so wages remained at subsistence, and the extra income created by growth accrued as profits to the owners of industry and as rent to the owners of land. These became the flash-points of social conflict. Unequal development led to a revolt in 1905 and, more explosively, in 1917. The failure of the standard model to transform Russia led to its own undoing.



## Japan

Japan is a particularly interesting case, for it was the first Asian country to catch up with the West. Japanese history is divided into four periods: Tokugawa (1603–1868), when the country was governed by Tokugawa shoguns; Meiji (1868–1905), when power was returned to the Emperor Meiji and economic modernization began; Imperial (1905–40), when heavy industries were founded; and, finally, the Era of High Speed Growth (1950–90), when Japan caught up with the rich countries of the West.

The roots of Japan's success lie in the Tokugawa period, although the country had many institutions that were inimical to economic growth. Society was divided into castes – samurai, peasants, artisans, and merchants – and the polity into several hundred domains ruled by lords called daimyo. Domains could be confiscated, and this created insecurity of property at the highest social level – rather like Elizabethan England. Draconian restrictions were imposed on international trade and contacts.

Inbound ships were only allowed from China, Korea, and the Netherlands, and the Dutch were restricted to a tiny settlement in Nagasaki.

Technology advanced in the Tokugawa period, but the character of the improvements was the reverse of Britain's. Since wages were low in East Asia, the Japanese invented technology that increased the employment of labour in order to raise the productivity of land, capital, and materials. Labour, for instance, was deployed constructing irrigation systems to raise crop yields. New varieties of rice such as *akamai* were planted, and water control allowed a second crop such as wheat, cotton, sugar cane, mulberry, or rapeseed to be grown. Farmers worked more hours per hectare and used less capital, as hoes were substituted for ploughs and draft animals.

Productivity in manufacturing processes was also improved. Domains tried to attract industries and supported research to raise their productivity since more production led to more tax revenue. In the case of silk, early experiments to use machinery along English lines (for example, employing gear and belt systems inspired by clocks and automatons) were abandoned since they were not economic. Instead, experiments were directed at improving the productivity of silk worms. Selective breeding and temperature control cut maturation time and boosted silk per cocoon by one-quarter. In mining, mechanical systems of drainage were known but not used; instead, armies of workers did the work. Likewise, much labour was expended to extract the maximum amount of metal from ores. The exception that proves the rule was sake. Capital-intensive, water-powered factories were installed but only because the government restricted production by limiting the time during which breweries could operate. That restriction led to high-volume plant design.

Tokugawa development produced uneven prosperity. The population and rice crop both grew in the 17th century, but the wages of labourers stayed at 'bare-bones' subsistence. The average person consumed about 1,800 calories per day in the late Tokugawa and early Meiji periods. Most calories and protein came from rice, potatoes, and beans rather than meat or fish. The correlate was that people were short: men averaged 157 cm and women 146 cm.

Many people, nonetheless, enjoyed a more affluent lifestyle. About 15% of the population lived in cities; Edo (modern-day Tokyo), with a population of one million, Osaka, and Kyoto (each 400,000) were amongst the largest cities in the world. Life expectancy was increasing. Leisure grew as peasants took 'recreation days' and travelled around the country. School attendance was very high for an agrarian society. In 1868, 43% of boys and 10% of girls attended school, where they learned reading and arithmetic. More than half of adult men were literate. Reading for instruction and pleasure was widespread. Books were too expensive for most people to buy, but they could be rented from shops. In 1808, there were 656 rental bookshops in Edo, supplying about 100,000 households (roughly half the population) with books. The high level of education was probably due to the commercialization of the Japanese economy, and it underlay later growth.



Tokugawa Japan achieved an impressive level of engineering and administrative competence that was apparent in the establishment of the first iron foundry in Nagasaki. Military necessity was the impetus. In 1808, *HMS Phaeton* entered the city's port to attack Dutch shipping. *Phaeton* threatened to bombard the harbour unless provisions were provided. The Japanese had no iron cannon to defend themselves since they had no furnaces to cast them. Nabeshima Naomasa, who became the lord ruling Nagasaki and who was an enthusiast for Western science, established a team to create a cannon foundry. The group included savants and craftsmen skilled in iron. They translated a Dutch book describing a foundry in Leyden and replicated it. In 1850, they succeeded in building a reverberatory furnace, and three years later were casting cannon. In 1854, the Nagasaki group imported state-of-the-art, breech-loading Armstrong guns from Britain and manufactured copies. By 1868, Japan had eleven furnaces casting iron.

## The Meiji Restoration

In 1839, the British attacked China to force the country to allow the importation of opium, which was one of the East India Company's most lucrative products. Narco-imperialism triumphed with China's defeat in 1842. Would Japan be next? The answer seemed to be 'yes' when the US Commodore Perry arrived with four warships in 1853 and demanded that Japan end its restrictions on foreign trade. Without a modern navy, Japan felt it had to agree and signed treaties with the USA, Britain, France, and Russia. An adequate military was urgent. The Tokugawa shogun took some steps to improve Japanese security, but many regarded this as too little, too late.

In 1867, the Emperor Meiji ascended the thrown. Modernizers effected a virtual *coup d' tat*, and the last Tokugawa shogun relinquished his powers. The slogan of the modernizers was 'rich country, strong army'.

The new regime undertook sweeping reforms. All of the feudal domains were 'surrendered' to the Emperor, and the 1.9 million samurai were paid off with government bonds. The four orders of society were abolished, so anyone could take any job. The peasants were confirmed in the ownership of their land and modern property rights were created. Feudal payments were replaced by a land tax to the national government. This provided most state income in the 1870s. In 1873, universal conscription was introduced and a Western-style army created. This further eroded the privileges of the samurai, who had previously been the only people allowed to bear arms. In 1890, a written constitution that created a constitutional monarch on the Prussian model was adopted.

The radical spirit of Meiji Japan is shown by a simple problem – the measurement of time. The traditional Japanese clock divided the interval from sunrise to sunset into six hours and from sunset to sunrise into another six hours. The day hour and the night hour, therefore, differed in duration, and, moreover, the length of each varied over the course of the year. Tokugawa clockmakers experimented with ingenious modifications of Western mechanical clocks to reproduce these hours. In 1873, the first Japanese railway was completed, and the Meiji government faced the problem of publishing a timetable. Rather than a complicated schedule with departure and arrival times varying over the year, the state instead abolished traditional Japanese time and replaced it with the Western 24-hour clock. Modern transportation required modern time.



## Meiji economic development

The Meiji government would have liked to develop the country with the standard model that had been successful in Western Europe and North America, but they could easily introduce only two of its four components. The first was the creation of a national market by abolishing the tariffs between domains and building a railway network. The second was universal education. In 1872, elementary schooling was made compulsory, and, by 1900, 90% of the school-age children were enrolled. Secondary schools and universities were founded but were limited and highly competitive. Thousands of Japanese were sent abroad to study. As a result, education progressed much earlier in Japan than in other poor countries. Table 6 contrasts Japan with Indonesia, a country whose experience is representative of most of Asia and Africa. In Japan, a high proportion of the population (10.8%) was in school by the late 19th century, and modern levels of participation (19.7%) were reached by the Second World War. Indonesia, by contrast, lagged several generations behind Japan. Mass education was an important reason for Japan's success in adopting modern technology.

Table 6. Percentage of the population in school

| | Japan | Indonesia |
|---|---|---|
| 1870 | 2.5 | 0.1 |
| 1880 | 6.7 | 0.1 |
| 1900 | 10.8 | 0.4 |
| 1913 | 14.1 | 1.1 |
| 1928 | 17.5 | 2.8 |
| 1940 | 19.7 | 3.4 |
| 1950 | 22.3 | 7.0 |
| 1973 | 17.2 | 13.6 |
| 1989 | 18.8 | 23.9 |



The other components of the development model – investment banks and a protective tariff – were harder to implement. Tokugawa Japan had nothing like modern banks. The Meiji state chartered banks from the outset, but the system was chaotic. It took 50 years for Japan to develop a banking system along German lines. Early in the Meiji period, the state filled the gap by acting as the venture capitalist.

It was impossible for Japan to use tariffs to promote industrial development because the maximum tariff rate was capped at 5% by a treaty forced on Japan by the Western powers in 1866. Instead, the state intervened directly in the economy through 'targeted industrial policy'. The most important actors were the Ministries of the Interior and Industry, which were charged with importing modern technology. The Ministry of Industry established Japan's railway and telegraph systems in the 1870s and

1880s. Foreign technicians initially guided the project, but a school to train Japanese engineers was established in Osaka, and the foreigners were dispensed with as quickly as possible. One reason the Japanese managed the projects was to ensure that procurement policy promoted Japanese industry. Japanese potters, for instance, received contracts to make insulators for telegraph lines, and, in that way, an industrial ceramics industry was created.

In the 1870s and 1880s, both ministries operated on the assumption that Japanese business would not introduce modern technology at the required pace, so that the state had to be the entrepreneur. State-owned mines and factories were established using advanced imported machinery, but most were commercial failures. The Tomioka silk-reeling factory, for instance, was built in 1872 with French machinery and steam power but always lost money. In the 1880s, the Japanese government sold most of its industrial establishments and relied on business to make management decisions within the framework established by the state. Japanese business solved the problem of importing technology by re-engineering it to make it appropriate for Japanese conditions.



Japan faced a problem that has only become worse with time: modern technology was embodied in machinery and plant specifications that were designed for Western firms facing Western conditions. By the late 19th century, wages were much higher in the West than they were in Japan, so Western designs used much capital and raw materials to economize on labour. This configuration was inappropriate for Japan and resulted in high costs. Some countries limped along with inappropriate technology, but the Japanese response was far more creative: they redesigned Western technology to make it cost-effective in their low-wage economy.

Silk-reeling was an early example. At the same time that the Tomioka mill was losing money, the Ono merchant family in Tsukiji established a mill that also used European-inspired machinery. In this case, however, the machines were made of wood rather than metal and the power came from men turning cranks rather than a steam engine. The modification of Western technology along these lines became common in Japan as the 'Suwa method'. This was an appropriate technology for Japan in that it used less expensive capital and more cheap labour.

It was the same story with cotton. The early attempts to spin with mules were not successful. Much more successful was the *garab* (rattling spindle) invented by Gaun Tokimune. The *garab* could be produced cheaply by local carpenters (so it saved capital) and produced yarn similar to that produced by hand wheels with which it was competing. The *garab* was not a high-level Meiji project, but it was supported by the Association for Developing Production run by Gaun's local prefecture.

The contrast with India is telling. The cotton-spinning industry that grew rapidly in Bombay in the 1870s used English mules, and the mills were operated in the same manner as in Britain. No systematic attempts were made to reduce capital in the Indian industry. Such efforts were made in Japan, however. An elementary step was to operate the mills with two eleven-hour shifts per day rather than one, which was normal in Britain and India. This cut capital per hour worked in half. From the 1890s onwards, high-speed ring spindles were installed instead of mules. These changes in technique all increased employment relative to capital and cut costs. By the 20th century, Japan was the world's low-cost spinner of cotton and was out-competing the Indians and Chinese as well as the British.

Development of appropriate technology extended to agriculture. The Japanese experimented with US farm machinery in the 1870s, but it was unsuccessful because it used too much capital. More successful were efforts to increase the productivity of land, even if that required the use of more labour. In 1877, *shinriki* rice was developed near Osaka. It gave high yields if it was fertilized and if the paddy was thoroughly tilled. Veteran farmers' organizations were enlisted by the Ministry of Agriculture to spread this culture to the rest of the country. Agricultural output grew steadily in Meiji Japan and made an important contribution to the growth of the economy – once invention focused on increasing the productivity of land, the scarce and expensive factor of production.

## The Imperial period, 1905–40

While Japanese society was overhauled in the Meiji period, change in the economic structure was slow. The leading industries were traditional – tea, silk, and cotton. Exports of these products paid for imported machinery and raw materials.



Industrial growth accelerated between 1905 and 1940, and its character changed. The share of manufacturing leapt from 20% of GDP in 1910 to 35% in 1938. The metallurgical, engineering, and chemical industries that dominated post-war Japanese growth were founded in this period, as were the famous firms that produce these products.

These advances coincided with the full implementation of the standard development model. Japan recovered control over its tariffs in 1894 and 1911, and they were immediately raised to protect industry. By the 1920s, the banking system had matured to the point that it could finance industrial development. In addition, Japan retained its system of targeted industrial policy. The combination of policy instruments proved particularly potent for promoting heavy industry.

The first step was taken in 1905 when the Yawata Steel Works were established for strategic reasons. The plant was state-owned and required subsidies for years before becoming profitable. The First World War gave a boost to Japanese business since European imports were cut off. After the war, the military undertook research in conjunction with private companies, and promoted key industries like automobiles, trucks, and aircraft with procurement contracts. Large-scale firms, along with banks that financed them, were owned by holding companies. These *zaibatsu* coordinated production and channelled investment to industry.

While the *zaibatsu* aimed to deal with the shortage of capital in Japan by increasing the rates of savings and investment, management also responded to the factor prices it faced by inventing appropriate technology. American firms operating in a high-wage environment invented highly mechanized, assembly-line production systems that economized on labour. Japanese firms, in contrast, economized on raw materials and capital. One of Japan's most famous products was the Mitsubishi Zero fighter. Its maximum speed of 500 kilometres per hour at 4,000 metres was not achieved by increasing the power of its engine but instead by reducing its weight. One expedient developed in the 1930s was 'just in time' production. Rather than producing components for inventories that required capital to finance, Japanese businesses produced components only as they were needed. 'Just in time' production is a technique that has proved to be so productive that it is now used in settings where capital is cheap as well as where it is dear.

Unlike Tsarist Russia or Mexico, foreign investment was a comparatively unimportant channel for importing Western technology. Instead, Japanese firms established their own R&D departments to copy it and re-engineer it to suit Japanese conditions. Business was supported by the state. When it proved impossible to import electrical turbines from Germany in 1914, Hitachi was awarded a contract for a 10,000-horsepower turbine for a hydro-electric project. Since the largest turbine Hitachi had previously built was 100-horsepower, there was much to learn, and the experience strengthened the firm's engineering capabilities.

Japan's application of the standard development model was a mixed success. On the one hand, an urban society with advanced industries was created. Per capita GDP increased from $737 in 1870 to $2,874 in 1940. Given the stagnation that gripped most of the Third World, these achievements were impressive. On the other hand, the rate of growth in per capita income (2.0% per year) was modest and not much above the US rate of 1.5%. If these rates had continued after 1950, it would have taken Japan 327 years to catch up to the USA. That was not fast enough.

The slow growth of the economy was reflected in weaknesses in the labour market, as in Russia and Mexico. The large-scale firms paid high wages, but wages remained very low in agriculture and small-scale industry because labour demand was weak. These sectors continued to use hand technology or only simple machines. There was a symbiosis between the modern and traditional sectors: if a stage in a modern production process could be performed least expensively by small-scale, handicraft methods, then it was subcontracted to a small firm.



## Latin America

Latin America has undertaken the most recent experiments with the standard model. These began at the same time as the southern part of the continent was integrated into the world economy.

Mexico, the Andes, Brazil, and the Caribbean had been part of the world economy since the 16th century, but southern Latin America was too far from Europe for trade to be viable. After 1860, efficient steamships made it profitable to export wheat from Argentina and Uruguay, and guano and copper from the Pacific coast of the continent. Meat exports were added to the list in 1877, when the first refrigerated ship, *Le Frigorifique*, carried frozen mutton from Buenos Aires to Rouen. Exports boomed, and the region attracted settlers and capital from Europe. By

1900, the southern cone was one of the richest regions in the world, and Argentina joined Mexico in developing manufacturing.

Many Latin American countries were too small to become industrial nations and continued to export primary products and import manufactures – and continued to be poor. The larger economies, on the other hand, experimented with the standard development model in the late 19th century and persevered with it until the 1980s, when it was dubbed 'import substitution industrialization' (ISI). First, 90,000 kilometres of railways were laid in Argentina, Brazil, Mexico, and Chile by 1913. Second, tariffs protected industries like textiles and iron. Third, the Russian model was followed with investment financed abroad. Fourth, a notable lapse, however, was the failure to provide universal education. Argentina was the great exception, for it mandated compulsory, free schooling in 1884. As a result, Argentina (followed closely by Chile) led the continent, with over half its adult population literate in 1900 – compared to one-quarter in Mexico, Venezuela, and Brazil.

Manufacturing development gathered pace behind tariffs in the 1920s and 1930s, and the low prices of the continent's agricultural exports lent weight to arguments for industrial development. This sentiment was turned into doctrine by the UN Economic Commission on Latin America, under the direction of the Argentine economist Raul Prebish. *The Economic Development of Latin America and its Principal Problems* (1950) contended that the prices of the primary products exported by Latin America were falling with respect to the prices of the manufactured imports and recommended state promotion of industry to counter the trend. This so-called 'dependency theory' has been politically influential, although its claims are debatable. Consider examples in this book. The history of palm oil and cocoa are in accord with the theory since their prices have fallen with respect to the price of cotton cloth since the mid-19th century (Figures 17 and 18).

However, the price of raw cotton *rose* with respect to the price of cloth in India in the 19th century, leading to de-industrialization (Figures 12 and 13).

Dependency theory led to a comprehensive application of the standard model. Education was finally made universal. Development banks were created to fund development, while foreign investment became the vehicle for financing industry and introducing advanced technology. Tariffs and government controls were used to promote a range of modern industries. Manufacturing output and urbanization soared. Per capita income more than doubled between 1950 and 1980. Foreign debt grew as well, however, and could no longer be serviced when interest rates rose in the early 1980s. Mexico defaulted in 1982, Western banks called in loans, and Latin America went into recession. The standard model had reached its limits.



The failure of tariff-induced industrialization also reflected deeper factors like the evolution of technology. The difference in wages between rich and poor countries had grown, so that the new highly capital intensive technology of the 1950s was even less suitable to poor countries than was the technology of 1850. In addition, a new problem appeared. The new technology of the mid-20th century involved not only high capital to labour ratios but also large plant sizes. These were often too big for the markets of poor countries.

Automobiles are an important example. Most Latin American countries promoted their production, but markets were too small for efficient operation. The MES (minimum efficient size) for vehicle assembly plants in the 1960s was 200,000 autos per year. The MES for engines and transmissions was closer to one million per year, while sheet metal presses could produce four million units in their lifetime. Only seven companies (GM, Ford, Chrysler, Renault, VW, Fiat, and Toyota) produced at least one million autos per year and had engine, transmission, and assembly plants of MES. (Efficiency in metal stamping was realized by changing body design only every few years.) Smaller firms were burdened with higher costs.

Latin American car markets were smaller. In the 1950s, about 50,000 new cars were sold each year in Argentina. The Automotive Decree of 1959 required that 90% of the content of vehicles sold in the country be manufactured there. Production grew at 24% per year until 1965, when 195,000 vehicles were produced, and automobiles accounted for 10% of the economy. ISI looked a great success in terms of the growth in output, but the industry was far too small to realize the economies of large-scale production. The small size of the national market was exacerbated by its division amongst 13 firms, the largest of which produced only 57,000 vehicles. The upshot was that the cost of producing an automobile in Argentina was 2.5 times the cost in the USA. Argentina could never compete internationally with this industrial structure, and the overall efficiency of the economy was dragged down by this sector. Since the same story was repeated in steel, petrochemicals, and other industries, ISI played a big role in depressing GDP per worker and, hence, the standard of living.

The contrast with the 19th century is stark. Scale was not an issue then. Around 1850, a typical cotton mill had 2,000 spindles and processed 50 tons of yarn per year. The USA consumed about 100,000 tons of yarn annually, so it could accommodate 2,000 cotton mills of the MES. It was the same story in other modern industries: a blast furnace produced 5,000 tons per year and total consumption in the USA was about 800,000 tons, or 160 times MES; a rail mill rolled 15,000 tons of rails per year, while the USA laid 400,000 tons (only 27 times more!). The high USA and European tariffs raised the prices paid by consumers in the 19th century, but they did not burden their economies with an inefficient industrial structure. That is a fundamental reason why the standard model worked in North America but not in South America.

## The end of the standard model

In Tsarist Russia, Japan, and Latin America, the standard model generated modest economic growth, but not enough to close the gap with the West. With per capita GDP growing at about 2% per year in the advanced countries, poor countries had to generate at least that much growth just to stay even and very much more to catch up in a short time-frame. Tsarist Russia, Japan, and Latin America could not do that with the standard model. A corollary was the slow growth of labour demand that fell short of the growth in population. As a result, Tsarist Russia and Latin America suffered from high inequality and political instability. Many groups in pre-Second World War Japan – workers in agriculture and small-scale industry and women generally – likewise failed to share in the growth. These problems have worsened with time as the scale of efficient production has increased and capital to labour ratios have become even greater in rich countries. Even without the financial crisis of the early 1980s, the standard model had reached the end of its useful life. What would replace it?

# Chapter 9
# Big Push industrialization

The West pulled further ahead of most of the rest of the world in the 20th century, but some countries and regions bucked the trend and caught up, notably, Japan, Taiwan region, South Korea, and (less completely) the Soviet Union. The Chinese mainland looks on course to do the same. Growth in these countries and regions was very rapid, and the gap was closed in half a century. They began their growth spurts with an income per head equal to only 20–25% of that in the advanced countries. With the latter growing at 2% per year, the poor country could catch up in two generations (60 years) only if its per capita GDP grew at 4.3% per year. This requires total GDP to grow at 6% or more per year depending on population growth. That is a high hurdle. The only way large countries have been able to grow so fast is by constructing all of the elements of an advanced economy – steel mills, power plants, vehicle factories, cities, and so on – simultaneously. This is *Big Push* industrialization. It raises difficult problems since everything is built ahead of supply and demand. The steel mills are built before the auto factories that will use their rolled sheets. The auto plants are built before the steel they will fabricate is available and, indeed, before there is effective demand for their products. Every investment depends on faith that the complementary investments will materialize. The success of the grand design requires a planning authority to coordinate the activities and ensure that they are carried out. The large economies that have broken out of poverty in the 20th century have managed to do this, although they varied considerably in their planning apparatus.

## Soviet economic development

The Soviet Union is the classic example of a Big Push. The 1917 Revolution was followed by four years of civil war, which was won by the Bolsheviks, who conceded the peasants' demands for ownership of the land and its equal division among the farming population. By 1928, the New Economic Policy had revived the economy, Lenin was dead, and Stalin was in power.

The USSR faced the same problem as other poor countries: most of the population was in the countryside engaged in handicraft production and small-scale agriculture. The country needed to build a modern, urban economy. That, in turn, required massive investment in modern technology. The Soviet solution was central planning, and the Five Year Plan became its symbol. Since Soviet businesses were state-owned, they could be directed with instructions from the top (the plan) instead of following the incentives of the market. For a long time, the Soviet model looked like a great success and inspired planned development in many poor countries.

The Soviet Big Push began with the first Five Year Plan in 1928. The growth strategy rested on four legs. The first was channelling investment into heavy industry and machinery production. This accelerated the capacity to build capital equipment and thereby pushed up the rate of investment. The USSR was large enough to absorb the output of large-scale factories, which became the norm. The second was the use of demanding output targets to direct business operations. Since maximizing output might lead to losses, bank credit was liberally given to businesses so that they could cover their costs. The 'hard budget constraints' of capitalism were replaced by 'soft budget constraints'. Third, agriculture was collectivized. Politically, this was the most controversial policy since it was anathema to the peasants, who preferred small family farms and periodic redistributions of land by the village to ensure equality. In the event, collectivization resulted in a huge fall in farm output and led to famine in 1933. The fourth was mass education. Schooling was quickly made universal and compulsory. Adult education was pursued vigorously to cut the time for the whole labour force to be trained.

These measures caused the economy to grow rapidly. By the time the Germans invaded in 1940, thousands of factories, dams, and power plants had been built. The plans tilted investment to heavy industry, which boomed. By 1940, pig iron production had increased from a pre-war maximum of 4 million tons per year to 15 million tons. This was twice as much as Britain produced, but still only half as much as the USA. Electric power generation went from 5 to 42 billion kilowatt-hours. (Lenin once quipped that Communism meant 'Soviet power plus the electrification of the whole country'. By that definition, the Revolution was a success.) The investment rate rose from about 8% of GDP in 1928 to 19% in 1939.



The production of consumer products also increased but by a smaller amount. Partly, this reflected priorities; partly, it was due to the disastrous collectivization of agriculture. Production rebounded by the end of the decade, however. In 1939, the USSR processed about 900,000 tons of ginned cotton. This was double the 1913 level, 50% more than Great Britain (whose output had fallen considerably due to Japanese competition), but only 52% of the USA's. While per capita consumption fell sharply in 1932 and 1933, there was a 20% rise in average living standards between 1928 and 1939. In addition, educational and health services were enormously extended.

The Second World War was a huge blow to the USSR: 15% of the Soviet citizens lost their lives (mortality among men aged 20–49 reached 40%), and housing and factories were destroyed. However, the capital stock was restored by 1950, and rapid economic growth resumed. Investment was kept at about 38% of GDP. By 1975, the USSR produced more than 100 million tons of pig iron and had surpassed the USA. Consumer goods output also increased rapidly. It looked like the Soviet model might really be the best way for a poor country to develop.

And then it all went wrong. The growth rate gradually declined in the 1970s and 1980s. By the end of the decade, it was nil. President Gorbachev called for 'restructuring' (*perestroika*). Central planning gave way to the market, but it was too late to save the USSR, and it was dissolved.

In the case of the Soviet Union, there are really two questions. First, what went right? Why did the GDP per head grow so rapidly from 1928 to the 1970s? Part of the answer relates to 'GDP' and part to 'heads'. GDP grew rapidly since Soviet institutions were effective in building large-scale, modern factories. Channelling investment into heavy industry increased the capacity to build structures and equipment, and soft budget constraints created jobs for people who would otherwise have been unemployed in a surplus labour economy. Even the collectivization of agriculture made a contribution (although a small one) by accelerating the migration of people to the cities where the new jobs lay. At the outset, planning did not require much vision since the object was to fit Western technology to Russian geography.

The second reason that GDP per head grew rapidly was because population growth was slow. The number of people rose from 155 million in 1920 to 290 million in 1990. In part, slow growth was due to excess mortality from the Second World War, but their importance was dwarfed by the decline in the fertility rate. In the 1920s, the average Soviet woman had seven children. By the 1960s, this had dropped to 2.5. The growth in urbanization made a contribution, but the most importante cause in the USSR (as in poor countries generally) was the education of women and their paid employment outside the home.

Second, what went wrong? Why did growth slow in the 1970s and 1980s? The possible answers range from the transient to the fundamental and include the end of the surplus labour economy, the squandering of investment on Siberian development, the arms race with the USA which drained R&D resources from civilian industry, the increased difficulty of planning once technological catch-up was completed and the task was to design the future, the impossibility of central control (what would happen to the US economy if the president had to manage it?), and the cynicism and conformity bred. The collapse of the Soviet Union led many observers to reject state planning and celebrate the virtues of the free market. However, other countries did better with alternative forms of planning.



## Japan

The aims of Japanese policy before the Second World War were summarized in the slogan 'rich country, strong army'. Defeat in the war led Japan to reject the 'strong army', but it pursued 'rich country' with even greater commitment. Japan needed a Big Push to close the income gap with the West. The project was remarkably successful. Per capita income grew at 5.9% per year between 1950 and 1990, with a peak rate of 8% between 1953 and 1973. By 1990, West European living standards had been achieved.

Japan accomplished this advance by reversing the technology policy that it had pursued in the Meiji and Imperial periods. Instead of adjusting modern technology to its factor prices, Japan adopted the most modern, capital-intensive technology on a vast scale. The investment rate reached about one-third of national income in the 1970s. The capital stock grew so rapidly that a high-wage economy was created within a generation. Factor prices adjusted to the new technological environment, rather than the other way around.

Japanese industrialization in the post-war period required planning, and the key agency was the Ministry of International Trade and Industry (MITI). The policy tools that Japan had perfected in the 1920s and 1930s were used to accelerate the growth rate.

MITI concerned itself with two kinds of problems. One related to the scale of production – the issue that defeated ISI in Latin America. Steel was one of Japan's great successes. Production had increased from 2.4 million tons in 1932 to a peak of 7.7 million tons in 1943, then dropped to 0.5 million in 1945, and had returned to 4.8 million in 1950. A key feature of steel production is that costs are minimized with large-scale, capital-intensive mills. In 1950, minimum efficient size was 1–2.5 million tons. Most US mills were bigger than that, but only one Japanese mill (Yawata, with a capacity of 1.8 million tons) was in the range. The rest of Japan's mills produced half a million tons or less. As a result, Japanese steel was at least 50% more expensive than US or European steel, despite Japan's low wages. MITI's objective in the 1950s was to restructure Japan's industry so that all steel was produced in mills of efficient size. MITI's power came from its control of the banking system and its authority to allocate foreign exchange, which was needed to import coking coal and iron ore. By 1960, capacity had grown to 22 million tons in modernized, large-scale mills. After 1960, MITI's guidance was less direct. Expansion continued through the construction of new facilities on 'green field' sites. These were all of minimum efficient size, which had by then increased to about 7 million tons; in contrast, most capacity in the USA was in old mills of less than efficient size. Japanese mills were also technically more advanced. 83% of Japan's steel in the mid-1970s was smelted in basic oxygen furnaces against 62% in the USA, and 35% was continuously cast compared to 11% in the USA. Despite a large increase in wages, Japan was the world's low-cost steel producer due to its commitment to modern capital-intensive technology. Over 100 million tons were produced in 1975.

Who was going to buy all that steel? Shipbuilding, automobiles, machinery, and construction were major domestic purchasers. Those industries had to expand in step with the steel industry. Ensuring that result was a second planning problem. Their technologies also had to be decided, and a large-scale, capital-intensive approach was taken with these as with steel. In the case of automobiles, for instance, Japanese firms had more capital per worker than their US counterparts, and the Japanese capital was more effective since 'just in time' delivery meant that much less of it consisted of unfinished components. Also, the scale of production was larger in Japan. In the 1950s, the minimum efficient size of assembly plants was close to 200,000 vehicles per year. Ford, Chrysler, and General Motors annually produced 150,000–200,000 vehicles per plant. In the 1960s, new Japanese auto plants incorporated on site stamping and multiple assembly lines to push the minimum efficient size above 400,000 units per year. All Japanese manufacturers produced at this level, and the most efficient, like Honda and Toyota, could reach 800,000 vehicles per plant per year. Japan's move to highly capital-intensive methods created the most efficient industry in the world, and one which could price its products competitively and still pay high wages.



A third planning problem was to ensure an expansion of consumer demand in Japan to purchase these consumer durables. Japan's distinctive industrial relations institutions made a contribution: among large firms, company unions, seniority wages, and lifetime employment meant that some of the surplus of successful firms was shared with their employees. Small firms, however, provided many jobs in Japan, and in the 1950s (as in the interwar period), they paid low wages. During the 1960s and

1970s, the vast expansion of industry ended the labour surplus, and the dual economy disappeared, as wages in the small firm sector rose rapidly. Rising incomes from the expansion of employment led to a revolution in lifestyle as Japanese bought refrigerators and automobiles made with the enlarged supply of steel. Not only did the Japanese have more gadgets, but they ate better and grew taller. In 1891, the average conscript was 157 cm tall, while his counterpart in 1976 was 168 cm. Japanese consumer spending validated the decisions to expand capacity and raise wages, so that the capital-intensive technology was appropriate – after the fact, if not before.

A final planning problem related to the international market. This problem had ramifications far beyond MITI. In the mid-1970s, the Japanese steel industry was exporting almost one-third of its output, mainly to the USA. Similar percentages of automobiles and consumer durables were also shipped there. The US production of steel and autos collapsed under the impact of Japanese competition; indeed, the decline of the American Rust Belt was the counterpart to Japan's Economic Miracle. The USA could easily have prevented these imports by continuing the high tariff policy it had followed since 1816. So-called 'voluntary export restraints' were negotiated, but they were only temporary expedients. Instead, the USA elected to cut tariffs but only if other countries did likewise (multilateral trade liberalization). One reason was that the USA emerged from the Second World War as the world's most competitive economy, so expanding its export opportunities seemed more rewarding than unnecessarily protecting its home market. Japan's export success called this assumption into question. Japan, however, had established itself as the USA's bulwark against Communism in East Asia, and its geopolitical importance maintained its trade options.

The era of high-speed growth could not last forever. The end of the boom is conventionally dated to the collapse of the real estate and share bubbles in 1991, which ushered in an era of deflation.

The cause, however, was more fundamental, for it was the elimination of the conditions that allowed rapid growth in the first place. Japan grew rapidly by closing three gaps with the West – in capital per worker, education per worker, and productivity. This was done by 1990, and Japan was then like any other advanced country: it could grow only as fast as the world's technology frontier expanded – a per cent or two each year. The post-1990 growth slowdown was inevitable.

## China

South Korea and Taiwan region have followed close on Japan's heels in catching up to the West. Both were Japanese colonies, which gave them an ambiguous start. Modern educational systems were created, but the emphasis was on teaching Japanese rather than the local people. Infrastructure and agricultural development aimed to make the colonies food suppliers for Japan. Per capita income reached $1,548 in 1940. Following the Second World War, the Japanese were expelled, their property seized, and their land holdings redistributed among the rural population, creating egalitarian peasant societies. Beginning in the 1950s, both vigorously pursued industrialization. South Korea, in particular, followed the Japanese Big Push model closely. Advanced technology was imported and mastered by Korean firms since foreign firms were excluded from the country. The state planned investment and restricted imports to protect the Korean manufacturers it promoted. As in Japan, high quality and performance were advanced by requiring these firms to export large fractions of their production. Korea established the heavy industries like steel, shipbuilding, and autos that were Japan's successes, and, a decade or two later, they became Korea's successes as well.

The rise of South Korea and Taiwan region is impressive but will be dwarfed in signifi cance if the Chinese mainland continues to industrialize as rapidly as it has in recent decades. When the

Communists seized power in 1949, GDP per capita was at rock bottom ($448). By 2006, income reached $6,048 per head, placing China among the middle-income countries. This was far better performance than most of Asia, Africa, or Latin America (Table 1).

How did China do it? The usual answer is 'free-market reforms', but this is incomplete. The economic history of China since 1949 divides into two periods – the planning period (1950–78) and the reform period (1978 to present). In the first, China adopted a system with collective farms, state-owned industry, and central planning along Soviet lines. The development strategy favoured the expansion of heavy industry to create the machinery and structures of an urban, industrial society. The investment rate was pushed to about one-third of GDP, and industrial output grew rapidly. Technology policy, dubbed 'walking on two legs', combined capital-intensive, advanced technology with labour-intensive manufacturing where feasible. Steel production, always an objective of Big Push industrializers, jumped from about 1 million tons per year in 1950 to 32 million in 1978. Despite gyrations in policy, including the Great Leap Forward (1958–60), the subsequent famine, and the Cultural Revolution (1967–9), per capita income more than doubled from $448 in 1950 to $978 in 1978 (2.8% per year). This was no mean achievement but did not distinguish China from many other poor countries.



Following Mao's death in 1976, Deng Xiaoping began 'reforms' in 1978. Planning has been dismantled and a market economy created in its stead. Unlike Eastern Europe's 'shock therapy', China has reformed by gradually modifying and supplementing its institutions. Since 1978, growth has also surged.

The first reforms were in agriculture and illustrate the complexity of the issues. Two reforms were particularly important: First, in 1979 and 1981, state procurement agencies increased their purchase prices by a total of 40–50% for production beyond the obligatory deliveries specified in the plan. Second, collective cultivation was replaced by the Household Responsibility System. Under the HRS, the land of the collectives was divided into small farms leased to families, who were obliged to deliver their share of the commune's plan obligations but who were allowed to keep the income from sales at the high prices for production that exceeded quotas.

Farm output surged as these policies were put in place, and that is the main case for their importance. Between 1970 and 1978, GDP originating in agriculture grew at 4.9% per year, which is even more than the 3.9% realized between 1985 and 2000. However, between 1978 and 1984, output leapt up at 8.8% per year. Grain production also grew faster in 1978–84 than it did before or after. Since the rise in prices and the HRS increased the financial incentive for peasants to increase output, the usual conclusion is that the policy changes caused the output growth.

Reform, however, has to share the credit with other developments that were consequences of earlier planning decisions. The reason that Chinese farmers could increase output was because they could use advanced technology that was also coming together at the same time as rural institutions were reformed. Increasing grain yields requires three improvements under Chinese conditions – better water control, high-yielding seed, and fertilizer. There was a large increase in irrigated acreage in China between the 1950s and 1970s, and millions of tube wells were drilled in north China to supply water there. The increase in the supply of water contributed to the growth in grain output during the planning period, and was a prerequisite for the rapid output growth around 1980.

Dramatic yield increases required seed that responded to fertilizer. The biological problem is a general one in the tropics: if fertilizer is applied to the traditional varieties of rice, they produce more leaves and longer stalks. The plant eventually topples over (lodges), preventing the formation of grain. The solution lies in dwarf rice with fibrous stalks that do not lodge, so that the extra growth from fertilizing goes into seed rather than foliage. Japanese rice was naturally of this character, which was the biological basis for the growth in farm output in the Meiji period. Japanese rice could not be cultivated further south, however, due to differences in the length of the day, so it was necessary to breed dwarf varieties suitable to tropical latitudes. The most famous is IR-8, which was developed at the International Rice Research Institute in the Philippines and released in 1966. IR-8 and its successors have been the basis of the Green Revolution in much of Asia. What is less well appreciated is that China got there first. The Chinese Academy of Sciences' breeding programme produced a high-yield dwarf rice two years before IR-8. It was the diffusion of the new dwarf rice that caused Chinese farm output to explode.



High-yielding rice gives high yields only if it is heavily fertilized. In the 1970s, Chinese farmers were already using traditional fertilizers to the maximum. Heavier application required the industrial production of nitrate. Efforts to increase fertilizer production in the 1960s had not been particularly successful, so in 1973–4 the state purchased 13 ammonia factories from foreign suppliers. These came on stream in the late 1970s and provided the fertilizer that caused yields to shoot up. There is no way to know whether the rise in farm output between 1978 and 1984 required the reforms or whether it would have occurred anyway.

The character of technological change in Chinese agriculture resembles that of Japan and reflects the development of technology tailored to the country's factor proportions. As in Japan, labour was abundant and land scarce, so technological advance has until recently concentrated on augmenting the productivity of land. Comparatively little investment has been directed towards saving labour. The history of the Green Revolution in China differs in this respect from its history in India, where mechanization accompanied the adoption of high-yielding crops. Access to cheaper credit gave large-scale farmers the advantage in India, and they increased the size of their holdings at the expense of small farmers, who often lost their land. Farm machinery allowed fewer people to cultivate the soil. China avoided these conflicts. The communal ownership of land equalized holdings in China and preserved small farms, which was a more rational response to the abundance of labour and scarcity of capital, as well as being more equitable.

Reforms have also transformed the industrial sector. The first steps were also taken in the countryside. Manufacturing by-employments had always been a feature of rural China and were taken up by collective farms. After 1978, 'township and village enterprises' (TVEs) were promoted by local party officials. Consumer goods production had lagged, and the TVEs filled the gap, selling their goods in the free market. The consumer goods industries had low capital to labour ratios (unlike the heavy industries that were the focus of planning), so the TVEs used appropriate technology for China, which is why they succeeded in market competition. Between 1978 and 1996, TVE employment grew from 28 million to 135 million, and TVEs increased their share of GDP from 6% to 26%. Marketization was extended throughout the state sector from the mid-1980s when the state froze its plan targets and allowed enterprises to sell production beyond plan requirements on the free market. Since then, the economy has 'outgrown the plan' and become increasingly market-driven, as it has expanded.

In 1992, the 14th Party Congress endorsed the 'socialist market economy' as the goal of reform, and material balance planning, the centrepiece of central planning, was abolished. Subsequent reforms created a financial system to take the place of state allocation of investment and converted state-owned enterprises from government departments into publicly owned corporations. The reform of state-owned industry has involved deep cuts in employment and closing down unproductive capacity. This is a result that the USSR never accomplished and which may have contributed to its growth slowdown by locking a large share of the work force in unproductive jobs rather than redeploying them to new, high-productivity facilities. As investment has become more market-driven, the investment rate has remained high. The state remains active, if less formally involved, in guiding investment in energy and heavy industry. Perhaps for this reason, the steel industry has continued to grow explosively. It now produces 500 million tons per year. The USA, the USSR, and Japan never produced more than 150 million tons, so China has broken all world records. China's population is, of course, much larger, but production per head, now 377 kg (up from 2 kg per head in 1950 and 102 kg as recently as 2001), has reached the consumption level of rich countries. Between 1978 and 2006, per capita income grew at 6.7% per year.



The reforms are the usual explanation for the high growth rate. As with agriculture, the explanation is incomplete. The answer may come down to legacies from the planning period or other features of China's society or its policies that distinguish it from poor countries generally.

Legacies from the planning period have certainly played a role. These include a highly educated population, a large industrial sector, low mortality and fertility rates, and, despite the Cultural Revolution, a scientific establishment with significant R&D capabilities. Primary education was expanded throughout the planning period, with the result that two-thirds of the population were literate according to the 1982 census, and vocational skills were also widespread. Life expectancy had increased from less than 30 years in the 1930s to 41 in the 1950s, to 60 in the 1970s. (It reached 70 in 2000.) The average number of children born to the average woman (the total fertility rate) dropped from over 6 in the 1950s to 2.7 in the late 1970s – even before the one child policy in 1980. As in the USSR, low fertility was probably the result of educating women and giving them the chance to earn money in paid employment.

However historians ultimately factor out the importance of the planning legacy, reformed institutions, sensible policy, and supportive culture, China is completing a historical cycle. If the country grows as rapidly in the next three decades as it has since 1978, it will close the gap with the West. China will become the world's biggest manufacturing nation just as it was before the voyages of Christopher Columbus and Vasco da Gama. The world will have come full circle.

# Epilogue

China is on course to catch up with the West, but what of Africa, Latin America, and the rest of Asia? Income per head in the rich countries grows at about 2% per year, so countries must grow faster than that to close the gap. Many poor countries in Asia and Latin America would have to grow at 4.3% per person per year to catch up to the rich countries in 60 years. For that to happen, total GDP would have to grow at least 6% per year for 60 years. Much poorer countries, like many in sub-Saharan Africa, would have to grow even faster, or it would take even longer to catch up.

Very few countries and regions have sustained such rapid growth over a long period. Between 1955 and 2005, there were only ten. Oman, Botswana, and Equatorial Guinea are special cases in that large oil or diamond reserves were discovered during this period. Singapore and Hong Kong Special Administrative Region are special since there was no peasant agricultural sector to swamp the city with migrants when investment rose. Wages could, therefore, increase in step with labour demand, and prosperity could spread. The interesting cases are the large countries with large agricultural sectors – Japan, South Korea, Thailand, and China. In addition, the Soviet Union could be added since income per head grew at 4.5% per year from 1928 to 1970 if the Second World War decade is left out.

These countries had to close three gaps with the West – in education, capital, and productivity. Mass schooling closed the education gap, and one form or another of state-led industrialization closed the capital and productivity gaps. Large-scale, capital-intensive technologies were adopted even when they were not immediately cost-effective. These countries have avoided the inefficiencies that Latin America has endured in trying to shoe-horn modern technology into small economies either because they were so large that they could absorb the output of efficient facilities or because they were given access to the American market at the expense of American production.

Which of the many initiatives followed by these countries was the most effective, however, remains the subject of a great deal of debate. Also, it is not so clear whether the successful policies can be transplanted to other countries. The best policy to effect economic development, therefore, remains very much in dispute.

# References

## Chapter 1: The great divergence

Pelsaert: Tapan Raychaudhuri and Irfan Habib, *The Cambridge Economic History of India*, Vol. I, *c. 1200–c. 1750* (Cambridge University Press, 1982), p. 462.

Dr Johnson on oats: Samuel Johnson, *A Dictionary of the English Language* (1755).

$1 per day poverty line: World Bank's *World Development Report: Poverty* (Oxford University Press, 1990); and Martin Ravallion, Datt Gaurav, and Dominique van de Walle, 'Quantifying Absolute Poverty in the Developing World', *Review of Income and Wealth*, 37 (1991): 345–61.

Italian soldiers: Brian A'Hearn, 'Anthropometric Evidence on Living Standards in Northern Italy, 1730–1860', *Journal of Economic History*, 63 (2003): 351–81.

Ealing gardener: Sir Frederick Eden, *The State of the Poor* (J. Davis, 1797), Vol. II, pp. 433–5.

## Chapter 3: The Industrial Revolution

efficiency of farmers in poor countries: T. W. Schultz, *Transforming Traditional Agriculture* (Yale University Press, 1964); R. A. Berry and W. R. Cline, *Agrarian Structure and Productivity in Developing Countries* (Johns Hopkins University Press, 1979); Robert C. Allen, *Enclosure and the Yeoman* (Oxford University Press, 1992).

French and British tax burden: P. Mathias and P. K. O'Brien, 'Taxation in England and France, 1715–1810', *Journal of European Economic History*, 5 (1976): 601–50.

Provence: J.-L. Rosenthal, 'The Development of Irrigation in Provence', *Journal of Economic History*, 50 (September 1990): 615–38.
despotic power of Parliament: Julian Hoppit, 'Patterns of Parliamentary Legislation, 1660–1800', *The History Journal*, 39 (1996): 126.
witchcraft and the Bible: John Wesley, *Journal*, for 21 May 1768.
Hobsbawm on cotton: Eric Hobsbawm, *Industry and Empire* (Weidenfeld & Nicolson, 1969), p. 56.
Desaguliers on Newcomen engine: John Theophilus Desaguliers, *A Course of Experimental Philosophy* (John Senex, 1734–44), Vol. II, pp. 464–5.
steam power and productivity growth: N. F. R. Crafts, 'Steam as a General Purpose Technology: A Growth Accounting Perspective', *Economic Journal*, 114 (495) (2004): 338–51.

## Chapter 5: The great empires

1812 costs in England and India: Edward Baines, *History of the Cotton Manufacture in Great Britain* (H. Fisher, R. Fisher, and P. Jackson, 1835), p. 353. *First Report from the Select Committee on the Affairs of the East India Company (China Trade)*, UK, House of Commons, 1830 (644), evidence of Mr John Kennedy and Mr H. H. Birley, questions 4979–5041.
decline of weaving in Bihar: Amiya Kumar Bagchi, 'Deindustrialization in Gangetic Bihar, 1809–1901', in Barun De (ed.), *Essays in Honour of Professor S. C. Sakar* (New Delhi, People's Publishing House, 1976), pp. 499–523.
Martin and Brocklehurst: UK House of Commons, *Report from the Select Committee on East India Produce*, 1840 (527), question 3920.

## Chapter 6: The Americas

cultivation of maize in eastern North America: Bruce D. Smith, *The Emergence of Agriculture* (Scientific American Library, 1998), pp. 145–81, 200; and Bruce G. Trigger, *The Children of Aataentsic: A History of the Huron People to 1660* (McGill-Queen's University Press, 1987), pp. 119–26.
native population decline: Russell Thornton, *American Indian Holocaust and Survival: A Population History since 1492* (University of Oklahoma Press, 1987), pp. 25, 57, 133.

Mexican and Andean native populations: Mark A. Burkholder and Lyman L. Johnson, *Colonial Latin America*, 2nd edn. (Oxford University Press, 1994), p. 264; and James Lockhard and Stuart B. Schwartz, *Early Latin America: A History of Colonial Spanish America and Brazil* (Cambridge University Press, 1983), p. 338.

14,697: Thornton, *American Indian Holocaust*, pp. 29, 162–3.

The quotation relating to God and the epidemic of 1617–19 is from John Eliot, *New England's First Fruits* (Henry Overton, 1643), p. 12.

The quotation about making cloth is from Edward Johnson, *The Wonder-Working Providence of Sions Saviour, in New England, 1628–1651*, Book II, Chapter XXI at http://puritanism.online.fr/ (accessed 4 April 2011).

exports as a percentage of GDP in Pennsylvania: exports are the sum of Proud's contemporary estimate of £700,000 per year for 1771–3 plus £161,000, which equals 64% of the estimates of average annual shipping earnings and invisible earnings of the middle Atlantic colonies for 1768–72, in James F. Shepherd and Gary M. Walton, *Shipping, Maritime Trade, and the Economic Development of Colonial North America* (Cambridge University Press, 1972), pp. 128, 134. In 1765–7 and 1772, 64% of the tonnage of shipping clearing New York and Philadelphia came from the latter. Proud's estimate of exports exceeds Shepherd and Walton's. GDP equals the 1770 population of 240,100 multiplied by £12 per head.

Jamaica exports/GDP in 1832: Gisela Eisner, *Jamaica, 1830–1930: A Study in Economic Growth* (Manchester University Press, 1961), p. 25.

South Carolina's export of skins and cedar: quoted by John J. McCusker and Russell R. Mennard, *The Economy of British North America* (University of North Carolina Press, 1985), p. 171.

Carolina rice productivity: Marc Egnal, *New World Economies: The Growth of the Thirteen Colonies and Early Canada* (Oxford University Press, 1998), pp. 105–6.

30% ratio of exports to income: per capita exports from Peter A. Coclanis, *The Shadow of a Dream: Economic Life and Death in the South Carolina Low Country, 1670–1920* (Oxford University Press, 1989), p. 75, and per capita income (high value) from Alice Hanson Jones, *Wealth of a Nation To Be: The American Colonies on the Eve of the Revolution* (Arno Press, 1980), p. 63.

farmers on the frontier buying consumer goods: McCusker and Mennard, *British North America*, pp. 175, 180–1.

half the land in the valley of Mexico: Charles Gibson, *The Aztecs under Spanish Rule: A History of the Indians of the Valley of Mexico, 1519–1810* (Stanford University Press, 1964), p. 277.

British Columbia seal skins: Alexander von Humboldt, *Political Essay on the Kingdom of New Spain*, tr. John Black (London, 1822), Vol. II, pp. 311, 320.

road from Vera Cruz to Mexico City: von Humboldt, *Political Essay*, Vol. IV, pp. 8–9.

mine employment: Peter Bakewell, 'Mining in Colonial Spanish America', in *The Cambridge History of Latin America*, Vol. II, ed. Leslie Bethell (Cambridge University Press, 1984), pp. 127–8; and Enrique Tandeter, *Coercion and Market: Silver Mining in Colonial Potosi, 1692–1826* (University of New Mexico Press, 1993), p. 16.

The 4% share of exports in Mexican GDP in 1800 is from John H. Coatsworth, 'The Decline of the Mexican Economy, 1800–1860', in *America Latina en la epoca de Simon Bolivar: la formacion de la econom as latinoamericanos y los intereses economicos europeos, 1800–1850*, ed. Reinhart Liehr (Berlin, Colloquium Verlag, 1989), p. 51.

income distribution of Mexico in 1790: Branko Milanovic, Peter H. Lindert, and Jeffrey G. Williamson, 'Measuring Ancient Inequality', Cambridge, MA, National Bureau of Economic Research, Working Paper 13550, http://www.nber.org/papers/13550.pdf, 2007, p. 60.

size of national cotton industries in the 1850s: Robert C. Allen, *The British Industrial Revolution in Global Perspective* (Cambridge University Press, 2009), p. 211.

exports to GDP in the USA 1800–60: Susan B. Carter, Scott Sigmund Gartner, Michael R. Haines, Alan L. Olmstead, Richard Sutch, and Gavin Wright, *Historical Statistics of the United States*, millenium edition, online (Cambridge University Press), series Ca10 and Ee366.

de-industrialization in Puebla: von Humboldt, *Political Essay*, Vol. III, p. 469.

scientific culture and education in Mexico: von Humboldt, *Political Essay*, Vol. I, pp. 212, 216, 223.



## Chapter 7: Africa

French Congo: Jacqueline M. C. Thomas, *Les Ngbaka de la Lobaye: le depeuplement rural chez une population forestiere de la Republique Centrafricaine* (Mouton, 1963), pp. 258–71, 417–19.

the spirits of traders: Mary Kingsley, *Travels in West Africa* (National Geographic Society, 2002; originally published 1897), p. 36.

biggest pots: Harold A. Innis, *The Fur Trade in Canada: An Introduction to Canadian Economic History* (University of Toronto Press, 1999; originally published 1930), p. 18.

the Micmac joke: Father Chrestien Le Clercq, in his *New Relation of Gaspesia*, tr. and ed. W. F. Ganong (The Champlain Society, 1910), p. 277.

Alfonso I's letter: quoted by Adam Hochschild, *King Leopold's Ghost: A Story of Greed, Terror, and Heroism in Colonial Africa* (Houghton Mifflin, 1998), p. 13.

Swanzy's testimony: UK, House of Commons, *Report from the Select Committee on the West Coast of Africa*; together with the minutes of evidence, appendix, and index. Part I, *Report and Evidence*, Parliamentary Papers (1842), Vols. XI, XII, questions 467 and 468.

hectares of palm trees in Nigeria: Kenneth F. Kiple and Kriemhild Conee Ornelas (eds.), *The Cambridge World History of Food* (Cambridge University Press, 2000), section II.E.3, palm oil.

the Reverend Casalis' observation: R. C. Germond (ed.), *Chronicles of Basutoland: A Running Commentary on the Events of the Years 1830–1902 by the French Protestant Missionaries in Southern Africa* (Morija Sesuto Book Depot, 1967), p. 267.

profitability of palm oil extraction: calculated from Eric L. Hyman, 'An Economic Analysis of Small-Scale Technologies for Palm Oil Extraction in Central and West Africa', *World Development*, 18 (1990): 455–76.

Machel 'for the nation to live': quoted by Mahmood Mamdani, *Citizen and Subject* (Princeton University Press, 1996), p. 135.



## Chapter 8: The standard model and late industrialization

short men in Tokugawa Japan: Akira Hayami, Osamu Saito, and Ronald P. Toby (eds.), *Emergence of Economic Society in Japan, 1600–1859* (Oxford University Press, 2004), pp. 235–8.

book rental shops in Edo: Hayami et al., *Emergence*, pp. 28, 241.

MES: James Montgomery, *A Practical Detail of the Cotton Manufacture of the United States of America* (Glasgow, 1840); J. P. Lesley, *The Iron Manufacturer's Guide to the Furnaces, Forges and Rolling Mills of the United States* (New York, 1859); D. G. Rhys, *The Motor Industry: An Economic Survey* (Butterworths, 1972); Jack Baranson, *Automotive Industries in Developing Countries*

(World Bank, 1969); Rich Kronish and Kenneth S. Mericle (eds.), *The Political Economy of the Latin American Motor Vehicle Industry* (MIT Press, 1984); John P. Tuman and John T. Morris (eds.), *Transforming the Latin American Automobile Industry: Unions, Workers, and the Politics of Restructuring* (M. E. Sharpe, 1998); United Nations Report, *A Study of the Iron and Steel Industry in Latin America* (United Nations, 1954).

## Chapter 9: Big Push industrialization

Lenin quip: V. I. Lenin, 'Report on the Work of the Council of People's Commissars', Eighth All-Russia Congress of Soviets, 22 December 1920, *Collected Works*, tr. and ed. Julius Katzer, Vol. 31, p. 516.

heights in 1891 and 1976: Takafusa Nakamura, *The Postwar Japanese Economy: Its Development and Structure* (University of Tokyo Press, 1981), p. 96.

# Further reading

## Chapter 1: The great divergence

Adam Smith, *An Inquiry into the Nature and Causes of the Wealth of Nations* (London, 1776).
Eric Hobsbawm, *The Age of Revolution, 1789–1848* (Phoenix, 1962).
Eric Hobsbawm, *The Age of Capital, 1848–1875* (Phoenix, 1975).
Eric Hobsbawm, *The Age of Empire, 1875–1914* (Phoenix, 1987).
Eric Hobsbawm, *The Age of Extremes: A Short History of the Twentieth Century, 1914–1991* (Phoenix, 1994).
Angus Maddison, *The World Economy* (OECD, 2006).
Lane Pritchett, 'Divergence, Big Time', *Journal of Economic Perspectives*, 11 (1997): 3–17.
Branko Milanovic, *Worlds Apart: Measuring International and Global Inequality* (Princeton University Press, 2005).
Robert W. Fogel, *The Escape from Hunger and Premature Death, 1700–2100* (Cambridge University Press, 2004).

## Chapter 2: The rise of the West

Jared Diamond, *Guns, Germs, and Steel* (Jonathan Cape, 1997).
Eric Jones, *The European Miracle* (Cambridge University Press, 1981).
J. M. Blaut, *The Colonizer's Model of the World* (Guildford Press, 1993).
James Robinson and Daron Acemoglu, *Why Nations Fail* (Crown, 2011).
Douglas North, *Institutions, Institutional Change, and Economic Performance* (Cambridge University Press, 1990).

Jan de Vries, *The Industrious Revolution: Consumer Behaviour and the Household Economy, 1650 to the Present* (Cambridge University Press, 2008).
Richard W. Unger, *The Ship in the Medieval Economy: 600–1600* (Croom Helm, 1980).
Joseph E. Inikori, *Africans and the Industrial Revolution in England: A Study in International Trade and Economic Development* (Cambridge University Press, 2002).
Max Weber, *The Protestant Ethic and the Spirit of Capitalism* (Allen & Unwin, 1930).
Robert Putnam, *Making Democracy Work: Civic Traditions in Modern Italy* (Princeton University Press, 1993).
Jan Luiten van Zanden, *The Long Road to the Industrial Revolution: The European Economy in a Global Perspective, 1000–1800* (Brill, 2009).
D. C. North and B. R. Weingast, 'Constitutions and Commitment: Evolution of Institutions Governing Public Choice in Seventeenth Century England', *Journal of Economic History*, 49 (1989): 803–32.
J. Bradford De Long and Andrei Schleifer, 'Princes and Merchants: European City Growth before the Industrial Revolution', *Journal of Law and Economics*, 36 (1993): 671–702.
Daron Acemoglu, Simon Johnson, and James Robinson, 'The Rise of Europe: Atlantic Trade, Institutional Change, and Economic Growth', *American Economic Review*, 95(3) (2005): 546–79.
Robert C. Allen, 'Poverty and Progress in Early Modern Europe', *Economic History Review*, LVI(3) (August 2003): 403–43.
Mauricio Drelichman, 'The Curse of Moctezuma: American Silver and the Dutch Disease', *Explorations in Economic History*, 42 (2005): 349–80.



## Chapter 3: The Industrial Revolution

Robert C. Allen, *The British Industrial Revolution in Global Perspective* (Cambridge University Press, 2009).
Joel Mokyr, *The Enlightened Economy: An Economic History of Britain, 1700–1850* (Yale University Press, 2010) offers another interpretation as well as a wide-ranging survey of issues.
Nick Crafts, *British Economic Growth during the Industrial Revolution* (Clarendon Press, 1985).
Jane Humphries, *Childhood and Child Labour in the British Industrial Revolution* (Cambridge University Press, 2010).

Friedrich Engels, *The Condition of the Working Class in England*, tr. and ed. W. O. Henderson (Blackwell, 1958).
Phyllis Deane and W. A. Cole, *British Economic Growth, 1688–1959: Trends and Structure*, 2nd edn. (Cambridge University Press, 1969).
Knick Harley, 'British Industrialization before 1841: Evidence of Slower Growth during the Industrial Revolution', *Journal of Economic History*, 42(1982): 267–89.
Peter Temin, 'Two Views of the British Industrial Revolution', *Journal of Economic History*, 57 (1997): 63–82.

## Chapter 4: The ascent of the rich

Stephen Broadberry and Kevin O'Rourke, *The Cambridge Economic History of Modern Europe* (Cambridge University Press, 2010).
David S. Landes, *The Unbound Prometheus: Technological Change and Industrial Development in Western Europe from 1750 to the Present* (Cambridge University Press, 1969).
Patrick K. O'Brien and C. Keyder, *Economic Growth in Britain and France, 1780–1914: Two Paths to the Twentieth Century* (Allen & Unwin, 1978).
Alexander Gerschenkron, *Economic Backwardness in Historical Perspective* (Harvard University Press, 1962).
Ha-Joon Change, *Kicking Away the Ladder: Development Strategy in Historical Perspective* (Anthem, 2002).
Kevin O'Rourke, 'Tariffs and Growth in the Late Nineteenth Century', *Economic Journal*, 110(463) (2000): 456–83.
Robert C. Allen, 'Technology and the Great Divergence', Oxford University, Dept. of Economics, Discussion Paper 548 *Explorations in Economic History* (2012).
Sascha Becker and Ludger Woessmann, 'Was Weber Wrong? A Human Capital Theory of Protestant Economic History', *Quarterly Journal of Economics*, 124 (2009): 531–96.

## Chapter 5: The great empires

### The California School includes:

Kenneth Pomeranz, *The Great Divergence: China, Europe, and the Making of the Modern World Economy* (Princeton University Press, 2000).
Bozhong Li, *Agricultural Development in Jiangnan, 1620–1850* (Macmillan, 1998).

R. Bin Wong, *China Transformed* (Cornell University Press, 1997).
James Lee and Wang Feng, *One Quarter of Humanity: Malthusian Mythology and Chinese Realities, 1700–2000* (Harvard University Press, 1999).
Jack Goldstone, *Why Europe? The Rise of the West in World History 1500–1850* (McGraw-Hill Higher Education, 2008).
Robert Marks, *The Origins of the Modern World: Fate and Fortune in the Rise of the West* (Rowman & Littlefield, 2006).
Peter Temin, *The Economics of Antiquity* (Princeton University Press, 2012).

## Globalization and de-industrialization

Ronald Findlay and Kevin O'Rourke, *Power and Plenty: Trade, War, and the World Economy in the Second Millennium* (Princeton University Press, 2007).
Jeffrey G. Williamson, *Trade and Poverty: When the Third World Fell Behind* (MIT Press, 2011).
C. A. Bayly, *Imperial Meridian: The British Empire and the World, 1780–1830* (Longman, 1989).
K. N. Chaudhuri, *Trade and Civilization in the Indian Ocean* (Cambridge University Press, 1985).
Tirthanakar Roy, *The Economic History of India, 1857–1947* (Oxford University Press, 2006).
Daniel R. Headrick, *The Tentacles of Progress: Technology Transfer in the Age of Imperialism, 1850–1940* (Oxford University Press, 1988).
Nelly Hanna, *Making Big Money in 1600: The Life and Times of Isma'il Abu Taqiyya, Egyptian Merchant* (Syracuse University Press, 1988).
Robert Brenner, *Property and Progress: The Historical Origins and Social Foundations of Self-Sustaining Growth* (Verso, 2009).
John Darwin, *After Tamerlane: The Rise and Fall of Global Empires, 1400–2000* (Penguin, 2008).
Perry Anderson, *Passages from Antiquity to Feudalism* (Verso, 1996).
Niall Ferguson, *Empire: How Britain Made the Modern World* (Penguin, 2004).
Chris Wickham, *The Inheritance of Rome* (Penguin, 2010).

## Chapter 6: The Americas

Bruce D. Smith, *The Emergence of Agriculture* (Scientific American Library, 1998).

Russell Thornton, *American Indian Holocaust and Survival: A Population History since 1492* (University of Oklahoma Press, 1987).

J. H. Elliott, *Empires of the Atlantic World: Britain and Spain in America, 1492–1830* (Yale University Press, 2006).

Harold A. Innis, *The Fur Trade in Canada* (Yale University Press, 1930).

Stanley L. Engerman and Kenneth L. Sokoloff, *Economic Development in the Americas since 1500: Endowments and Institutions* (Cambridge University Press, 2012).

John J. McCusker and Russell R. Menard, *The Economy of British America, 1607–1789* (University of North Carolina Press, 1985).

Ann Carlos and Frank Lewis, *Commerce by a Frozen Sea: Native Americans and the European Fur Trade* (University of Pennsylvania Press, 2010).

Marc Egnal, *New World Economies: The Growth of the Thirteen Colonies and Early Canada* (Oxford University Press, 1998).

Peter A. Coclanis, *The Shadow of a Dream: Economic Life and Death in the South Carolina Low Country, 1670–1920* (Oxford University Press, 1989).

Winifred Barr Rothenberg, *From Market-Places to the Market Economy: The Transformation of Rural Massachusetts, 1750–1850* (University of Chicago Press, 1992).



### On technology in the USA

H. J. Habakkuk, *American and British Technology in the Nineteenth Century* (Cambridge University Press, 1962).

Paul A. David, *Technical Choice, Innovation, and Economic Growth: Essays on American and British Experience in the Nineteenth Century* (Cambridge University Press, 1975).

Peter Temin, 'Labor Scarcity and the Problem of American Industrial Efficiency in the 1850s', *Journal of Economic History*, 26 (1966): 277–98.

Peter Temin, 'Notes on Labor Scarcity in America', *Journal of Interdisciplinary History*, 1 (1971): 251–64.

David A. Hounshell, *From the American System to Mass Production, 1800–1932* (Johns Hopkins University Press, 1984).
Gavin Wright, 'The Origins of American Industrial Success, 1879–1940', *American Economic Review*, 80(1990): 651–68.
Richard R. Nelson and Gavin Wright, 'The Rise and Fall of American Technological Leadership: The Postwar Era in Historical Perspective', *Journal of Economic Literature*, 30(1992): 1931–64.
Naomi R. Lamoreaux, Daniel M. G. Raff, and Peter Temin (eds.), *Learning by Doing in Markets, Firms, and Countries* (University of Chicago Press, 1999).
Alan Olmstead and Paul Rohde, *Creating Abundance: Biological Innovation and American Agricultural Development* (Cambridge University Press, 2008).

### On the economics of slavery

Robert Fogel and Stanley Engerman, *Time on the Cross: The Economics of American Negro Slavery* (Little Brown, 1974).
Paul A. David, Herbert G. Gutman, Richard Sutch, Peter Temin, and Gavin Wright, *Reckoning with Slavery* (Oxford University Press, 1976).
Roger Ransom and Richard Sutch, *One Kind of Freedom: The Economic Consequences of Emancipation* (Cambridge University Press, 1977).
Gavin Wright, *Old South, New South: Revolutions in the Southern Economy since the Civil War* (Basic Books, 1986).

### On Latin America

Mark A. Burkholder and Lyman L. Johnson, *Colonial Latin America*, 2nd edn. (Oxford University Press, 1994).
James Lockhart and Stuart B. Schwartz, *Early Latin America: A History of Colonial Spanish America and Brazil* (Cambridge University Press, 1983).
Charles Gibson, *The Aztecs under Spanish Rule* (Stanford University Press, 1964).
Alan Knight, *Mexico: The Colonial Era* (Cambridge University Press, 2002).
John H. Coatsworth, 'Obstacles to Economic Growth in Nineteenth Century Mexico', *The American Historical Review*, 83(1978): 80–100.

Victor Bulmer-Thomas, John Coatsworth, and Roberto Cortes Conde (eds.), *The Cambridge Economic History of Latin America* (Cambridge University Press, 2006).

## Chapter 7: Africa

E. Domar, 'The Causes of Slavery and Serfdom: A Hypothesis', *Journal of Economic History*, 30(1970): 18–32.

Walter Rodney, *How Europe Underdeveloped Africa* (Howard University Press, 1982).

Paul Collier, *The Bottom Billion* (Oxford University Press, 2008).

Robert H. Bates, *Beyond the Miracle of the Market: The Political Economy of Agrarian Development in Kenya* (Cambridge University Press, 1989).

Hans Ruthenberg, *Farming Systems in the Tropics*, 2nd edn. (Clarendon Press, 1976).

Ester Boserup, *The Conditions of Agricultural Growth* (Allen & Unwin, 1965).

Charles H. Feinstein, *An Economic History of South Africa: Conquest, Discrimination and Development* (Cambridge University Press, 2005).

R. S. O'Fahey, *The Darfur Sultanate: A History* (Hurst, 2008).

Roland Dumont, Alexandre Dansi, Philippe Vernier, and Jeanne Zoundjihekpon, *Biodiversity and Domestication of Yams in West Africa: Traditional Practices Leading to Dioscorea Rotundata Poir* (CIRAD, 2005).

Angus Deaton, 'Commodity Prices and Growth in Africa', *Journal of Economic Perspectives*, 13(1999): 23–40.

Kojo Sebastian Amanor, *The New Frontier: Farmers' Response to Land Degredation, A West African Study* (UNRSID, 1994).

Kojo Sebastian Amanor and Sam Moyo (eds.), *Land and Sustainable Development in Africa* (Zed Books, 2008).

Terence Ranger, 'The Invention of Tradition in Colonial Africa', in Eric Hobsbawm and Terence Ranger (eds.), *The Invention of Tradition* (Cambridge University Press, 1983), pp. 211–62.

Randall M. Packard, *The Making of a Tropical Disease: A Short History of Malaria* (Johns Hopkins University Press, 2007).

Michael Havinden and David Meredith, *Colonialism and Development: Britain and its Tropical Colonies, 1850–1960* (Routledge, 1993).

Marshall Sahlins, *Stone Age Economics* (Aldine de Gruyter, 1972).

James C. McCann, *Maize and Grace: Africa's Encounter with a New World Crop, 1500–2000* (Harvard University Press, 2005).

A. G. Hopkins, *An Economic History of West Africa* (Longman, 1973).

Jan Vansina, *Paths in the Rainforests: Toward a History of Political Tradition in Equatorial Africa* (Currey, 1990).

Mahmood Mamdani, *When Victims Become Killers: Colonialism, Nativism, and the Genocide in Rwanda* (Princeton University Press, 2001).

Patrick Manning, *Slavery and African Life* (Cambridge University Press, 1990).

Mahmood Mamdani, *Citizen and Subject: Contemporary Africa and the Legacy of Late Colonialism* (Princeton University Press, 1996).

Polly Hill, *The Migrant Cocoa Farmers of Southern Ghana: A Study in Rural Capitalism* (Cambridge University Press, 1963).

Gareth Austin, *Labour, Land and Capital in Ghana: From Slavery to Free Labour in Asante, 1807–1956* (University of Rochester Press, 2005).

Benno J. Ndulu, Stephen A. O'Connell, Robert H. Bates, Paul Collier, and Chukwuma C. Soludo, *The Political Economy of Economic Growth in Africa, 1960–2000* (Cambridge University Press, 2008).

Gerald K. Helleiner, *Peasant Agriculture, Government, and Economic Growth in Nigeria* (Richard D. Irwin, 1966).



## Chapter 8: The standard model and late industrialization

Peter Gatrell, *The Tsarist Economy: 1850–1917* (St Martin's Press, 1986).

M. E. Falkus, *The Industrialisation of Russia: 1700–1914* (Economic History Society, 1972).

Susan B. Hanley and Kozo Yamamura, *Economic and Demographic Change in Pre-Industrial Japan, 1600–1868* (Princeton University Press, 1977).

Akira Hayami, Osamu Saito, and Ronald P. Roby (eds.), *Emergence of Economic Society in Japan, 1600–1859* (Oxford University Press, 1999).

Thomas C. Smith, *The Agrarian Origins of Modern Japan* (Stanford University Press, 1959).

Tessa Morris-Suzuki, *The Technological Transformation of Japan from the Seventeenth to the Twenty-First Century* (Cambridge University Press, 1994).

Keijiro Utsuka, Gustav Ranis, and Gary Saxonhouse, *Comparative Technology Choice in Development: The Indian and Japanese Cotton Textile Industries* (St Martin's Press, 1988).
Yujiro Hayami and Vernon W. Ruttan, *Agricultural Development: An International Perspective* (Johns Hopkins University Press, 1971).
Victor Bulmer-Thomas, *An Economic History of Latin America since Independence* (Cambridge University Press, 1994).
Rosemary Thorp, *Progress, Poverty and Exclusion: An Economic History of Latin America in the 20th Century* (Inter-American Development Bank, 1988).

## Chapter 9: Big Push industrialization

Robert C. Allen, *Farm to Factory: A Reinterpretation of the Soviet Industrial Revolution* (Princeton University Press, 2003).
Holland Hunter and Janusz M. Szyrmer, *Faulty Foundations: Soviet Economic Policies, 1928–1940* (Princeton University Press, 1992).
R. W. Davies, Mark Harrison, and S. G. Wheatcroft, *The Economic Transformation of the Soviet Union, 1913–1945* (Cambridge University Press, 1994).
The World Bank, *East Asian Miracle: Economic Growth and Public Policy* (Oxford University Press, 1993).
Christopher Howe, *The Origins of Japanese Trade Supremacy* (Chicago University Press, 1996).
Chalmers A. Johnson, *MITI and the Japanese Miracle: The Growth of Industrial Policy, 1925–1975* (Stanford University Press, 1982).
Alice H. Amsden, *The Rise of 'The Rest': Challenges to the West from Late-Industrializing Economies* (Oxford University Press, 2001).
Barry Naughton, *The Chinese Economy: Transitions and Growth* (MIT Press, 2007).
Loren Brandt and Thomas G. Rawski (eds.), *China's Great Economic Transformation* (Cambridge University Press, 2008).

# “牛津通识读本”已出书目

古典哲学的趣味
人生的意义
文学理论入门
大众经济学
历史之源
设计，无处不在
生活中的心理学
政治的历史与边界
哲学的思与惑
资本主义
美国总统制
海德格尔
我们时代的伦理学
卡夫卡是谁
考古学的过去与未来
天文学简史
社会学的意识
康德
尼采
亚里士多德的世界
西方艺术新论
全球化面面观
简明逻辑学
法哲学：价值与事实
政治哲学与幸福根基
选择理论
后殖民主义与世界格局

福柯
缤纷的语言学
达达和超现实主义
佛学概论
维特根斯坦与哲学
科学哲学
印度哲学祛魅
克尔凯郭尔
科学革命
广告
数学
叔本华
笛卡尔
基督教神学
犹太人与犹太教
现代日本
罗兰·巴特
马基雅维里
全球经济史
进化
性存在
量子理论
牛顿新传
国际移民
哈贝马斯
医学伦理
黑格尔

地球
记忆
法律
中国文学
托克维尔
休谟
分子
法国大革命
民族主义
科幻作品
罗素
美国政党与选举
美国最高法院
纪录片
大萧条与罗斯福新政
领导力
无神论
罗马共和国
美国国会
民主
英格兰文学
现代主义
网络
自闭症
德里达
浪漫主义
批判理论

德国文学
戏剧
腐败
医事法
癌症
植物
法语文学
微观经济学
湖泊
拜占庭
司法心理学
发展
农业
特洛伊战争
巴比伦尼亚
河流
战争与技术
品牌学
数学简史
物理学
行为经济学
儿童心理学
时装
现代拉丁美洲文学
卢梭
隐私
电影音乐
抑郁症
传染病
希腊化时代
知识
环境伦理学
美国革命
元素周期表
人口学
社会心理学
动物
项目管理
美学
管理学
卫星
国际法
电影
俄罗斯文学
古典文学
大数据
洛克
幸福
免疫系统
银行学
景观设计学
神圣罗马帝国
大流行病
亚历山大大帝
气候
第二次世界大战
中世纪
工业革命
传记
公共管理
社会语言学
物质